本书获得桂林理工大学公共管理与传媒学院和研究项目"民族地区经济发展与社会治理"（项目编号：002401017001）的全额资助。

桂林理工大学公共经济与管理丛书

半解乡村

刘成晨 ◎ 著

上海三联书店

谨以此书献给我的恩人们和我的女儿

"天空飘着一片片像羊羔一般美丽而洁白的浮云,路边有大片大片的绿化带,青翠起伏的群山,清澈奔流的长河,再加上色彩明丽的楼房,郁郁葱葱的森林,一尘不染的水泥路,路旁还立着许多高级灯柱。"

——《一位小学生眼中的美丽乡村》①

---

① 转引自广西新闻网 http://www..gxnews..com.cn/staticpages/20130515/newgx-5192bc877579579.shtml,2013年5月15日,上网时间:2017年8月23日。

序

现代知识体系分为自然科学、人文学科社会科学。自然科学体现的是研究方法和结论的科学性，人文科学体现的是思维的启发性和思想的穿透力，而社会科学则具有自然科学和人文学科双重特点，既要求研究方法和结论的科学性，又要求思维的启发性和思想的穿透力。从人类发展的历史来看，三种科学都是人类获取知识的来源，自然也都是推动人类社会发展的智慧之源。

经过 40 年的改革开放，我国经济社会的发展进入了新常态。新常态不仅仅意味着我国经济社会的发展进入了新的阶段和更高的层次，更意味着国家和社会的治理会面临更为复杂的形势和问题。因此，我们需要新的发展目标和方法，也就是党的十八届三中全会提出的开启经济、政治、文化、社会、生态等领域协调并进的全面深化改革的时代。这要求我们不仅要注重科学技术的发展，而且要注重国家和社会自身的建设，目的是要推进国家治理体系和治理能力的现代化。这就需要充分发挥人文社会科学的作用。

广西的经济社会发展也进入了新的挑战和机遇期。广西地处祖国西南，既是沿海地区，又是西部地区，既是民族地区，又是边疆地区。在国家西部大开发战略持续推进、"中国—东盟"国际区域合作深入开展以及"一带一路"战略全面实施的形势下，广西的经济社会发展过程中必然会出现许多新问题。这些问题的解决正是我们广西高校人文社会科学研究者的责任和使命,也是我们发展人文社会科学的动力所在。

桂林理工大学虽然是理工类高校,但始终高度重视人文社会科学的建设和发展。目前学校 19 个二级教学单位中就设置有公共管理与传媒学院、马克思主义学院、管理学院、旅游学院、艺术学院和外国语学院等 6 个人文社会科学类学院,这在全国理工类院校,尤其是地方性理工类院校中尚属少见。近年来,桂林理工大学人文社会科学研究者承担了多项国家社会科学基金项目和大量地方政府、企事业单位的各级各类课题,参与了各级政府部门的决策咨询和规划编制,获得了数十项省部级社会科学优秀成果奖,不仅产生了良好的社会声誉,而且为广西的经济社会发展贡献了自己的力量。

"桂林理工大学公共经济与管理丛书"是桂林理工大学公共管理与传媒学院青年学者近年来研究社会科学问题的成果总结,涵盖了政治学、经济学、管理学、社会学等重要的社会科学领域。丛书不仅体现了作者们良好的学术功底和分析能力,而且充分地展示了桂林理工大学社会科学的研究水平。我相信,在桂林理工大学人文社会科学学者的共同努力之下,今后还会有更多的成果加入"桂林理工大学公共经济与管理丛书",也会出现更多其他系列的丛书。

哈尔滨工业大学教授　博士研究生导师

2015 年 6 月

自　序

　　这本书其实在 2015 年的时候就快要出版了，但因某些原因，我将其按了下来，把对乡村的理解、批判和阐释，希望用时光再磨一磨，尽量呈现出它更加逼真的状态，因黄仁宇曾说过："学术研究的目的不是发现和批评荒谬，而是发掘、揭示荒谬背后的逻辑和道理。"但是，至今我们都未能做到如此，所以我们把这本书"半解"，乃一知半解的意思，意味着我在"三农"研究的路上，还需继续努力。

　　其实，我对自己这些碎片化的思考是有自知之明的，但"丑媳妇总得见公婆"，要达到那种非常理想的状态，的确是很难。记得龙应台曾说："人生呵，毕竟是个过程。"故而，我就把过去编的这本学术随笔集再拿出来，加以修改，再加上我后来写的一些文章，整理出了这个文本以讨教于读者。

　　从目录可以看到，这本书共分为四个部分，分别为"乡村政治""乡村社会""乡村发展"和"乡村治理"。① 这四个方面，对于农村而言，都非常重要，尤其是现在农村所面临的治理转型和乡村发展等

---

① 更多关于乡村治理的论述，请见我的第一本著作《被围困的社会：转型中国的政治想象与乡村治理》，上海：上海三联书店，2013 年版，第 55—92 页，其中收录了我关于这一问题的思考。本书不再重复收录，只对此书出版以后所写的文章进行汇总。从某种意义上说，《半解乡村》是对此书的进一步发展，它们的区别在于，此书专注于"乡村"，而抛开"网络政治"（后面我会将关于"网络政治研究"的论文集整理出来，然后出版）。

问题。

学界现在对乡村政治、治理和建设的研究，在我看来已经非常成熟。但在转型期的农村，如土地问题、社会保障、留守问题、城镇化与城市化、底层抗争的网络化表达等还有一些欠缺，且它们日益成为新的"三农"热点。

如果说"三农"研究在过去的六十多年是一个坎，而今又出现了一些新的挑战需学人们去重新思考，这也是一个坎！尤其是在转型期——这个可能长达百年的坎，又该如何迈过去？

所谓"文章千古事，得失寸心知"（见杜甫的《偶题》），写下这些东西的时候是沉重的，困心的。再读这些文章，也是如此。之所以这样，根本原因是我们在担忧农村的发展和未来，"李昌年的声音"还在空气中回荡。

最后，希望这些沉重的"只言片语"能给读者些许启发，一起来思考中国农村的出路。而就这些文章的好坏来说，全当献丑，让读者自行评议吧。好，可以读读；不好，可以当厕纸，不怪。

是为序。

刘成晨

初稿于 2016 年 8 月 1 日

修改于 2017 年 10 月 22 日

目　录

第一章　乡村政治

　　在部分农村地区贪腐歪风盛行的背后，则是农村政治生态的破坏。一些地方宗族势力干扰村务，黑恶团伙、村匪村霸为害一方；一些地方邪教活动和利用宗教组织进行的非法活动突出；甚至还有一些地方存在敌对势力与我争夺群众的"松土工程"。如此一来，别说党的工作难以落实，咱们农民的好日子更不知从何谈起了。……在现实中，有的农村基层党组织软弱涣散、有组织没力量，有的带头人"说话没人听、办事没人跟"，有的党员缺乏必要的觉悟和正气、"党员没有党员的样子"。

　　　　　　　　　　——《人民日报》,2015 年 6 月 19 日

乡村权力结构的演变逻辑

——基于鄂中地区的调查

随着国家转型,农村社会也在发生变化,尤其是乡村权力结构在发生变化。本文主要通过为期 2 个月左右的时间,采取历史文献和半结形式访谈的方法,对湖北中部地区进行田野调查,从而在历史的维度上来展现乡村权力结构的演变逻辑。

一、农会时期的 Z 村权力结构

1927 年 7 月 20 日中共中央发出的农字第 9 号通告中明确谈到:"在中国农民运动的历史上,农民协会已经不是一种职业组织,而是以贫苦农民为主的乡村的政治联盟,因为农民协会事实上不仅团结了一般农民(耕地的或失业的),包括了手工业者、小学教师和小商人,就是一部分脱离大地主的影响而对农会表同情之小地主也已经联合在农民协会之内。"由此,农会的功能性发生了变迁,从原先研究农业改良的组织瞬间演变为政治联盟——农会政权。同时,中央档案馆在 1989 年出版的《中共中央文件选集:第 3 册》中谈到:这是乡村政权的一个正确的形式,要开始在各地实现起来。

此时,湖北 Z 村也开始了农会的建立,并且确立了自己的乡村农会组织。据我们调查得知,主要负责人由 Z 担任,其先前是一位小学教师,在当地的声望和名气很高、很重,而被农会吸纳的除了类似小部分"读书人"之外,还有一大批农民和若干商人。农会的地点设置在如今的村委会附近。Z 的职权相当于今天的村支部书记,其主要是对上级负责,执行上级的指派性命令并管理好本会事务。此时 Z 的权力在农会政权中是处于顶端的,其权力特征是单一化的。而农民协会却是一种类似单位型政治的组织,起着吸纳农民的作用。

清末时期的农会主体与土改时期的农会主体对换,就彻底地达到了阶级划分的作用。这并不是农会的职能要求,而是农会被政治赋予意义之后的再政治化结果。这就意味着自从农民协会产生以后,乡村权力结构彻底地发生了变迁,原先靠宗族秩序和血缘关系的农村社会秩序被瓦解,而农民协会成为新的权力主体。同时,中共依靠贫农、雇农,团结中农,中立富农,有步骤、有分别地消灭封建制度,发展农业生产的总路线进行土地革命,将原先处于权力结构上层的富农打入权力下层,而贫农等则取而代之成为乡村权力的新主体和新的权力顶点代理人。

据调查,在湖北省江汉平原地区的 J 市,到土改结束时新建立的13274 个乡中,9443 个乡的乡长、乡农协主席、团支书、民兵队长、妇联主任等主要干部有 47215 人,95％以上都是翻了身的农民。① 这就证明了我们在上述中对新权力主体的判断。

---

① 湖北省的这份资料参见于徐国普:《建国初期农村权力结构的特征及其影响》,原载《求实》,2001 年第 5 期,第 51 页。而笔者在调查的过程中,询问到 Z 村的原村支书 W 时,他说当时的 Z 村的农会主席也就是今天的村支部书记。当时村干部还包括:妇联主任(主要由女性担任)、组长(或叫队长),还有民兵队长(或叫治保主任),而村庄的权力运行和日常事务处理由农民协会的主席决定。

二、人民公社时期 Z 村的权力结构

Z 村的集体化进程开始于 1952 年的互助组,1953 年开始拥有了高级社。其间还经历了初级社。这一过程中的 Z 村权力结构随着国家的政策改变而改变。同时,Z 村的村干部职权[①]也受到这一系列政治运动的影响。

土地改革结束以后到合作社大发展以前,农村土地等主要生产资料都为农民个体所有,乡村社会再度发生两极分化在所难免。1951 年 12 月,中共中央在《关于农业生产互助合作的决议(草案)》中提出:"要克服很多农民在分散经营中所发生的困难,要使广大贫困的农民能够迅速地增加生产而走向丰衣足食的道路,同时也提高农民的购买力,那就必须提倡农民组织起来。"

由此,集体化运动严重冲击了以往的乡村社会权力结构。以"三级所有,队为基础"的组织结构与"政社合一"的组织原则重新塑造了乡村社会的组织形式。生产队、生产大队作为同国家行政权力相互衔接的正式组织已成为乡村社会不可替代的权威中心。然而,中共中央认为人民公社是建设成为社会主义并逐步迈入共产主义的一个过渡性的最好的组织形式,并将其发展成为共产主义社会的基层单位。在这样的一种政治号召下,全国 74 万个农业合作社迅速合并为 26500 多个人民公社,而且参加人民公社的农民共计 12690 多万户,占农民总数的 99.1%。[②] 我们可以从中看到,人民公社化的程度已经相当高了,而且对中国基层社会的控制也越发增强。

[①] 本研究主要是将村支书放在权力概念下的职权变动来作考察。

[②] 参见王沪宁:《当代中国村落家族变化——对中国社会现代化的一项探索》,上海:上海人民出版社,1991 年版,第 55 页;张乐天:《告别理想:人民公社制度研究》,上海:东方出版中心,1998 年版,第 137 页。

人民公社时期的 Z 村 村支书的权力

从 1958 年到 1960 年，Z 村的村 支部书记是 K 氏。那个时候的 Z 村主要还是以高级社来进行权力的 运作。村支部书记下面管着三个村干部，这主要还是看村的具体要求 而进行村干部的职权设定。

表 1　1957—1960 年鄂中 Z 村村干部（高级社）的职权分布

年份	职务	姓名
1957 年（村大队）	村支部书记	KSW
	妇联主任	HGY
	会计	KGM（1959 年后改由 KSY 担任）
	民兵连长	TGM

众所周知，人民公社的特点是"一大二公"，本质特征是"政社合一"，将工、农、商、学、兵全部纳入管理。这个时候的人民公社对于社员的婚丧嫁娶、生老病死几乎无所不管，因为其既是农村基层政权机关，又是农村经济单位；它不仅是劳动组织，还是一种高度集权的、具有军事化管理性质的社会体制，[①]而说话算话的村支书就是最大的"管理者"。同理，此刻的 Z 村村支书 K，不仅充当着农村基层政权机关的负责人，作为党员的他还是农村经济发展的负责人，并且包括上学、婚娶等都要通过他来完成。随着该体系的确立，村庄被组合划分为生产队纳入到国家基层政权直接统一管理当中。

总的来说，这一时期，虽然生产效率低下，但村庄的权力机构并没有发生多大的变化，权力结构也稳定在党的一元化领导下，一直维持到了 1978 年的改革开放。从 Z 村的村支部书记及其访谈情况来看，村支部书记的权力其实在增加，而此刻国家权力也在不断地集中

---

① 于建嵘：《岳村政治》，北京：商务印书馆，2001 年版，第 129 页。

或增大。村支部书记的权力大小与国家权力的集中化程度呈正比关系。

人民公社时期的Z村单一型的权力结构

人民公社时期，国家对于乡村社会所进行的一系列改造将村庄的权力结构进行了一次幅度较大的改变，这个时期对于乡村社会而言，从最开始的互助组成立到高级社的运作，再到人民公社的形成，都存在权力机构、权力来源、权力范围的变动。

据调查，人民公社时期的Z村从1957年到1960年，K一直在做村支部书记，且手中掌管着Z村的所有的事务。就其权力结构而言，整个村委会除了他以外，还有妇联主任、会计和民兵连长。妇联主任主要负责计划生育的工作，会计负责村的账务往来，而民兵连长负责民兵等工作。故此，村支部书记K的权力在人民公社时期，并不是被削弱，而是加强，因为生产队已成为国家基层管理体系中一员。

此刻，Z村又建立了党支部，此举实质上是将村庄的经济、政治资源的权力继续掌握在村庄的"一把手"村支部书记手中。党支部的建立，让Z村形成了党一元化领导下的"大队—生产队"系统。

众所周知，地方权威的构成在民国以前，基本上是乡绅主导，并且以宗族与血缘为纽带促成了乡村社会的运行。但1949年以后的中国，包括Z村在内，一方面乡村社会的权威不断地瓦解，乡村权威让位于国家权力；另外一个方面，村庄的运行依然受到非制度性因素的影响。比如：笔者在做Z村作田野调查的时候发现，Z村的权力运行，不但受到血缘、姓氏的影响，还受到关系（人情）的影响。所以，从这个层面来说，Z村的村支书权力的变迁，一方面受到了村委会的影响，对其有削弱的嫌疑；另外一方面也受到了非制度性的因素影响，也就是说受到了家族、血缘和友情关系的影响。

三、改革开放以后 Z 村二元权力结构的多元化及其再演变

改革开放以前,自 1949 年新中国建立以后,面对乡村社会的现代化改造,新型国家政权要完成的一项艰巨的任务便是从根本上冲破传统的族权对乡村社会的约束。而改革开放以后是要多元化地发展乡村权力主体,例如村民自治。

村治实践:乡村权力结构变迁的一个促动因素

20 世纪 80 年代初期,村民自治被推行开来。它的特征是:从个别乡村地区的农民为管理公共事务而建立起来的自治性组织渐渐在广大的乡村社会推广。1988 年的《村组法》(试行)到 1998 年《村组法》的正式实施并在全国推广,更是将村民委员会建设在法律的形式加以确立并细化,这就表明乡村权力结构正悄然地发生着由村支部书记和其他村干部为主体向农民为主体的转变。然而,中国农村的村民自治一开始就有国家立法以授权的性质,因村民自治的实践形成的乡村权力结构也就有了国家赋权的色彩。赋权却并不意味着村庄内部权力结构的变迁。只能说,在一定程度上,村庄的主要负责人(村支部书记)有了更大的权力与权威来管辖村庄的公共事务。

不难发现,村民自治的实践却改变了以往存在的村庄内部权力主体组成。每一个村民开始拥有自己的选举权和被选举权。也就是说,村庄的权力主体必须接纳普通村民,普通村民的话语权在管理村庄事务运行中开始变得分量加倍。但村干部在乡村权力结构中的主体地位难以改变,因他们是国家行政权力的代理人与当家人。具体而言,村支部书记和其他村干部处在了村庄权力结构中的特殊位置,主要表现在两个方面:第一,在村庄中,虽然拥有道德批判与民主评

价权利,对于村干部的约束和监督,传统的官本位依然存在并影响着村庄事务的运行;第二,乡镇权力系统中,村干部处于最底层,虽然面临着各个部分的多项任务,却因为与乡镇"走得最近",所以成为了乡镇权力的"腿",所以乡镇并不敢轻易地得罪作为"翻译者"与村庄利益代理人的村干部。

事实上,村民自治作为一种制度,其核心内容是重构农村社区内的权力结构,使之由一元国家农村基层政权转为一元村民自治权,并承担相应的功能,实现转型期中国农村的治管模式再调整。权力结构在转型中国的农村社会当中的调整主要依靠的还是村民自治中的"赋权",且这样的"赋权"是通过法律法规的国家制度安排来达到让村民有选举权与被选举权等一系列的权利。具体而言,人民公社瓦解后的 20 世纪 80 年代,Z 村的乡村权力结构发生了以下几种变化:经济的改革,农民的分层出现新格局。在土地改革时期,农民的成分(身份)主要是农民基础上的再分划,贫农、中农和雇农,包括富农在内的划分直接导致农民权力的大小和等级,且事关其流动的结果。但是,村民自治以后的农民的权力却出现了增大的趋势,而 Z 村的村支部书记的权力却在弱化。乡村的权力结构由过去的"金字塔型"变成了权力整体下沉的局面。村支部书记不再"权倾一时",虽然其任职方式仍就是指派或委任,但村民的权利得以被国家的法律法规所承认和保护。

1988 年以后 Z 村的二元权力结构形成与村支书的权力

1978 年以前,我国农村的权力结构是单一的和刚性的。基层的重大权力都集中在公社和生产大队,具有高度的集权性。1988 年《村委会组织法》的试行以后却使得乡村社会的权力结构由党的一元化领导状态转变为党支部与村委会二元权力结构。

表3　新中国成立以来湖北省Z村历任村支书

任期	职权	姓名	备注
1957—1960年 （村大队）	村支部书记	KSW	1956年社会主义在全国改造完成后,村大队正式成立,但是对于Z村而言,并未在1956年社会主义改造完成后就成立村大队,而是在1957年成立。
1960—1983年	书记	LZT	
	副书记	GHG	
1983—1999年	书记	WXC	
	副书记	ZWP	
1999—2006年	书记	GZT	
2006—2013年	书记	WZY	其中2006年开始村庄合并,2008年J市所有的村庄正式合并完成。

从表3中可以看到,自1957年以来,村支书一直作为Z村的"一把手",对于村庄事务的管理,其职权可以说是一个不断弱化的过程。而今,再变成党支部与村委会的二元权力以后,村支书的权力自当也会发生相应的改变。有研究认为:"这是由于改革开放以后乡村权力资源配置发生了改变,社会经济资源由党的一元控制向多元控制转变,而村级权力资源配置也发生了相应的改变,党支部从集体经济中提取资源,村委会则从集体经济、私营经济等多渠道提取资源。"换而言之,当权力资源配置作为配置性资源的时候,党支部所对应的应该是集体经济,而村委会对应的应该是集体经济与私营经济。当其作为权威性资源的时候,党支部所对应的应该是上级党委的权力直垂,村庄核心领导地位,村委会所对应的则是选举不完全反映民意,但又未得到村民真正的授权。不同的是,对于党支部来说,其权力来源是上级委任,对于村委会而言,则是村民选举。

笔者在调查 Z 村的时候,村支部书记和党支部书记虽同为一人,但其职权要大过村委会主任。村庄事务,往往是由村支书说了算,而村委会主任则是协同村支书进行村庄事务管理。同时,不难发现,因为国家对于村党支部领导地位的肯定和村党支部领导地位的最有力挑战者——村委会自身力量的不足,所以村党支部书记在村庄事务中继续发挥着主导性的作用。也就是说,从权力大小的层面说,村支书的权力并未因为二元化权力结构而发生权力的变动,但从职权的范围层面说,其却发生了较大变动。见下表:

表 4　Z 村村干部税费改革前后的职权范围变化

时间段	村干部主要的职权范围(包括村支书)
1949 年—2006 年	(1)税费收取;(2)计划生育;(3)带领村民发家致富;(4)接待上级领导;(5)农村的文化事业发展;(6)管理本村土地;(7)村庄的治安维护;(8)医疗卫生及福利工作;(9)基础性的教育工作;(10)宣传科技知识,科教兴农,并推广优秀的农产品种植等。
2006 年—	(1)办好村级的公共事务;(2)办好村级的公益事业等。

从表 4 可以看到,1988 年实行村民自治以后,村庄事务被村支书所管辖的范围在缩小,特别是 2006 年税费改革以后,村支书的管辖范围直接从过去的 10 种以上,变成了 2 种。这意味着:1988 年以后,当 Z 村实施村民自治以后,村支书依旧是村庄事务管理的主导者,却在所能管理的事务上,基于职权范围的层面来说,权力受到了弱化。同时,笔者在 Z 村调查的时候,获得了一份 Z 村一组的职权状况表。从该表中我们可以进一步看到,村小组的组长角色/身份发生了变动。而这样的变动是因国家制度性的安排和村庄事务的管理需要。村小组组长(队长)这一角色/身份的变迁,也就可以更为细致、具体地反映出村支书的权力也在发生变化。

表5　新中国成立以来湖北省Z村一组(队)的职权状况

任期	职务	姓名
第一任(1949—)	队长	LYA
	会计	WXJ
第二任	队长	GHJ
	妇女队长	YLX
	会计	LST
	出纳	YLF
第三任	队长	LZC
	会计	LST(后改由LCS担任)
	出纳	YLF
	妇女队长	YLX
第四任	队长	LCS
第五任	队长	KXS
第六任(1998年—)	队长	GHZ
第七任(2009年—)	信息员	CXY

从表5可以发现,作为以往执行村委意志的小组队长从2009年开始,在职能上也变得弱化。以往的队长、会计和妇女队长等都依次被取消,而2009年以后,队长的职能最后只剩下乡村信息员这一角色,只能起到通知各位村民的村务消息的作用。

2006年以后Z村的二元权力结构走向多元权力结构

从1949年以后的Z村来看,村支书都是充当着村委事务管理的"一把手",甚至在1957年,达到了权力的最高峰。当然,这也与国家政策与政治运动分不开。然而,自1988年《村组法》颁布以后,村庄的事务管理从原先的单一化的村支书领导变成了党支部的村支书与村委会主任的二元权力结构。从当今的村庄事务中不难发现，乡村权力结构的变化，一方面受到了国家层面的政策性安排，形成了二元权力结构，却又从村庄的内部衍生出了一个权力的极点。这说明了：当代中国乡村权力结构的一个多元复杂的结构的确出现了。

笔者在 Z 村的田野调查中发现，村庄事务的管理，基本上处于一种简约化的状态，也就是说，比起 2006 年的税费改革以前，村干部（包括村支书）与村民的联系在日益减少，而村庄的公益事业和公共服务，却没有很好地完成。这本该作为村支书职权改变以后的本分工作，但因村庄的个体化的不断加强，导致了村庄的公益事业建设呈"瘫痪状态"。同时，笔者认为，这恰好又是 2006 年税费改革以后导致村庄中的村干部权威与激励村干部有所作为的机制弱化或缺位，同时随着农村经济的发展，反过来又导致了村民的个体化在不断地加强。村民个体化不断加强的同时，形成了一种以好友关系或血缘关系为依据的第三极权力点。

通过上述分析，我们可以得出，新中国成立以后的乡村权力结构变迁逻辑可以理解为：从土地改革时期的乡村权力主体重塑，农民协会作为村庄政治的权力主体，到人民公社时期大队队长作为高度集权的单一型权力主体，再到 1988 年《村组法》的颁布与施行和 1998 年该法的正式实施，形成了村委会与村党支部的二元权力主体的权力结构，再到 2006 年税费改革以后，导致村庄的各个主体的离散化与原子化，并形成了家族等地方传统势力的多元权力主体格局。研究发现，这样的一种变迁逻辑很大程度上受到了两个因素的作用，一个是国家制度的安排，一个是村庄内生的秩序。前者很大程度上对村支书与乡村权力结构同时作用，后者更大程度上直接作用于乡村权力结构。于此，也就形成了当前的村庄政治景象。

四、"倒 T 型"乡村权力结构形成：一个现代乡村权力结构的假设

我们在前文已经有所谈到,村支书的权力似乎一直未变,但由于一系列的原因,其权力现在得到了强化。原因有二：第一,因为村支部内部的职能基本上现在都是村支书一个人"说了算",其他的几项职能,例如妇联主任、民兵连长等都已经接近消失。其次,在职能演变的基础上,村支书掌握了更多的资源,这恰好符合政治学的一个基本判断,即资源意味着权力。所以,村支书可以进一步"一个人说了算"。我们无法忽略的一个问题是,村支书的权力在得到强化的同时。又遇到了城镇化与城市化。第二,因为城镇化、农民的后代进行社会垂直流动,导致村庄内部的监督失衡,一批留守的老人如何监督村支书？故而,乡村权力结构的模型似乎又变回到"单一型权力模式",因为其他职权弱化,导致村支书现在直面村民,从而形成了"倒 T 型"权力模式。

2014 年 6 月 4 日

基层干部为什么"不作为"？

贵州省毕节市七星关区 4 名儿童服农药中毒集体死亡事件发生后，李克强总理作出重要批示，"要求有关部门对各地加强督促，把工作做实、做细，强调临时救助制度不能流于形式。对不作为、假落实的要严厉整改问责，强调悲剧不能一再发生。"①

那么，我们就需要思考这样一个问题——为什么基层干部"不作为"？换句话说，是什么原因导致基层干部的不作为？笔者试图从田野调查经验和理论知识两个维度，来对基层干部不作为的原因进行解析，并提出思考。

根据笔者在农村调查经验，如今"不作为"现象在基层治理当中可谓非常普遍，主要原因在于以下几个方面：

第一，对问题严重性的认识不够。对问题的认识不够在于基层干部的政治素养不够。比如，农民上访对于基层干部而言，他们更多采取"推诿"的态度来处理，从县委推到镇委，从镇委推到村委，而村委实际上早已了解事情发生的具体情况，但基本上会采取漠视的态度。这里面，基层干部本身作为村庄社会组成一员，在处理农民集体

---

① 见《新华网评：不能让临时救助制度流于形式》，http://news. xinhuanet. com/2015-06/ 12/c_1115602520. htm，2015－6－12，访问时间：2016－12－13。

上访的过程中，在对问题严重性没能形成警惕意识之下，根据"以免尴尬"的"面子逻辑"与人情因素考量，多采取视而不见或者象征性的处理，而非实质性地落实中央政策和满足农民诉求（"无理型上访"除外）。另外，基层干部对群众上访乃是对中央权威的消解和权力合法性的解构认识并不清楚，故而觉得这件事情并不严重。结果是一些基层干部选择"不作为"、"不落实"等策略加以应对。

第二，为了躲避风险。所谓风险，对基层干部而言有两种：一是政治风险，一是自己或家人安全。通俗地讲，前者是"避免丢了乌纱帽"。要知道，乌纱帽于干部而言，基于马克斯·韦伯的定义，正是权力、名誉的象征。如果选择"作为"，很可能因为做错而被处罚，故而存在"多一事不如少一事"的心理，导致问题长期被拖拉而得不到处理，结果如"滚雪球"一样越拖越严重。另外，基层干部对身体安全与家人安全方面的考虑，在于某些地区基层政权被黑恶势力裹挟现象相当严重。这一点，陈柏峰在《乡村江湖——两湖平原的混混研究》①一书中有清晰阐述。我们要搞清楚的是，黑恶势力是什么？是不讲究法治、规矩、制度的一种"基层组织"，他们有浓厚的帮派色彩和暴力情节，在基层社会当中，拉帮结派危害一方，严重的甚至充当了治理基层社会的主体，进而违背法治社会的逻辑或传统乡土社会的逻辑。如何整治乡村权力被黑恶势力的渗透，已经成为一个棘手的基层社会治理难题。在一些地区，那些没被黑恶势力渗透的干部，不排除他们害怕自己的积极作为影响到这些黑恶势力的利益而遭到打击报复，最终选择宁愿伤害群众利益，或者不予搭理和忍气吞声。这样的地方干部，又怎么可能会主动作为？

第三，懒政和乱作为。懒政是许多地方基层干部中比较常见的一种现象，他们不仅仅是不作为，可能还会乱作为。这种乱作为可以

---

① 中国政法大学出版社，2011年版。

说也是不作为的表现之一,因为结果是没有"办好事"。所谓"懒",就是不学习中央政策,不思考地方现实问题,不有效解决百姓困难。在没把问题弄清楚时就"拍脑袋"下决断,最后可能让"窟窿"被越捅越大,得不偿失。他们选择不得罪任何人,不伤害任何一方的利益,选择"睁一只眼闭一只眼"做"老好人"。这种不得罪人的逻辑,结果是放纵了恶。

第四,摸不清上级政府的意思。在"金字塔型"政治结构当中,下级往往是遵照上级的指示而进行基层治理的。笔者曾前往安徽等地进行农民集体上访的调查,发现当地县委出具信访函时,多以"商议"作为主要治理态度。某镇委负责人接受我们走访时也是"商议",访谈村委干部时他们也是选择"商议"①。也就是说,上面说什么,下面就怎么做,从这些惊人而巧妙的"一致性"背后可以发现:上级的意思,下级是第一位考虑的,而不是首先考虑群众利益。这也说明,做官首先是揣摩上级的"意思"。当上级官员"意思不清"的时候,基层干部就不敢作为。倘若按自己的判断去执行上级意思,很可能因自作主张而"做错事",反而要承担责任,严重的还可能被免职。如此,基层干部作为什么? 怎么作为?

基于以上四点原因,可以看出基层干部的不作为,不仅仅是单一原因促成。多种原因叠加在一起时,就更加束缚着基层干部不管事、不敢管事等。

如何化解基层干部不作为? 笔者以为,重点在以下几个方面:

第一,基层干部要有敢于担风险的责任意识。基层党员干部要相信"邪不压正",要更加有担当的本位意识。把自己的本职做好,才是"为人民服务"的真切体现。要知道群众对于"青天"或"能人"的期

---

① 更多内容可见刘晨:《商议型治理:农民集体上访的政治遭遇与同意困境——基于安徽池州市东至县 DJ 社区(城中村)的实地考察》,原载《宜宾学院学报》,2016 年第 2 期。

盼,恰好是我们的基层干部需要努力的方向,要敢于担责。

第二,要有创新解决办法的意识。当年小岗村的农民创新,也是在重重固化的思维和现实机制中得以产生的,我们现在的基层干部为何就不能呢？领会和践行上级的意思,只要不"把经念歪了",不是用"上面说一套,下面做一套"来虚于应付,而是"把上级的意思根据自己所管辖的地区特殊性,加以创新再执行"。惟如此,不仅不会得罪上级而丢了乌纱帽,也可以真正为当地百姓多做实事,多做好事,才真正对得起"为官一任,造福一方"。

第三,要充分认识问题的严重性。有的基层官员办公室内书架上,《人民日报》《求是》《半月谈》等报刊琳琅满目,党性材料放在那里却很少被翻阅和学习。类如地方治理的文献、研究作品等也很少读,成天就是忙着开会,最后理论认识提不上去,还不熟悉国情、民情。当问题发生后,又如何判断事件的严重程度？我们在调研过程中,曾在与村委干部交流时,告知他们上访对于权威的消解和权力合法性的解构,有着非常大的危害,基层干部倘若不能有效作为就是在给上级领导增加麻烦、抹黑等。他们顿时"肃然起敬",从原先的"死活不出面调解"到"积极主动出面调解",并让博弈双方坐下来谈判。实际上这就是认识提升以后的作为表现。但不是每一个基层干部都能认识到问题的严重性。同理,要是贵州毕节地区的基层干部能够认识到留守儿童问题的严重性,恐怕也不会选择"不落实"、"不作为"。

中国自古就有"郡县治则天下安"的说法,依法治国的大力推进,绝不仅仅是"口号治理",更需要广大基层干部们深入创新实践,尤其是在县乡一级的基层社会中,受害群众利益上访事件颇多,而且因为不熟悉法律往往"投诉无门"。如果基层干部不积极作为和有效作为,很多事情到最后就会演变成恶性事件或群体性事件。要知道,底层社会群众的行动逻辑是:在无门申诉和耐心耗费完之后,会趋向简单地选择"以暴制暴",纵观历史上诸多农民起义事件,皆是如此,这值得我们每一个基层干部去熟读历史,学习政策,从而提升对社会治理和为政之道的认识高度。

（原载《湖北社会科学报》2015 年第 164 期,第 3 版）

我国农村村干部腐败问题亟需解决

在对中国政治生态进行运动式反腐的时候,中国农村的腐败问题,尤其是村干部的腐败没有得到该有的重视。

在农村,村干部的腐败是农民上访的一个主要原因。我们不难发现,农民在上访反映问题时,不会仅仅就类似土地问题、计划生育问题等而做出底层反抗,还会同时把村干部的腐败一并放到上访的资料当中,比如收取贿赂、强行索贿、侵占低保、贪污建房补助等。目的在于,希望重视村干部的腐败问题,以及希望这类村干部不再任职,应被处分。

农民之所以如此,在于但凡涉及到农民利益的时候,都会出现各种不同的贪污腐败现象,有的甚至拉帮结派地贪污腐败,还有的把亲戚弄成低保,可其亲戚又明明没有达到领取低保的条件。农民反对这些,有时候不是农民故意这样选择,而是不得不这样,且腐败是一些村干部的通病,原因在于其权力在村中独大。①

但农民往往"扳不动"村干部,有的甚至还会遭受人身威胁,比如

---

① 在网络上看到一则段子,如下:"老师提问学生:人生最高的境界是什么? 学生答:能拿沙特的工资,住英国的房子,戴瑞士的名表,娶上韩国的女人,包养日本的二奶,做泰国的按摩,开德国的轿车,坐美国的飞机,喝法国的红酒,吃澳洲的海鲜,抽古巴的雪茄,买俄罗斯的别墅。老师批语:啰嗦,你不就想当个干部嘛!"

（资料来源：《陕北村干部权力监管现状调查监管别忘
"村官"》①，新华社/图，转自陕西农村网，http://www.
sxncb.com/html/2015/yaowen_0814/134425.html，上网
时间：2016 - 8 - 29）

说我们先前调查的麻城 T 村就是这类情况，上访农民被打，打人的是
村支书的儿子，其打人之后逃跑。在我们 2015 年 3 月的回访过程
中，村干部反过来改变原先的态度，给上访群众做工作，让他们删除
在网络上举报的帖子。

　　可是，无论该村的村民怎么举报，村支书依然坐在位置上，并且，
村支书和打人者（村支书的儿子）最终得到的惩罚是警告。按照规
定，党员有违纪行为，是不可以担任村干部的，这是什么原因可以让
其继续稳坐钓鱼台？还有，村干部无论怎么被举报，甚至县委答应了
处理该村村干部腐败一事，其却依然担任村支书，这又是什么原因？
后来据我们调查得知，在麻城 T 村事件当中，村干部是因为县委文化
部门有人，所以"有关系"罩着。而安徽某村的村干部为何不下台，不被
法治所惩治，还有待进一步揭开面纱。后来我们通过电话调查得知，他

① 该文谈到："权力大了，权力寻租机会也水涨船高。2015 年 7 月榆林市纪委在官网上通
　报了 2014 年以来全市纪检监察机关查处的 10 起群众身边典型案件。其中，有 5 件涉
　及村干部违法违纪。2015 年上半年，延安市各级纪检监察机关查处涉及农村违纪违法
　案件达 200 件。可见，'村官权力寻租'的问题已经不断暴露出来，村干部权力的监管也
　已经引起相关部门的高度重视。"

们现在的谈判陷入到僵局中,很大一部分原因在于,无论是上访农民还是县委,都不愿意退步和妥协。也就是说,县委答应处理村干部,却又不处理,采取拖拉战术。按照农民 C 的话说,就是"有种想保护村干部的意思"。而上访农民的条件是必须处理该村村干部,才愿意和县委继续谈判。如果县委不拿出解决问题的诚意,就继续上访,直到到中央为止。当我们听到这样果断的决定以后,又在想,万一中央把问题压下来让市里解决,市里再给县里解决,不一样是问题没有解决吗? 可能还要加重政府与上访农民之间的矛盾和误会。而这样一层层地把问题再压下来的解决办法在麻城 T 村就已经上演过,所以不是不可能的事情。如此来看,问题的根源还在于制度设计和解决问题的机制上。而农民之所以能够耐心地上访,还是希望问题能够不闹大,只要稍微解决,就可以把这样的治理成本降到最低,最关键是村干部不腐败,就不会发生农民上访。用村民 Z 的话说:"谁天天吃饱了没事干,上访也耗费大量的人力物力和财力,又不像村干部有时候还可以报销开销成本?"

由此,村干部的腐败主要因为两点:第一,村干部"上头有人",不把更大的"老虎"打掉,那么村干部被"反腐"的可能性就不大,或者真的引起了比保护他的人权力更大的官员的重视。事实上,这样的情况很少,反而有背景才能当官,比如湖北 Z 村的一个小组的组长,远方的表亲(相隔几代人的亲戚)在当官,自己却可以弄个小组长当当。第二,村民没有监督权力的权力。只有通过上访这个中央规定的合法程序来层层往上告,但又被层层往下压,因为中央处理不了那么多的上访,只能再压到下面的政府部门来处理。虽然有"一票否决制",但还是不那么管用。而中央之所以安排信访这个渠道,在于不把农民利益表达的渠道完全堵死,不然那就非常危险了。反之,正是让农民可以表达,所以还可以进行权力合法性地再生产。

在徐勇、张英洪等一批学者看来,在如今这个时代,只有把权力还给农民或者把农民当公民来看待,才可能解决一系列的农民问题,比如对村干部腐败的监督问题。我们并不这样认为,农民何以把这样的权力行使得好呢? 无非是给农民增加一点额外的小便宜而已,比如贱卖选票等,10 元、20 元不等,这在过去的村委选举中也不是没发生过。还有一些学者建议,把农民利益表达制度化,通过法律来规范其表达的合理性,问题是没有进一步地阐明如何利益表达制度化? 信访不也是一种合法的、制度化的表达途径吗? 有学者看到了信访的不利之处以后,特别是驻京办的"黑监狱"以后,愤慨地提出该把信访取消掉,从而减少关于农民被毒打的灾难发生。种种方案,其实归结起来,都没有触及到孔飞力所说的"根本性议题"——什么原因导致了官官相护? 腐败成堆?

要清楚,贪污和上访背后所消磨的恰好是政权在基层社会中的合理性、权威性等。这并不利于基层社会的长治久安,反倒因为某些地方的官员在反腐上"不作为",甚至是选择性反腐或故意庇护"自己人",这就很可能导致运动式反腐之后,腐败可能会反弹,届时结果可能比现在还要糟糕。

众所周知,反腐首先要制度建设,特别是在农村地区,如何实现制度反腐,而不让官员在"这阵风"过后继续为非作歹。更需要在短期内,把这些"保护伞"打掉,才可能把腐败的村干部免职,否则很难想象村民会善罢甘休。因为村民作为"理性的小农"也能够预计到,万一其没有下台的话,村干部可能会事后报复。故此,既要取得民心,又要反腐有力,在长期和短期内,都需要监督腐败的部门作为,而不应该因为贪污的数字小而不反腐,听之任之。

2015 年 4 月 13 日

(原载《湖北社会科学报》2015 年 4 月 23 日,第 3 版)

农民如何监督村干部腐败

农民的利益受损，进而上访，这已经是政府、学界的一个共识，甚至有政府报告里谈到，70％多的农民是因为利益真正的受损而选择上访[1]，可见很多上访并非多半是因为"谋利型"或者"无理型"。

安徽的一位残疾老人，请注意她的左手

然而，农民的利益受损又是谁引起的呢？在《理解中国的暴力》[2]中，我们从三个层面来看历史上的那些暴力事件的发生原因：第一，结构的因素；第二，文化的因素；第三，个人的因素。这里，农民的利益受损与结构、制度、文化，还有个人都有关系。

我们在调查安徽的农民上访问题时，有一个非常大的感触。当我们亲眼所见当地的 D 村那些残疾人时心生同情，同时又心生厌恶，厌恶

① 见《大观周刊》，2012 年第 18 期。
② 澳门大学郝志东教授等（著），未发表。

当地的村干部把这些没有多少文化，又身残，且没有劳动力的人的低保搜刮得一干二净。其中，一个受过教育，且有那么一点反抗意识的农民用摩托车驮着我去他们家中观察和访谈时，我见过后倍感焦虑。

首先，国家对于这些人难道不管不问吗？不是。至少给了他们补助，特别是低保，以维持基本的生活，却被一些人"拿"（转账、冒领等）走了。毛泽东在革命时期曾言"不拿群众的一针一线"①，但现在有的村干部非要背道而驰，这样的村干部还是共产党的好干部吗？

其次，村干部作为个人，为何要拿这些人下手呢？在农村，这部分群体俗称"软柿子"，最容易被"捏"，且他们不懂法律等②，所以村干部就喜欢欺负这些人。

再次，有的村民聘请律师，去查村干部的账目时，账目是不公开的，但《村组法》规定的是，村财政必须公开。实际情况是，财政不是在阳光下运行，被人为地操纵了。

所以，从个人层面来看，主要的作恶者，就是一些村干部（还不仅仅是把"经"念歪了的问题）。他们管辖一方，威震四面，有老百姓形容他们为"土皇帝"。有的村干部甚至和黑恶势力勾结，用黑、白两道来教训那些不听话的村里人，左右开弓，从而达到所谓的"长治久安"。百姓呢，可谓是敢怒不敢言。

进一步说，村干部作为个人，为何他们敢于作恶呢？第一，因为政治庇护；第二，权力来源于上级，对上不对下负责；第三，法制在村庄的悬空，没有监督。同时，村干部没有正确的政治认知，更没有想到因为自己的缘故会导致国家的政权合法性流失和形象受损。

面对村干部的腐败，有的村民会"看不惯"或者"看不过眼"，显然

---

① 1947年10月10日，毛泽东起草了《中国人民解放军总部关于重新颁布三大纪律八项注意的训令》，其中"三大纪律"包括：（1）一切行动听指挥；（2）不拿群众的一针一线；（3）一切缴获要归公。
② 没有什么反抗能力和资本。

没有伤害到他的利益。怎么办？"路见不平，拔刀相助"，直接站出来维护村民共同权益，还有人躲在背后帮助那些受害的村民去上访、抗争和维权。

其实，从学理上说，上访也是一种监督（因为中央希望通过此途径来了解基层治理的情况），但效果呢？并不是很大，很可能还会落个"扰乱社会秩序罪"，被加以拘留或者判刑。对此，村民又该怎么办？一部分忍气吞声，一部分村民如应星教授所说的"要个理""咽不下去这口气"，[1]继续抗争，"要命一条"。

此外，村干部与村民之间说理是"公说公有理，婆说婆有理"，但结果往往是村民"说不赢"，他们毕竟是弱势群体，懂的又少。那最后村民就只能采取暴力，比如想把村干部炸死[2]。如果是真，那么他们也懂所谓的"一命抵一命"，最后自己多半也会选择自杀。

在笔者看来，当利益诉求的表达非制度化的时候，社会稳定就非常的危险，因为在没有渠道去疏导和让群众说话时，那么他们就不会继续"动口不动手"，而是"只动手，不动口"。

当《村组法》悬空在村干部与村民的上头，治理村庄依然在用威权逻辑和人情逻辑时，整个村庄就会被恶的村干部带入到一个相互对抗的境地。明明低保不该他拿，但他就是要贪图这点小便宜，觉得自己干这么多事，怎么不该得？觉得"有权不用，过期作废"，觉得"别人都捞油水，我为何不捞，我又不傻"，等等。在这些思维逻辑下，村干部的腐败怎么可能"刹住车"？并且缺乏监督的力量，更加不可能让村干部收手。

怎么样才能让村干部被监督？

首先，村支书与村主任不能一肩挑。如果这两个身份不是一人

---

① 应星：《"气"与抗争性政治》，北京：社会科学文献出版社，2011年版。

② 在麻城 T 村我们调查时，就遇到这样的说法。

承担，那么他们彼此之间就可能会有一个制衡的机制，虽然有些时候做事会效率低下，但至少保证了有监督的可能性。

其次，尊重农民的意愿，采取农村选举的民主化，选举出村支书与村长，这样让他们来对下也负责。村民手中的权力既可以给出，也可以拿回，从而有一个监督机制，那么村干部还敢腐败吗？即便不这样做，村财政应该收回到镇一级，这样腐败的可能性小一些。

再者，当出现上级袒护下级的时候，应该一并查处。这是危害中国基层的一种"政治病"。如果没有保护伞，他们就不敢如此的胆大妄为。

总而言之，完善村治，还是应从制度改革着手，只有这样，村干部才可能被监督起来，才可能不再腐败。否则，他们还会继续伤害百姓，导致基层鸡犬不宁。

2016 年 5 月 22 日

遏制村支书权力腐败的策略

——以湖北省麻城市 T 村为例

近日,接到一些被中央纪委受理过的上访材料。经过仔细地阅读后发现,绝大多数上诉内容都是对村支书违法行为的举报。例如,T 村一些村民联名举报该村村支书 X:"(1)冒领十多户粮食直补资金共计二万七千多元,并列出相关的受害村民名单。(2)村支书将本村三包面积违法批给 30 多户建立私房,而根据《中华人民共和国土地管理法》第六十二条规定,农村村民一户只能拥有一处宅基地,而村干部却徇私舞弊,利用权力的方便性,欺上瞒下,向每户收取 3000—6000 元不等的建房金额。(3)强迫群众将几百亩土地集中流转,每亩截取土地流转资金 50—100 元",等等。村民在这封上交给中央纪委的举报信中,一共列举了 X 的七条罪证,声讨村支书滥用职权,要求还以公道。

随后,笔者通过调查得知,在 M 市信访局网站中"非公开"的答复处理意见是:"(1)冒领粮食直补问题。从 2009 年到 2014 年间,补贴金额为 27259.26 元,其中 3807 元已经入账,而 27259.26 元粮食直补资金乡纪委收缴,已经移交至乡财政所,再由乡财政所发放给种粮户。(2)违规建房问题,已经移交至市国土局监察大队立案查处。(3)截取土地流转资金,强迫群众土地流转问题。经过查处,流转出去的资金村没有截取一分流转费。"经过查办,对于村民所反映的村支书权力腐败的几个事例,一个个地回应和答复。但不幸的是,当该举报人被纪委从中央接回到村内以后,在村委换届选举大会上,被村支书的儿子(村民将其称为一个"混混")打伤。以至于其中一位主要的举报人被报复,被打得头破血流。

这其中暴露出一个很严重的问题——村支书为何不怕被摘掉乌纱帽,且以"土皇帝"的姿态来对付法律?是国家治理能力减弱?还是政治庇护作怪?

经过进一步的乡村田野调查,我们得知,在 T 村的周围,其他的两个村落也存在同样的问题,但采用一种新型的治理策略:一个是采取合并村庄的办法,增加村委的监督人数,即村委的委员数量;另外一个是采取市委直接委派市一级的干部来担当村支书这一职务。

在讨论这两个治理新策略之前,让我们先来了解村支书的本质。只有了解这个作为认知的前提,才可能明白为何会有这样的两个策略被提出和执行。

众所周知,村支书的权力并非是来自于村民选举,而是指派。那么这就存在监督村支书权力的人不可能是村委或村民,而是上级政府。且按照法律规定,村支书要大于村委的其他任何一个干部的权力,由村支书来领导村庄的政治生态。问题是,如果村支书和指派其作为权力代理人有共谋的嫌疑,存在贿赂和买官的情况,只要村支书的权力作恶,徇私枉法,那么村民也就只能在受到利益伤害以后越级上访。于是,答案也就是一目了然,谁在以侵犯村民的利益、国家的权威性和政府的合法性为代价支持村支书连任?

当村支书连任的时候,就可能出现农民继续上访的行为。一来要一个说法,出一口气;二来为了利益补偿,于是就有了"闹访",甚至是自杀式上访和"激情政治"①行为发生。我们都知道,"闹访"是缘于"大闹大解决,不闹不解决"。最终基层政府只好"花钱买平安",解决上访问题,以达到"稳定"的局面。事实上,农民上访本身就要承受很大的心理和金钱上的压力,而政府截访又要耗费一部分治理成本,所以结局是两败俱伤。

了解完以上内容,我们再来分析两种新的治理策略。

第一,以合并村庄的方式来治理权力腐败,在笔者看来效果并不明显。笔者曾经在湖北省 J 市进行过一次调研,发现合并村庄后,村干部人选是以原先村庄的大小和"谁争赢"(谁和上面关系更硬)等作为参考因素。而在村委选举中,村民们(多半)会选择原来的村推选出来的候选人("自己人"),并希望以后能得到更多的利益回报和"照顾",而腐败就发生在"拉选票"和"回馈"之中。

第二,空降干部。如果用此种方法来进行遏制权力腐败,可能有一定的功效。在笔者调查的湖北省 M 市的某村当中,以市委亲自来督办,并派出国家干部直接担任或兼任村支书,破解村支书与基层政府的利益关系,以上级压下级的形式,达到遏制的目的。在笔者看来,空降村支书的做法,本身也是一种指派村支书的政治行为。同时村民也更为相信国家干部的"不腐败",继而可以弥补政府的权威性。

通过深入的田野调查,T 村所存在的现状并非只是 M 市有,可能还有其他的地方也或多或少的存在这类"顽疾"。对于不太好治理的村庄,笔者建议可以采取这类的治理策略。

最后,本文想说的是,对于"空降干部"这种治理策略,通过调查得知,如今的运行还是比较良好的。我们只是建议,在如实地分

---

① 激情政治在现代化的进程中时而发生,笔者曾考虑专门撰写一些作品来对这一"政治行为"进行解析。

析 T 村村支书这类因"权力腐败"而伤害村民利益和国家权威的情况时,可以借用不同地区的经验,并结合自身存在的问题来进行善治。

2014 年 11 月 21 日

乡村选举中的参选人及其目的

——兼论村治的新变化与"根本性对策"

　　基层民主的实践是 1988 年《村组法》颁布以后,沿袭阎锡山的村治发展而来的一种治理农村的办法和方式(正式实施是在 1998 年),总的来说,就目前的中国农村治理现状来看,这项政策比较符合当前农村发展的实际情况,很多问题也正是没有很好地落实这项政策而起,例如老百姓的选举权不够完善,在选举以后对村干部没有有力的监督机制,导致有些村干部为所欲为,例如在湖北 MC 就是如此。

　　谈到村庄选举,我们以某记录片为例。该片主要围绕本地村民选举的问题,用影视人类学的方式记录了整个村庄的选举政治。在我们看来,它最大的价值在于两点:一方面,从全国来看,像该村这种搞政治承诺和选票进行干部选举的村子已经不多,很多干部都是直接由上级部门领导指派的(指派性政治,2014),没有选举的过程和仪式。另一方面,村民懂得如何去质问参选人,去追问"钱去哪儿了?"这在我曾经调查过的湖北省 JZ 市、安徽省 AQ 市、甘肃省 LX 县等地是不可能出现的。原因有两点:第一,怕当众质疑的村干部候选人心怀不满,日后当上干部之后伺机报复;第二,事不关己,高高挂起,不管哪位候选人当选,对自己没有实际利益损害。从 M 村的选举程序来看,验证了村民自治是一种值得发展、改进和完善的乡治模式,它在很大程度上可以保证农民的合法权利,训练农民基层民主政治实践的经验,在一定程度上,让W(纪录片中的人物之一)这样存在一些问题的干部候选人不能"为所欲为"。同时,从该纪录片中也可以看到,和其他村庄的人口结构进行比较,很大一部分村民都已经年迈,连选票都要别人代为填写,这在一定程度上导致群众对村干部监督失力。这是由于城镇化和社会流动所带来的结果。要想更好地完善选民对干部候选人的监督

在台北阳明山上的阎锡山故居,作者摄于 2017 年 5 月 30 日

作用,就需要派县委,甚至市委来协助村民选举,否则老百姓由于力量失衡和利己主义导致监督机制失效。笔者调查的 SX 省农村就是如此。在那里,村换届时,县人大就会去现场督察,落实法制给予老百姓的权利。

既然村民在进行选举,那么哪些人在被选举呢?换句话说,参与竞选的人是哪些?结合该纪录片和笔者多年开展村庄政治调查、研究的经验,大概有以下几种:

(1)想做点事情的人,想为农村造福的人。这类人有激情,有抱负,有情怀,真正想利用村委会干部的身份来为老百姓造福,尤其是带动大家一起致富,发展经济。

(2)想获得名声的人。有的人,一辈子做官不为钱,而是为了名声,做出了政绩就是为了老百姓说他"好",而不是政绩本身。在过去的村庄,有名声是一个比较光荣的事情。例如一些宗族地区,往往是

族长最有名声;而在一些非宗族的地方,一个村干部为百姓办好事,老百姓都会记住他、惦记他。

(3)想把村委干部作为自己(经营)的保护伞的人。有些乡镇企业的老板们,为了更大规模、更高效地经营自己的生意,为了给自己找个保护伞,所以利用村民选举和自己财力、声望等参与选举,得到村干部,甚至政协委员的身份后,就不再凡事去求别人,自己也可以更好地网罗资源来为自己服务。说得直接一些,即"村干部是附加身份",而"企业家"才是主要身份,利用前者为后者服务。我调查的安徽安庆某地的村支书就是这样。

(4)想有社会地位的人,在村庄内处于上层的人。以权力分化村民与村民之间的层级是当代中国农村的一种比较有意思的现象。本来大家政治、经济地位对等,但当某些人摇身一变,成了村干部以后,群众还真不能把"村干部不当干部",拥有权力的人往往喜欢放大自己的权力,从而显得自己更为上层,更加具有威信,更加富有统治力和存在感。靠选举来实现这个目的,是一种比较便捷的方式,而通过经营企业和富有文化成为"新乡绅式的人物",并不简单。一个需要大量的资金,一个需要文化基础与积累,而从政这条路,由于制度和监督的不完善,只要想点办法,还是可以的。贿选就是一个很好的例子。有的贿选"有趣"到了什么程度呢? 送老百姓一双鞋,一双袜子,但在选举开始之前只给一只,如选上了再给另外一只,反之,则不给,或者收回去。这比送钱和深夜去农民家里做思想工作和动员还有意思。总之,只有你想不到的,没有他们办不到的。为了达到自己的目的,而采取各种办法,智力都用在了不该用的地方。

(5)想捞油水的人,想以权谋私的人。这类人是开始承诺的"好得很",然后选上以后,把之前贿选用的钱再通过收、贪等方式捞回来。同时,贪污上级下发的农民补贴拨款,也受贿(村民找他办事)。可谓金满银满。

（6）想洗白的人。黑社会的人渗透到村民选举与村庄治理当中，在十年前已经不是什么新鲜事。《乡村江湖：两湖平原"混混"研究》（中国政法大学出版社，2011）就是一部非常典型的研究成果。而在过去，有的只是充当权力的打手，但如今直接在面上参与到乡村治理，这种情况并不少见，为何？一方面，来自村民的监督越来越乏力，尤其在受到暴力恐吓的情况下，村民敢怒不敢言，不敢得罪这些"二流子"。另外一方面，想通过这个位置弄点钱，把自己也同时洗白了，从此成为白道上的人。这种洗白并不是说候选人已经"回心转意"，而是为了捞取更多的好处。

以上大概是我总结出来的六种参与乡村竞选的人，有些人在此部纪录片中有呈现，有的则无，这些人到底是什么类型的人，他们又为何要插足乡村选举？我们在上述文中予以回应。同时，值得一提的是，他们有的是为了以上 2 种或者更多种的目的而参选。换句话说，不是纯粹的，而可能有重叠的和交叉的目的。

最后，就目前的形势来看，乡村选举已经在发生变化，除了上述我们提到的老人村庄导致监督成问题之外，还包括乡村转型导致结构性的权力变迁，例如过去的村干部包括妇联主任、治安主任、村主任、联络员等，现在有的村庄只要一个人就够了，那就是联络员，这个角色充当着"传达上级意志"的功能。例如通知全村的妇女去做妇检，那么联络员就会打电话（有的是骑着摩托车去挨家挨户地通知，有的是委托各个小组的负责人去传达，再从小组负责人那里传达到村民）通知。这由两个方面的原因所致：一是城镇化与社会流动（这一点在文有所谈到），另外一个就是 2006 年的税费改革以后，干群之间的事务性工作不再那么复杂，村庄公益事业也停滞不前，村庄政治权力处于悬空状态，干群之间不再具有原先那般的紧密，所以，学界常说，群众动员能力下降，组织能力下降，为此担忧无比。我倒是觉得这不是根本性的问题。我们也不需要回到农会、人民公社时期（甚至采取"新乡贤"等带着文化保守主义的办法来治村也是与时代背道而驰的,也是值得商榷的),我们要关注和进一步推进的是,如何落实村民自治,这一点笔者在《中国农村发展需要真正的村民自治》①一文中已经谈到。因为村民自治可以保证法治,取代过去不完善的治理模式,让法律成为每个村干部都要遵守的底线,也因村民自治可以培养农民的监督意识,只有完善监督机制才能从根本上遏制部分村干部的腐败行为。所以,当前在村干部选举的过程中,出现的贿选、暴力等选举内容,并不是选举的错误,而是法治不力的结果。

2017 年 6 月 25 日

修改于 2017 年 6 月 26 日

(本文与南京邮电大学刘志鹏副教授、博士合著)

---

① 转自中国治理网,http://www.51xinshidai.com/content-13-8348-1.html,2012 - 2 - 21,访问时间: 2017 - 6 - 26。

落实村民自治咋就那么难呢？

从颁布到实施，再到今天，村民自治已经有了三十个年头，而今，翻看一些学术界的文章，发现大多数学者所提出的对策还是村民自治。在这个基础之上，有的学者建议用新农村建设的契机来建设农村，把农民的身份、土地等问题解决掉。有的建议在乡村振兴的基础上，重新组织农民，甚至以过去的那种农会的做法来化解农民所遇到的诸多问题。还有的建议在制度性的框架内进行改革，还权于民，把政治意义上的农民问题解决则其他的才可能迎刃而解。笔者做过一些地方的调查，无论是乡村政治还是乡村发展，我们认为，农民最大的问题今依然是乡村政治问题。

进一步说，农村社会的诸多矛盾主要是因权力乱作为而导致村民与村干部之间发生冲突。换而言之，农民的制度性权益表达受阻，最终以只能死磕或者其他方式来表达利益诉求。

这也就是说，基层社会的问题在很多时候就是政治问题。之所以存在这一问题，最大的原因就是农民没有监督权力和监督工具。对于干部来说，他们不怕；对于百姓来说，他们无力。

《村组法》和"村民自治"都早已赋予了农民权利，但为何他们又"手无寸铁"，唯有"以死抗争"或"以身抗争"。

我认为，主要有以下三个主要原因：

第一,村支书的权力来自于上级政府的指派。其实,乡村政治有一种全控主义的思维在其中,也就是说,为了达到对基层社会的控制,而把村支书(村庄权力的顶端)控制住,其余的给村民选举。自治是一个形式主义上的东西。

第二,村民不重视自我的权利。据笔者所知,在一些街道或者村庄,名义上是进行选举,背后却是各种贿选,参与选举的人采取各种办法来收买选票。

第三,反腐和监察力度不够大。其实,看似一些细枝末节的东西,却不重视,实则是错误的,正所谓"千里之堤毁于蚁穴"的道理皆为如此。一些地方干部,背着上级政府进行小动作,又因为上级政府中有"自己人",所以无法无天。这种政治庇护导致基层干部权力徇私舞弊,作恶多端。甚至对监督者进行打击报复。不怕"被举报"。如此狂妄的基层干部,又因为犯事不大,而监察起来的效用不大,所以往往处于被打击的边缘化地带。不幸,则被打倒,幸运,可以逃过一劫,继续害民。带着游离主义和打游击的心态在基层为非作歹,百姓何以有什么尊严和利益被保障可言? 所以,一方面,这种监察要来自于上级或跨级,查处一起是一起。另外一方面,农民如果采取网络举报要及时回应,不要为了自己工作清闲,采取"磨洋工"的方式对待这些举报。辛亏我们还有网络可以表达利益诉求,否则老百姓到何处去说苦? 所以采取上下夹击,让处于中间的基层干部不能乱作为,腐败。

正是因为这三个原因,导致村民自治——这个理想的,现在村庄唯一的出路在广袤的农村无法生根发芽,或者说,即便有了这个制度,也不能得到很好的贯彻和执行,导致其有名无实,有所谓的赋权而无实质性的监督权力。而没有监督和制衡基层干部为非作歹的权力就算不上有村民自治,本质上还是一种"他治"或全控主义视角下的"外治"(而不是内治)

　　诚然,实现村民自治在乡村社会中依然非常艰难,一方面是制度上的不进步,另外一个是观念上的落伍,即便有权力也不会"把握"好自己的权力。这就导致了,在没有选举的乡村,一些乱作为和不作为的恶人就可以明目张胆地侵犯村民的利益,村民却又不理解这些之所以发生和自己的"渎职"又有很大的关系。看着眼前的利益,不懂选举的程序正义与结果正义,又没有人去告诉他们这些问题的重要性,所以最后村庄只能是在"和稀泥"一般的状态下,在外力的带动下,在一次次地被侵犯利益的状况中,在哑口无言而无反驳的境地中,伴随着所谓的"衰败"(Fukuyama 所说的"衰败")而停滞不前。这样的村庄,现在已经越来越多,而选择用"原始抵抗"(赵旭东,2015)来维护自己利益的村民,也越来越多。

2018 年 2 月 27 日

云南郑庄的"零上访"及其反思

郑庄是云南的一个村子,在全国各地都存在农民上访的时候,这个村子却是"零上访"①,为何会在全国各地都爆发上访的时候,它却可以独树一帜呢?

根据《瞭望周刊》的记者调查,原因如下:首先,身份的认同。云南社科院的专家们经过研究发现:各个民族之间普遍通婚,并在每年的中秋节这一天,大家聚集在一起,跳舞唱歌,把酒言欢等。这就让各个民族及其身份之间多了一种了解和认知,并通过仪式等加深彼此的情感关系。其次,先富裕的带动后富裕的,全村各民族群众共同富裕。生产协作使得各个民族之间形成了紧密的利益纽带。再次,依"规"治村。这个"规",并不是《村组法》,而是村里自己定下的规矩。村里还聘请 7 位民族代表作为监督员,处理村集体事务和矛盾纠纷,并按照村规和各种规矩制度办事,不偏袒,不歧视彼此。第四,互相尊重彼此的信仰。因为不同民族之间的共存,需要尊重彼

---

① 在日常生活里,往往我们把"上访"多半都是看成"闹事"、"不听话"等,当"集体上访"的语境落入到我们的思维惯性和文化惯性当中时,"集体闹事""都不听话"也就被理所应当地接受。且用"不听话"的思维整治上访,本质上依然体现了"管治"思维,而不是真正的治理。后者要求的是多元主体的共同参与,而不是"一个人说了算"和"上下等级的不对等"。这是治理基层社会,在思维和观念方面,干部们需要转变的地方。

此,才能长久安定,反之,则会因为歧视,或者不公导致各个不同民族之间的斗殴事件发生。同时,最关键的是,要有一个好的村支书。当地的村民说:"有一个好的支部,有一个好的带头人,就能带出一个好的村庄。"村干部吃苦带头,村民自然齐心协力,并且配合村庄的公益事业的建设,比如修公路等。

但全国并非所有的村庄都如郑家庄这般。

首先,并不是所有的村庄都有民族问题,比如湖北、湖南、安徽的某些村庄等,虽然没有民族之间的冲突等,却有当地人和外地人之间的冲突。比如在 H 省 Z 村,作为南水北调的村民安置点,当地人和外地人一般不和,偶尔还有械斗等情况发生。外地人通常会"抱团"来加以斗争,尤其是地域意识下的抱团。如果冲突得比较厉害,那么就可能要引入村干部调解。在我们所观察时间段内,村民之间如果发生了械斗,那么关系就演变为"老死不相往来",无论怎么碰面,都不说话,即便是邻里之间,都是如此。

其次,农民的信念问题,虽然他们的大门通常贴的是门神,供奉的是关公或者观音菩萨,但他们确是基于实用主义、务实主义的心态,故而用信仰来团结一个中国的普通村庄,非常艰难。所以,当遇到问题的时候,只有请出村干部进行调解,进行化解问题。这就是刘祖云教授所说的"软治理"。

再次,村民与村干部之间的冲突,既然闹到了上访这种公开化、白热化的地步,必然已经失去了对"人情""面子"的考虑,也就是说,他们到了"撕破脸,不认人"的地步。加上,2006 年税费改革以后,村庄内的村民更是"原子化""分散化",所以他们之间的关系呈现出越来越"弱"的态势,这就加剧了问题处理的难度。

第四,一个好的村干部,主要表现在敢于奉献,不怕吃亏,为人民服务,大公无私。如今的村干部贪污、欺压群众的还少吗?村民只能采取"没有选择的选择",走向了一条"开弓没有回头箭"的路——上访。上访对于村干部而言,虽然也有一定的威慑力,但真的能解决问题吗?比如 T 村的村民上访到中纪委,导致村支书紧张无比,但最后"县官不如现管",村支书即便贪污、打人,最后还依然是村支书,上访者依然还是继续上访。

第五,如今村里的一些村庄,往往很少会按照《村组法》办事,比如村务真正的公开,这是法规的要求,却被形式主义了。遮遮掩掩的后果是,村民不知道村里的财务情况,他们的知情权被剥夺。稍微好点的村子,会在村委的墙上张贴一些账目与选举情况,但谁都明白,那是"假"的。

通过调查、对比以上这些问题,可能在北方的某些村庄或许会好点,因为文化的底蕴还在,大家聚集式的居住在一起,往往团结的紧密性会强很多,但在南方的一些村庄,往往居住得较为松散,最后因为地域文化的因素,如暴力文化,反抗文化等(如 HA 县等这类地区的村庄),上访的力度和上访者的性格(不妥协,"没得商量"等)导致反抗时有发生。也就是说,解决上访问题,有时候学界还应该考虑文化的因素,而不仅仅是制度。这是文化决定论与制度决定论的双重用力才能化解的一个中国难题。

总而言之,笔者认为,对于上访,依然要落实村民自治,因为选举对于村民而言,是一种监督权力,也不是所有的村民都会出卖自己的选票。也正如孙中山所言,不能因为农民的愚昧而剥夺农民本该有的权利。进而,没有训练,那么农民永远都行使不好自己的那张被国家赋予的权利,并承担该有的义务(特别是不能以暴力抗争等)。另外,司法应该进行改革,以满足农民对于法律武器的需要和运用,特别是在乡村律师方面,其会对乡村治理有很大的帮助。

2015 年 6 月 16 日

底层知识分子在农民上访中的
角色与行为分析

一、作为底层知识分子的知识分子

底层知识分子作为知识分子的一种，主要是指乡村精英一类。在有些方面，他们发挥他们的批判性和有机性（帮助政府等）和专业性。他们的专业性，往往不同于受过专业知识训练的知识人群体，而是利用他们的"足智多谋"或"聪明劲"来间接地或直接性地帮助他者。鉴于此，我们理解底层知识分子这一概念也就不再陌生。也就是说，他们属于底层社会中的受过教育，有一定知识技能的人群，如教师群体（包括退休教师等）、退伍军人等，而这类群体是底层抗争成员中占据数量最多的。他们有"觉悟性"。

我们在麻城 T 村调查的时候，正是因为这样的一个底层知识分子"左右"和影响着当地农民的上访。但可以确定的是，在很多关键性的问题上，该个案中没有（不是绝对的）因为这位底层知识分子的意见而导致农民上访减弱，而是加强了他们的谋略性。用古代的语境来理解，犹如一个"军师"一般。这类群体在底层农民权益维护和反抗过程中，没有引起学界的太多关注，而是直接性地将其等同于上访群众的一员。这是错误的，因为其本身并不是直接上访者，而是指挥者,他们在背后充当着促进、指引农民们更为策略地去反抗。如此一来,情况就变得复杂和危险了。

在学界,也有另类的"原始抵抗"(赵旭东等,2013)[1]可谓是相当有趣(当然也包括斯科特的"弱者的武器"),比如《以诗维权:代耕粮农的政治文学及其国家想象[2]》一文就指出,从大量的维权诗歌当中(农民写诗表达利益)可以看见,农民的"层次化政治表达",这种表达是一种愤怒与崇拜的态度接续传统,从基层至中央,崇拜的程度递增,而怨怒的程度递减。另外,层次化的政治表达,一方面包蕴了农民对道德、正义国家的期望、想象,另外一方面鲜明地体现了农民在表达过程中的策略、智慧。

这里所说的智慧也就是我们在上述当中所提到的"聪明劲",这样的智慧,一般未受到教育或者比较老实的农民是没法想出来的,而只有有一定的文化基础,受过一定的知识训练,才可能有能力将其想出来。也可以看到,正如"以诗维权"那篇文章,写诗歌,不一定是所有的农民都会写,而写出来又是为了表达权益,并且富有智慧——为了不激烈地表达自我的利益诉求。

而本文所要谈到的正是知识分子在农民维权当中的角色和行为之分析。故此通过以上的论述,我们看到了,底层知识分子的一些"聪明劲",我们有了部分的了解,并且对于他们在其中所存在的价值和角色的承担、行为方式的分工也有所了解了。

二、底层知识分子在农民上访中的角色与行为

接下来,让我们回到本文所面向的这个个案当中的底层知识分

---

[1] 见《群体性事件中的原始抵抗——以浙东海村环境抗争事件为例》,原载《社会》,2012年第5期。

[2] 黄志辉:《以诗维权:代耕粮农的政治文学及其国家想象》,原载《开放时代》,2012年第5期。

子,也就是我们在开篇所言的这个知识人,他又是如何实践知识分子的"有机性"的。

首先,在麻城 T 村农民上访的初期,当村民聚集在一起准备去中央上访的时候,其作为曾经的小学教师(其父亲是另外一个村庄里一个小组的原组长)将举报材料发在 T 村管辖的 M 市信访网上。按照规定,这种做法并非不合理,何况麻城村民进京反映村支书腐败之问题,也不是越级上访(中央规定不准越级上访①),而是按照《信访条例》规定的一级一级地上访,最后才迫不得已到了中纪委成功递交了举报材料。从这个过程来看,这位底层知识分子所做的事情就是帮助受害的农民在网络上,通过正规的渠道反映问题,而其角色可以算作是"帮助者"。并且,他的帮助还不止于此。当村民不知道一些法律规定时,他会在背后默默地通过受害人的亲戚,将信息传递给他们。这无疑是害怕上访者不懂法律,而盲目行动,甚至触犯了相关法律,从而得不偿失。

其次,麻城 T 村的村民当初是兵分三路,以防止被截访,导致材料无法递交给中央,可见这其中的智慧。那么,这智慧究竟是来自于农民本身,还是这位农民中的知识分子(底层知识分子)呢?我们有理由相信,农民是可能想出这个对策来应付当地基层官员截访。

但,这位农村知识分子也在其中扮演了一定的出谋划策的角色。

当我们的调查员试图进入村庄进行调查的时候,他主动出现了,并且把中纪委安排给麻城市市委处理后的意见(针对该村村民反映的问题),共约八条左右,给我们呈现了,并且依然是在背后通过互联

---

① 见《中央和国家机关不受理越级上访》,http://www.ycwb.com/ePaper/xkb/html/2014-02/26/content_378407.htm? div=-1,上网时间:2016-9-12。

网将该处理意见转发给受害人的亲戚,再让受害人的亲戚将中央的处理意见转达给受害人。不难发现,作为底层知识分子的他,犹如一个"蒙面的侠客",在背后隐姓埋名地操纵。他所承担的角色,依然是"帮助者",而行为依然是通过法律所规定的正规渠道,反映和回馈相关信息。如进一步分析,把农村比喻为"江湖",其侠客的身份背后,有中介的社会角色存在。

再次,当我们的调查员抵达麻城 T 村的时候,他抽空回到了他所在的村庄。从中可以发现,T 村和这位底层知识分子没有直接性的关系,也就是说,他们所在的村庄并非是同一个村庄,村支书也不是同一个,村委会也不是同一个。并且,他和上访者又没有血缘或宗族的关系(农村的这两种关系非常重要,构成了他们基本的社会网),为何他要帮助 T 村的上访者去上访呢?这里面就值得我们深思和分析了。如果说,仅仅是"路见不平,拔刀相助"的侠客之因素在起作用的话,或许我们理解的有些肤浅。更为直接地说:他是想通过 T 村的问题被引出,从而带动他所在村庄存在的腐败问题被解决。因为他所在的村庄和 T 村都属 M 市管辖,而上级部门如果想处理,肯定不会只处理 T 村的问题。这就涉及到奥尔森的"集体行动的逻辑"①了,也就是说,可以有"搭便车"的好处。

然而,当我们的调查还没有进行完的时候,作为底层知识分子的他,没有来到我们所调查的 T 村现场,而是直接返回了 W 市。这不难理解,可能他还有工作要做,也可能是为了"避嫌"。总之,我们是无法推断出他的全部心理,但我们又不可否认,在调查前,他主动地接触我们所反映的一些问题和我们调查时需要注意的问题。所以,他不仅仅是帮助上访的村民,也在帮助我们更好了解当

---

① [美]奥尔森,《集体行动的逻辑》,上海:上海人民出版社,1995 年版。

地的现状。

就在我们抽离 T 村,他给我们说,他又回去了一次,和当初的上访者接洽,并劝告上访者 X,要把火力集中。故而,这样的劝告,正是一种"智囊"的表现,也是"幕僚"的角色,只不过服务的对象不是官员,而是受害的村民们。而他之所以这样劝告的主要原因是,原先上访的 T 村村民 X 想要继续上访,不服气。在学界,比如《"气"与抗争性政治》一书当中,就着重分析了农民为何要"为了一口气"上访。再比如,一些学者所指出的,"有时候就是为了一口气,而不愿意接受利益补偿。"说白了,就是想讨回一个"公道"。

话再说回来,作为底层知识分子的他,这个时候的角色是——劝告者。他毕竟已经止住了一些网络上的不正规反映问题的行为,而是劝告上访者,注意反抗的技巧。并且,在他劝告村民 X 之前,他曾经说,"适当的时候,可以考虑见好就收。"也就是我们俗话里的"适可而止"。在村庄这样的熟人社会(费孝通)里,村支书也是村民们中的一员,抬头不见低头见,所以,适可而止,在我们看来,也是有道理的。但是,最后是否"适可而止",是否影响到了上访者们的举动,我们还有待进一步的参与式观察或回访。

作为"帮助者"、"劝告者"、"幕僚"、"军师"、"中介"、"信息传递者"等一系列的角色和行为,从这位底层知识分子的一系列的行为来看,他在这场村庄的政治博弈当中的角色,虽然不那么的重要,所做的角色对上访的村民们影响不是那么地大,但可以细微地从上述描述与分析当中发现,其还是起了一定的作用。并且,我们已经在文中谈到,在分析农民上访的案例中,最先起来反抗的往往都是这群所谓的"有觉悟"的人。

在这场博弈当中,如果以三个阵营来简单地看待的话,被上访的麻城 T 村村支书从最开始的"不吃硬的一套"到"主动的和解",这其中发挥作用的除了村民们的反抗,还有这位底层知识分子对上访村民们的帮助。而上访的村民和底层知识分子,虽然没有直接性的关系,但他们因为上访而走到了一起,从某种意义上来说,他们是一个"共同体"。而在我们的分析框架中,作为有机性的底层知识分子,他又可以独立出来,作为我们的分析对象,并作为我们分类治理村庄问题的另外一个问题。我们不是说,要对这类个体或群体进行"管制",而是分析"他"在博弈当中的一些行为和角色,更有利于我们理解农民上访。

三、化解农民利益表达冲突还应该注意底层知识分子

理解农民上访,只是一个前提,更为重要的是如何化解。至于如何化解农民上访的问题,其实学界已经有很多了,比如田先红在《当前农民谋利型上访凸显的原因及对策分析——基于湖北省江华市桥镇的调查分析》[①]一文当中指出,当前农民信访问题,出现了一些新特点,就是谋利型上访的凸显和蔓延,而健康政治文化的缺失,将会给基层治理带来更多的问题,所以为了缓解农民上访的问题,需要加强适应现代国家构建目标和要求的政治文化建设。

再从麻城T村的这个个案中,我们不难发现,其并非谋利型上访,但在其他的上访案例当中,可能存在。而构建健康的政治文化,无论是对于哪一个场域里的政治博弈,都应该注意,特别是对于T村而言,如最后因"敷衍"上级处理意见而导致"以暴制暴"或违法事件出现,后果不敢想象。

怎么办? 张耀杰在《抗争性政治的化解之道——评于建嵘〈抗争性政治:中国政治社会学的基本问题〉》一文当中所指出的,"针对中国社会真实存在并且愈演愈烈的抗争性政治活动,于建嵘教授的化

---

① 原载《华中科技大学学报》(社会科学版),2010年第6期。

解之道是这样的：第一，一定要切实保障每一位公民的基本权利，让社会各个阶层都能够分享到经济政治方面的发展成果；第二，建立社会利益表达的博弈机制，让各阶层都能够畅通无阻地表达自己的切身利益；第三，要进行司法改革，树立司法权威，建立科学的司法制衡制度，真正地做到依法治国；第四，要改进管治技术，提高管治水平，增强管治能力；第五，要真正地解决社会冲突和社会问题。"[1]这些，看起来与本文所分析的麻城 T 村上访事件没有直接性关系，但背后所引发出的 T 村上访问题，的确是因为上述中的这类原因。

　　解决上述问题非常艰难，我们通过整个 T 村的事件可以发现，即便是成功上访到中纪委，中央又下达要地方解决好农民所反映的问题时，地方政府依然是采取敷衍，甚至有庇护村支书的嫌疑。究其原因，村支书作为基层权力机构派出的（指派性政治或规划性政治），是权力的代理人。

　　同时，对于底层农民上访问题的治理，没有更为仔细地分类出农民中的非知识分子和知识分子进而治理。他们所承担的角色和所做所为，应该引起重视，而不是混同于平常的农民。在《天国之秋》[2]一书当中，太平天国之所以具有破坏性，与作为"读过书"的农民洪仁轩（底层的有机知识分子）是离不开的。巴林顿·摩尔（Moore, Barrington Jr.）[3]在考察中国进入现代社会以前发生的农民起义若干原因时发现，农民在农业社会基础结构中的角色和地位是非常重要的，他认为，在中国，农业社会结构以及农民和"上层阶级"（注意引号）的微弱联系，不仅有助于解释农民起义的阻碍和局限，也有利于说明中国的农民起义频繁不断。故此，在治理农民上访或

---

① 原载《社会科学论坛》，2010 年第 22 期。
② 社会科学文献出版社，2014 年版。
③ 《专制与民主的社会起源》，上海：上海译文出版社，2012 年版。

者理解底层农民利益表达的时候,必须考虑这层复杂的关系,切莫轻视。

（原载中国乡村发现网,2015 年 2 月 2 日）

制度性迁就： 农民上访的
规范性政治与意愿选择

中国的政治资源大概可以作出两种分类：一个是规划性资源，一个是配置性资源。信访办这样一个利益诉讼渠道，从本质上讲应该是规划性资源而不是配置性资源，因政府部门设立信访办的主要目的有二：一个是为了获取底层社会的"声音"；一个是权力合法性的再生产。

据学界研究表明，进入 21 世纪以来，大多数的信访问题主要是因为土地问题、拆迁问题和污染问题而引起。笔者认为，随着国家的发展转型，因为上述中的三大问题而引发的问题从某种意义上说是必然现象。

无论是那一种因素所导致的上访行为发生，从整体上说，农民依然没有偏离非制度化、非法制化的途径选择利益表达。虽然这个利益表达的渠道并不通畅，何况依然存在信访制度化建设的问题。

农民在政府规定的框架内行事，大致可以理解为"制度化的迁就"。之所以这样理解，可以从以下几个方面来看：

第一，农民的利益表达并非违法，而是遵从于《中华人民共和国信访法》第二十条："信访人在信访过程中应当遵守法律、法规，不得损害国家、社会、集体的利益和其他公民的合法权利，自觉维护社会公共秩序和信访秩序,不得有下列行为:"(一)在国家机关办公场所周围、公共场所非法聚集,围堵、冲击国家机关,拦截公务车辆,或者堵塞、阻断交通的;(二)携带危险物品、管制器具的;(三)侮辱、殴打、威胁国家机关工作人员,或者非法限制他人人身自由的;(四)在信访接待场所滞留、滋事,或者将生活不能自理的人弃留在信访接待场所的;(五)煽动、串联、胁迫、以财物诱使、幕后操纵他人信访或者以信访为名借机敛财的;(六)扰乱公共秩序、妨害国家和公共安全的其他行为。"第二,农民本身是可以采取"会哭的孩子有奶吃"的非制度逻辑获取利益,他们依然走向了承认制度的利益诉求路径,故此,这里就存在"迁就"行为。反之,则就会采取暴力化或极端化的行为(比如"自杀"等)。

在此,利益受损的农民——"制度性迁就"与国家——"规划性政治"不谋而合。在权力合法性再生产的背后,信访办在获取信访材料的同时,也就意味着并未把这条申诉渠道堵死,至于问题的解决有效性,这并非是中央信访办或下级信访办单独能够解决的。往往中央会安排下级部门去办理,至于怎么办理,办理得如何,依然是"县官不如现管"的问题。如果解决得不好,则会引起农民继续上访。通常,下级部门会"花钱买平安"的方式,对带头上访的人采取收买或打压的方式进行治理,这并非是解决问题的有效方式,反倒给信访问题增加了额外的不安因素。问题的解决还需要靠源头的治理,而不能流于表面化或形式化。进一步说,农民上访并非是为了获取利益,弄清楚农民上访的缘由是解决这一问题的关键。对于谋利型上访而言,往往并不能按照常规性的处理方式加以对待。很多农民上访,主要是利益受损,而并非权力受损。利益受害往往选择"以理抗争"或"依法抗争",再或"以死抗争"等。都是想通过上访获取利益的补偿或挽回合法利益。这是农民的一种意愿。

这样的意愿选择主要是通过在规划性政治(规划性资源)的前提

下,依靠法律手段或非制度手段,以非暴力化与非极端化的方法进行制度性迁就。"迁就"也正是一种变相的承认,而不是越轨。所以,在遵守的前提下,摸清农民上访行为背后的心态也是关键。

但,值得警惕的是:从现有的研究资料来看,农民上访已经出现了以下几种倾向:第一,暴力化;第二,群体性和组织性;第三,网络化。无论是那一种抗争形式,都是从现实问题当中影射出去再折回到当代中国的信访制度设计与解决机制上。从这个角度说,当务之急是:(1)解决好信访办这一部门的职能效力。(2)不能变相地拿走农民的"土地使用权",土地流转或为解决农业规模经济与空巢化有一定的作用,但按照市场机制运作的农村土地,大股东并非对农民利益有所尊重,而是在囤地,继而"坐等土地涨价"。这就会越发地导致农民上访的行为发生。(3)基层政府不以"暴力截访"和"威逼利诱"的方式对农民上访进行打压。因为很多时候,利益诉求最后会演变为尊严诉求,"为了争一口气"所以上访频频。(4)应该正确认识"社会冲突"的积极作用。正如社会学家科塞所言,社会冲突有利于社会整合,农民与政府或企业的对立,往往并非是坏事。不应该把弱势群体"小闹腾"(特别是话语权利的弱势)作为影响社会稳定的"大因素"来看待。它是一种"安全阀门机制",有利于农民的"情绪泄愤"。

所以,综合上述分析我们可以得出:第一,农民上访问题依然行走在"制度性框架"内,而这背后所隐含的是一种"迁就心理",延伸之后便是"制度性迁就";第二,在规划性政治或规划性资源下,农民选择信访办或其他渠道进行利益申诉,往往也是一种非暴力或极端化行为的意愿选择;第三,面对农民上访的问题,不仅仅是如何正确面对农民的心态,基层政府更应该主动改变治理农民上访的心态和观念;第四,积极稳妥地解决农民问题,预防大于惩治,而不是在新的抗争形式下(比如网络抗争等)束手无策。

　　最后，笔者想说的是，赋予农民公民权也好，将农民当作"公民"也罢，出发点都是予以农民权利进行抗争和监督。而最终的目的都是"利益表达制度化"，这就是一个顶层制度设计与操作实践的问题。

2013 年 10 月 20 日

村妇之死：从一个抗税事件来观察农村问题

2006 年，中国两千多年的农业税被取消，原先存在的农村干群关系紧张得到缓解，村干部因为农业税的取消以后，特别是小组长等职务，变得可有可无，有的甚至都沦为通信员，但在 2006 年以前，一个村的小组长都可谓是"风光无限"。这样的"风光"背后在于层层的权力代理，小组长是村支书、村委的代理人，而村支书又是乡镇的代理人，以此类推，权力的派出机构是中央。而这种与权力稍微沾点关系的情况，导致有时候小组长也会沦为权力作恶的帮凶，甚至在当代依然存在这类的现象，比如，村支书在征地当中袒护企业，出卖集体利益，而伤害农民的正当权益。

不论当下，且回头看 2005 年的一个发生于湖北 Z 村的一个以命抗争的故事，就更加可以观察到，村干部与村小组组长是否合格，在其中充当着什么样的角色，并且更需要反思的是，为何农民抗争前后，会有一个态度上的转变。带着这些问题，我们一起来回眸一下发生在 Z 村的这场震撼颇大的事件。

Z 村是湖北省中部地区的一个普通村庄，因农业税没有收全，有的村民还欠着农业税不缴或者没有缴齐，加上不知道从何处来的政策，让村委派人去挨家挨户地收税，强制性地上缴农业税，如果村民不缴纳，就以打人、扣押等暴力与非法的形式逼迫农民缴税。

村民 L 就是其中的一户，其家总共 6 口人，一个儿子，一个女儿，上有母亲和父亲，还有娶来的媳妇，可谓是一个非常典型的社会学意义上的扩展家庭。然而，2005 年的夏天，村民 L 因为没有缴齐农业税，遭到村委的扣押，被直接带到 Z 村村委办公室。此刻，村委办公室还不止有村委的"班子"成员在，还有上级部门委派下来的监督者——监督村委收税——然而，在 L 被带进去村委办公室以后，不是讲理，而是遭受到了拳打脚踢，甚至被打得半死不活。

当村民 L 的母亲 LCX 得知其儿子被打得"快不行了"，其直接带着农药去村委办公室"理论"（评理，抗议），结果"气不过"，把带去的农药喝完了，死了。恰如日常生活里我们所说的，在中国，往往"死了人"才会把问题真正地"放在眼里"。包括如今我们在乡村调查时依然有农民认为，抗争——有时候必须"死个把人"（也就是死 1—3 个人），问题才会被重视，否则就不能被重视加以解决。为了把这个重大的事情尽快地消除影响，大事化小，小事化了，村委随即将死者 LCX 火化，并且将村民 L 释放（本身村委扣押村民、限制其人身自由也是非法的）。

LCX 的女儿是受过一定教育的，也就是村民 L 的亲妹妹。此刻，她在凌晨将其母亲的坟墓起开，将骨灰盒抱着，连夜前往 J 市去上访，她要求市政府给予公道，并且赔偿，处罚村干部，否则不安葬死者。最后，政府退步，给予村民 L 十多万元的补偿，且把之前欠下的农业税款予以免除，还把村支书 WXC 的职务给撤销了，村民 L 所在的村小组的组长 KXS 也被免职。

然而，在 Z 村中，另外一个村民 G，作为 L 的好友，也是因为欠税而遭受到恐吓，暴力威胁。村民后来评议说，G 聪明就在于躲在房间里，而不让来收税的人进门将其带走，所以才没有遭受皮肉之苦。但与村民 G 不同的是村民 L 因为心肠耿直，没有"想那么多"，却被村委逮到机会,将其毒打,还因为村民 L 被打所形成的伤口不小心染到了其母亲所带过去的农药,在抢救时直接把其全身的血都换掉了。可见此事的惨烈程度。

在 2005 年夏天,Z 村这些所谓的"抗税者",还有一些遭受到了毒打,但不是所有人的母亲都如 L 的母亲一样,为了自己的儿子,以命相拼,且死的时候只有 40 多岁。村民们评议 L 的母亲,是一个伟大的母亲,充满了英雄主义的色彩"。他们更把 L 的母亲那种"护犊子"的精神,夸赞得非常好,并把死者 LCX 作为一种榜样被宣传。

村民们的正面评价,并没有指涉抗税,也没有指涉村民 L,或者 L 的亲妹妹,而是把所有的荣耀都给了 L 的母亲,那个为儿子死去的女性、村妇。但,负面的评价却给了 L,因村民 L 在抢救过来以后,拿着得到的赔偿款十多万元去茶馆、妓院等场所挥霍。所以,村民们一致认为,L 不孝顺。比较一下,如此差别之大的村民评议,对于母子二人,的确值得深思。因为,当 L 没有挥霍这笔十多万的赔偿款的时候,村民评价基本上都是一边倒,且称赞背后不乏基于同情心,正义感的反抗,尤其是对于非法毒打的语言反抗与心理抗争等。此刻,却又因为其儿子"不成器",而沦为"不孝顺",L 没有了马克斯·韦伯所说的"声誉"了。且这种"声誉"在一个熟人社会,在乡村社会非常重要。

另外,农民对于自我财富的管理,往往缺乏意识和方法,在一个实用主义比较盛行的底层社会,即便是 L 把这笔钱拿来让孩子读书,或者从事养殖等做一些正当性和合理性更强的事情,往往村民不会把"不孝顺"扣(贴标签)在 L 的头上。宽泛地说,"不会理财"的例子,其实还有一些被拆迁的农户,得到巨额的补偿以后却又在一夜之间,挥霍一空,甚至让亲人反目成仇,让家庭妻离子散。

在我们在接触到这样一场活生生的、真实的以死相拼故事以后,我们应反思什么? 第一,"死的伟大"的那种母亲对子女的爱护该被歌颂,以及收取农业税中不合理现状和违法事实,应该被认清。第二,农民如何管理财富是需要被重视的一个问题。①

　　而今,农业税虽然取消,干群关系的确缓和了不少,却又出现各种各样的农村问题,比如动员能力下降,乡村公共事业瘫痪,比如 F 村,修路拨款十多万,被按住,路到今天依然还没修,钱却被一点点地吞噬。一事一议,仿佛就是一个形式主义的东西,不被村干部重视,执行起来也有其内在的难度。

　　总之,转型期的乡村,给我们的疑惑还有很多。而"死了人"才办事的逻辑,不应该在农村中再出现,更不应该在中国社会出现,故而就需要法治的出场。法治在乡村社会中,有时候又是尴尬的,比如有的离婚案件,本来是可以通过调解的,当事人就是赌气来离婚,最后法治作为刚性的力量参与进去,离婚成了不想离也得离。说来说去,杜绝文中的难题,想必还是需要依靠乡村以往的内在秩序与传统机制,法律有时候也需要在必要的时候出来维护农民的合法利益。它更多地应该是一种补充,而不是主导。

2015 年 4 月 17 日
(原载中国乡村发现网,2015 年 4 月 17 日)

---

① 一些被拆迁后的暴发户,最后沦为吸毒者、赌徒等,将补偿款挥霍一空。

麻城 T 村： 农民权益抗争中的困惑

　　面对农村所发生的悲情故事或者农民权益利益受到损害，媒体往往因为没有新闻性，而推让或回绝之，或者说很少有媒体愿意重复地去做一个全国各地农村都会发生的事情。所以，集体性的失声，从主观上或抽象上造就了所谓的"和谐"，背后却是"暗流"和"守夜人"的哭泣。

底层民众利益表达不畅通

　　因为一个村民举报村支书而后被打得头破血流，引发了村民到中央纪委上访，我们于 2014 年 11 月底自费前往麻城地区 T 村展开调查。那天早晨，我们很早就到达了火车站，生怕晚了而错过了前往目的地的车，非常惊险的是，差一分钟左右的样子，我们就需要乘坐下一趟动车才能前往了。当天下着很大的雨。到达了目的地，已经是下午三四点，我们还没有用过午饭，即便如此，我们还是直接到达当事人的家中。村民 X（也就是那位被打得头破血流的村民）知道我们先前要来，一家人午饭也没吃，他们为了等我们一起用餐。而这个举动，让我们感到十分意外和感动。由此，我们也就一边吃饭，一边开始闲聊起来。

　　他从卧室里拿出了一些保管得非常好和非常仔细的证据,我也仔细地看了看,这些都是实实在在的凭证,并且他还叫来了一行到中纪委上访的另外一些村民,其中就包括那个成功递交给中纪委举报信的农民。我们谈论着村委会选举和村支书腐败被举报的事情。然而,给我印象最深刻的除了这些,还有一个现象,那就是当我们坐在村民家中的时候,附近有些受了冤屈的村民,都闻讯赶来。你一句我一句地给我们诉说着村支书的一些腐败事迹,比如说,办低保也要索贿,强行摊派修建村路的费用,建房子也要索贿等一系列的乱作为的事情,更为准确地说,就是违法的事情。众所周知的 1988 年颁布的《村组法》仿佛在麻城 T 村就是一个"赝品",甚至是摆设,故而有村民在反映问题的时候,把村支书的帽子扣得非常大,说他是地方一霸,在纠结黑恶势力治理村庄,为自己捞取好处的同时,还打人。虽然这些都是"过去时",但在村民的眉目和唇舌之间所表达和渲染出来的"现场"仿佛就是昨天发生的事情,非常生动。这也就注定村内分成了两派对立,一个是"村支书派",他们得到了所谓权力的庇佑和给予的好处,所以不站出来公开反对,背后说多了怕被其他村民排斥。另外一派就是反对村支书徇私枉法、胡作非为的村民们,姑且叫"反对派"或"上访派"。而带头上访和反抗的,多半是农村的精英,比如受害人村民 X 就是村小组的组长。我问其中的一位反抗者为何如此,他说,"我就是看不惯,不公平"。当然,这并非假话,而且有的村民的确是"路见不平,拔刀相助",因为这件事和他本人的利益并无直接性关系,却只为给老百姓伸张一个道理,或者说是要"一口气"。

　　在第一个访谈现场,除了村民和我们聚集在一起,诉苦,声讨,埋怨以外,还有当地的村妇们和老人们,也是"有苦无处说",恰好在这个现场,给了他们一次机会。那会我们就在想,中国底层的老百姓,利益表达为何如此不畅通? 截访真的能说主政者治理好一方了吗?

"一票否决制"的人事管理与地方治理,真的是最好的方法吗? 一系列的疑问,再次萦绕在我的头脑之中。

村民的热情,并非因为那些苦怨而消却,他们把家中能做出来的"好吃的"都倾其所有,这群朴实的农民,却又遭受到了不公的冤屈,对比一下,心里很不是滋味。但是,我一点都不介意自己"先入为主"的价值不中立,不是因为我们不该关注公平问题,而是我的良心和同情心,那份洛克所言的"同情心构建秩序"给了我很大的动力,让我去关心这些不公的问题,且是主动的。却又因为农民本身的疾苦,让我对比之后,实在是更痛心疾首。

"别拿村干部不当干部"不是笑话

当我们吃过午饭,我们继续出发,前往整个村庄里受过伤害的其他村民家中。在去之前,我们在村民 X 所居住的周围,随机抽样地调查,并且采用了非结构式的访谈,主要问了一些关于村支书的腐败问题和怎么看待村委选举? 有的村民说,和自己没有多少关系,提心吊胆地不敢直言,或者有奥尔森所说的"搭便车"心理,也就是我不公开地反对,但是有好处,我也可以同时享受到。另外的村民,在我们出现的时候,表面身份以后,主动地捡出椅子,要和我们坐着聊。有的家庭,把家中的老人叫来,指着老人所住的土房子,说"低保没有办下来,她都 90 多岁了,却没有得到一分钱"。老人看着我们,我们看着老人。那么,问题是—钱到底去哪里了呢? 其实大家心里都明白。也正是这样的不公,导致了村民的反抗。

被抽中的村民们各抒己见,走的时候,引路人跟他们说,不要把这件调查的事情传播出去,以免惹是生非。意思是要他们注意自保,或者说免得打草惊蛇,让村支书有提前的准备。这样的心理,或许很多研究者并未注意,我感觉就像是"密谋"一样,谁是敌人,谁是朋友,谁又是共同的朋友,谁又是共同的敌人? 只有实用主义和利益主义能够说了算,而站出来到中纪委上访的人,或许只是少了实用主义,而多了几分正义的思考和坚守。

我们在第二个现场,看到了危房改造和重建过程中被贪污的证据和实物,看到了老人没有基本的生活保障,而根据法规,他们应该有钱可以领取。可是,钱都不知去向。掌握这个权力的恰好是村委会,特别是村支书。这让我彻底地感受到了"别拿村干部不当干部"的那句玩笑话,真不是笑话。

离开第二个现场,我们又去了 T 村那些遭受严重侵害的村民家中,因为引路人比较熟悉,所以在抵达第三个现场的时候,没有耗费多长时间。在第三个现场,给我们印象最深刻的是一个村妇和一对残疾夫妇。这位村妇,因为村里修路的时候,无意压了一下还没有铺满水泥的路,却遭受村委的指责,并要求她赔偿几百元钱。但是村妇始终没有给,因为她觉得她并没有做错事。故此,她就遭受到了村主任第一次痛打——村主任用拳头朝着她的胸口,就是一拳。她瘫倒在地,却依然没有缴纳所谓的罚款,而后又遭受到了黑恶组织两次威胁和打骂,也就是说她一天三次被打,但她依然没有缴纳罚款。在她被打的时候,她给村支书打电话,要求处理和主持公道,但是村支书不予理睬。最后,她通过其丈夫的一位好友在上级政府任职的"活动",从县级政权中再打电话给镇级政权,才把这个事情"摆平"。我在想,如果没有这层关系,她最后会缴纳罚款吗? 黑恶组织是谁指使的? 她被故意伤害,又到何处去寻求帮助和赔偿? 只有天知道。

另外一对残疾夫妇,丈夫是一个瘸子,他拿出他妻子,也就是这位哑巴村妇的"低保证",他说,这个本子是村支书拿去办的,但是最后的钱,他们却一分未得。那么问题也就来了,残疾夫妇的钱去哪里了? 我们的回答,依然是"天知道"。我们坐在他的家中,给我们另外一个印象是,残疾夫妇依靠自己,盖的这栋新房子。他说,儿子说自已没有能耐,把孙女放在家中,他们又继续去打工了。城市化其实背后所带来的并非是"农民的上楼",从麻城 T 村就可以看到,他们把钱又拿回来,重新盖新房子,为何这般？ 无不是南京大学翟学伟教授所说的"面子",面子在村庄当中,随着风气,以建筑物外在的形式表达出来。

当我们和残疾夫妇告别的时候,他们留我们吃中午饭,我们回绝了。不是说不拿农民的一针一线,而是"我们实在不忍心吃他们的饭",太心酸了。可是,有的人,却依然在伤害他们的利益。

讲究天理,在权不下县的时代,乡绅社会时期或许还有点用处,农民敬畏宗族的权威、敬畏血缘的关系,而如今,从 20 世纪四五十年代所进行的土地改革之后,重塑乡村之后,原有的秩序被打破,而新的秩序又没有建立起来,这就是现在很多村庄的"当权者",天不怕地不怕的原因,胡作非为的原因,更为甚者,就是"对上负责,不对下负责"的选举机制所导致的农民利益被伤害。

我们试图去翻开农村所存在的一些其他问题,除了村支书的腐败以外,村民更多关心的是我的权利没有得到保障,我的低保没有得到保障,我应该获得的,没有获得,为什么？ 村支书为何不公正？ 为什么我去上访回来以后,在又一次村委选举中被村支书的儿子按在地上打伤,而村支书的儿子又跑了,害怕家族势力的报复吗？ 等等。一系列的问题,将我们访谈带入了复杂性的境地当中。

离开第三现场,心中是非常压抑的,情绪也是很低落的,仿佛又重新认识了农村及现实社会。给人深思的同时,也在思索如何去改变或改善,特别是在革命老区为背景下的麻城 T 村农民,又该如何合理地反抗并重新建构属于他们自己的"有面子"、"有尊严"的生活,这并非是秦晖在《农民中国》一书中所谈到的"尊重农民"就可以简单地加以解决的。

维权诉求无效时就会以暴制暴

晚上,我们在 T 村村民的一户家中借宿,也就是引路人的家中。他在湖北的 W 市区做工,生了一儿一女,女儿已经辍学在福建打工,儿子还在小学。同样,他也把在城市里当农民工的钱拿回来盖房子,沉浸在乡村的那种风气中,久而久之也就用 20 万左右建成了一个看起来非常"异类"的建筑,因为他所居住的周边还没有如此"豪华"的"小别墅"。到晚上睡觉之前,我粗略地计算了一下,我们聊天足足有七个多小时,因为,农民所遭受的苦难实在是太多,且太深。甚至可以毫不客气地说,我们所调查的这个村庄可以写成一大卷村庄故事。几乎都可以说是悲情故事和非理性型的结果。而农民的反抗,在很大程度上,依然在依法进行,而不是暴力抗争,或者以暴制暴。

说到以暴制暴,我们询问过 T 村被打的 X 村民的弟弟,如上访没有什么好的结果,最后没有处理行凶者,怎么办? 他说,我也不可能让我的哥哥白白地受到伤害,肯定会以暴制暴,法律解决不了的问题,那么就用拳头来解决。当我们听到这样的回复时,并没有惊讶,而是感到某些时候制度处于无效时的惋惜。因为按照法律而言,这是故意伤害,和上述中那位一天三次被打的村妇一样,都是受害者,却没法拿起法律的武器保护自己,并且上级在处理这个问题的时候,依然用敷衍的词藻和不确定的处理语言,我们感到了一丝危险。

危险的背后,是我们这些调查者无法改变的,因为《亡命天涯》的电影所宣扬的"以暴制暴",实在是让人触目惊心,并且在中国历史上的这类例子,死伤的数字,如再站在人道主义的角度上来看的话,不敢直面。当然,农民不可能想这么多,他们为了"一口气",一个"说法",一点赔偿,并且要扳倒被举报的村支书以免被报复,才可能心安。只是,后来我们得到的结果是,因为村支书在麻城市有"关系",

而获得连任,这就不敢猜疑村民 X,T 村其他的那些举报者接下来的生活怎么过了。

　　当我们离开时,被伤害的村民 X 和其他一些村民,送了我们一程,而且陪我们走了很多路程,最后又目送。实在是不好怎么表达我们的感激,站在非常纯粹的立场来看,觉得他们实在是纯良和纯粹,非常地质朴和温和。就像邓小平也曾经说过,中国的农民是最好相处的,最好管理的。但为何我们有些干部要一而再再而三地伤害他们呢? 他们是没有权利,他们不被法律保护,不受到尊重,被轻视,没有信息获取的工具或不擅长去了解国家的农业规定,还有晏阳初和梁漱溟所说的"愚"? 最后虽然上访成功,结果却依然没有改变,还是那个村支书,还是那一套人马继续坐庄。农民的反抗,虽然为其他百姓和自己出了一口气,但把自己赔进去了,也把接下来的生活赔进去了。看起来,有些得不偿失。但是他们相信中央政府(不大相信地方政府),所以选择继续上访,他们表示,这次连同当地政府一起告,要打掉村支书的保护伞才罢休。这就是村民的行为逻辑,有的是"不达目的不收手"。而背后,或许真的只是为了那一点点公平,也就是他们常说的"讨一个公道"。

　　当该村唯一的一条大河呈现在我们眼前时,我们感到的不是逝者如斯夫,而是这条河流已经被当地干部和企业联手破坏得千穿百孔,有的为了应付上级的检查,把抽成空洞的泥沙,又用其他地方的泥土填埋起来,以免被发现大河的苍凉和样变。其实闭目一想,河流和农民一样,都是无辜的,却因为种种伤害,他们依然忍气吞声或者无畏反抗,最后大江东去,历史的年轮就在这一刻,在村干部细小的乱作为中,缓缓地因为量的变化,可能会发生质的变化。

　　　　　　　　　　　　(本文原载《南方都市报》,2015-2-15)

乡村精英在底层抗争中的多维互动

农村精英历来在社会抗争中都起到了很重要的作用,他们带领农民群体进行抗争,同时他们还自己参与到抗争之中,从而导致这个群体成为了"参与者"与"主导者"的双重角色。然而,从某种意义上说,治理底层社会的群体抗争,关键在于理解乡村精英的行为逻辑和进行乡村社会的治理现代化转型。

在笔者看来,乡村精英在社会抗争中的互动主要有以下六个方面。这些都决定了乡村精英的行动逻辑和造成了如今乡村政治的另类"景观"。

接下来,我们将逐步地进行分析,从而发现,到底乡村精英在与哪些主线进行互动?其在抗争中又是如何行动的?

第一,乡村精英与农民之间的互动。农民往往因为"受气"或者"受到利益损害"而不敢吭声,同样作为利益受害者的乡村精英就会去一个个地动员,最终集结在一起。当然,他们的抱团还会因为外部的一些力量和彼此间的同情。故而,这就决定了在农民与农民的互动层面,他们往往沟通得更为紧密、频繁。他们商议的话题多半是"如何抗争""如何进行利益的挽回""如何把村干部弄下去"等。他们互动的场所多半是在酒店或者比较隐蔽的地方,这样不容易被发现。互动的工具,已经演变为采取微信群、微信、QQ 等,而不再是简单的电话联系。这也就决定了网络时代下的农民与农民互动,可以是随时随地,可以是一个点对一个面。我们在安徽的一次农民上访中就看到了这样的场面,在微信群里一呼百应。

第二,乡村精英与政府之间的互动。基层政府往往是治理基层社会的主体,作为杜赞奇所说的"权力代理人",他们承担的职能不仅仅是硬性地上通下达,有时候还会根据具体的情况,根据自己的经验来进行治理,这是政治弹性,也是因地制宜的国家策略。但是,只要问题不大,他们往往就会采取拖拉与上访群体对话。所以,乡村干部中流传一句话,"好事就抢,坏事就拖"。可是,拖并不是解决的办法。于此,农民就会想办法,比如"围追堵截基层政府的书记"和"到更高级别的政府上访",把事情变得严重化。他们之所以如此,很大一部分原因和乡村精英在背后的指导有关。换句话说,农民之所以如此,是在乡村精英的"策动""出谋划策"下进行的,怎么样去"堵"干部,如何把事情闹大,等等,这都需要"聪明劲"。乡村精英自然也是有头脑的,他懂得"会哭的孩子有奶吃",也懂得地方政府往往喜欢"花钱买平安",所以,他们想方设法地去和政府进行博弈。最终,让政府看到事态的严重性后而选择作为,选择愿意坐下来和农民进行谈判,愿意来解决问题。

第三,乡村精英与政府文件的互动。乡村精英在某种程度上可以称为农村的读书人,也是波兰学者兹纳涅茨基所说的"知识人"[①]。正如前文所说,他们的头脑不仅仅来自于遗传,还来自于后天的教育。他们之所以敢带头进行抗争的主要原因在于,他们懂得如何在政府能承受的"红线"范围内巧妙地进行博弈,踩线不越线,也懂得如何利用政府的文件来进行抗议。比如,政府规定的"乡村债务需要公开",他们就扒村干部的账本,拿着上级政府的"回函",与乡村干部进

---

① 《知识人的社会角色》,南京:译林出版社,2000年版。

行谈判。利用法律来进行与村干部的谈判,往往成为了一个新的抗争模式,而原先则更多地是利用"势""身体""理"等。

第四,乡村精英与乡村精英之间的互动。其实在村庄内部的博弈之中,很多时候都是村干部与带头上访的农民进行对抗。一个是知识的精英,一个是财富的精英;一个背后是人多势众,一个背后有后台支持,还可能有黑社会参与。二者掌握不同的"势"来进行对抗。往往前者在弱势一方,因为后者有权力。这就注定了乡村精英在面对村干部腐败的时候,往往比较无力,只能借助"声势"来找上一级父母官进行评理,并要求对村干部的行为进行处理。可有时候官官相护,甚至地方干部之间还可能存在"集体腐败",所以很难说农村知识分子在这场博弈中能够占到便宜。而村干部,有的之在面对农民举报时还表现得不在乎,就是因为有后台。如此看来,真正要治理好村庄,并非是治理村庄本身那么简单,需要从整个基层出发去考虑(整体性治理),尤其是如何在权力上让农民与村干部进行对等,有了十八届六中全会所说的"从严治党"下的"监督机制"构建,那么,村干部才不敢轻易地伤害农民。

第五,乡村精英与社会精英之间的互动。我们可以发现,乡村精英在策动上访的时候会采取两个路径进行,一个是希望媒体曝光,这会导致舆论来倒逼问题得到解决。另外一个就是自己匿名在网络上进行发帖和举报。他们懂互联网技术,他们更懂得如何借助外力来对本村的问题进行解决,所以,媒体也好,互联网也罢,影响问题是否得到解决的是乡村精英。

第六,乡村精英与家人之间的互动。通过我们的调查发现,这些精英所在的家庭,往往也会比其他家庭富裕一些,资本雄厚一些,不然他们如何抗争开销的花费?比如聚集时吃饭的钱谁出?请律师进入到这场博弈中的钱谁出?有的是均摊,有的则是乡村精英来承担。在一次调查中,一个乡村精英告诉我们,他的家庭并不支持,主要是害怕被报复。在一个没有规则意识，在一个治理现代化还未完善的基层社会中，往往你和村干部讲理，他会在背后动用黑恶势力来进行打击和恐吓。虽然，很多时候不会有什么太严重的身体伤害（不会造成刑事案件的发生），但会带来精神痛苦。所以，最后乡村精英会变成这个家庭中的"孤独者"，他之所以在这种情况下一如既往，笔者认为是他自己的内心性格使然，尤其是洛克所说的那种同情心，还有正义感、使命感和利益驱动。

第七，乡村精英与自我的互动。自我与自我其实是一个非常抽象的话题，但在乡村抗争中有没有这样的互动呢？有。我们在田野调查中，接触到一些乡村精英后会发现，他们看似是带头人，是精英分子，是农村里读过书、受过教育的人，却在有些时候自己也很痛苦，这样的痛苦，往往导致他们失眠和内心焦虑。之所以如此，一个是外部所给的这些压力，他们不知道自己迈出这一步后，该如何收场？所以，他们在带头"闹"的时候，有的则会尽力控制场面，以免给基层政府（比如镇政府和县政府）太多的压力，导致翻脸。为此，这些抗争策略背后，其实是乡村精英与另外一个我进行对话而得出的方法。

所以，在乡村社会中的一次次抗争中、一次次上访中、一次次博弈之中，我们可以看到乡村精英在其中所起到的作用是非常关键的，同时这些互动也决定了他们在上访过程中会不断地改变策略，以寻求利益的最大公约数。

但是，很多时候问题并非是因有了乡村精英就可以得到解决，层层下压的上访体系导致问题从最高处又回到最低处，最终还是要基层政府来加以解决。在笔者看来，如果不想出更大的"乱子"，需要从两个维度进行改变：一个是尽快进行基层社会的治理现代化转型，这尤其是关系到乡村社会的规则化、制度化、程序化和民主化的建设问题。村干部之所以敢于违法乱纪的主要原因还是在于权力得不到监督；另外一个就是要注意不要制造问题，当问题出来以后要尽快解决,否则拖拉会导致更多问题。同时,这里所说的制造问题意思是不要用一些"非现代化"的方式去管理农村社会。否则,乡村精英不会买账,他们会继续策动和他一样的利益受害者去继续进行抗争,那么农村社会的和谐与稳定就会"无从谈起"。最终,国家合法性和政治形象会跟着农民一并受害。

2016 年 11 月 2 日

新乡贤在乡村政治中的作用

　　乡贤在 1949 年之前根植于中国的基层社会,并且充当着权威式的治理人物,这一点在杜赞奇所著的《文化、权力与国家:1900—1942 年的华北农村》(江苏人民出版社,2010 年版)一书已经介绍的很清楚了,包括他们的运作方式、功能主义下的"守夜人"(亨廷顿)和"撞钟者"的角色扮演等。然而,随着土地改革的进行,乡贤一词逐步地瓦解,其至消失在中国的现代化进程当中(有学者认为,我们现在是"双化叠加"的进程当中。也就是说,在现代化与后现代并举的时代中)。乡村的秩序重构与建设,与法治结合起来,进而形成了村规。村规是一种外在力量的渗入,导致村民与村民之间的关系维护得以靠法律条款来支持。但在民间社会,还有民约起着一定的作用,学界通常把民约的内容形容为"农民的生活伦理",具体而言,是两千多年的儒家社会的一套价值观念和人性的基础在支持着乡村社会的民间互动,故而法律在某些方面的作用依然还是没有完全渗透,只是在犯罪、离婚等方面发挥着作用。对乡村社会的冲突,起着调节作用的,是村民与村民之间,或者熟人社会中的熟人。这些熟人,并非是以往乡村社会中的权威式人物,更不是长者式的人物,而是普通的百姓。从 1978 年改革开放往后看,村民之间的矛盾处理,似乎没有太多因为乡贤的不存在就不运转了、不发展了,而是个体化的农村社会(从

2006 年税费改革以后开始呈现），彼此更多呈现出"多一事不如少一事"的状态。

在笔者看来，如今我们之所以重提乡贤这个词的原因在于，我们看到了乡村的危机所在，倒不是因为乡村社会的伦理出现了问题，也不是秩序出现了问题，而是乡村发展呈现出凋敝状态。

而乡村社会的政治，因为违规的操作等，而呈现出危机，其后果是直接危及政府的合法性。所以，提出乡贤的根本目的在于此。然而，解决乡村政治的危机性的出路在何处呢？还是村民自治。一方面，村民自治可以让村民自作主张，让村民有权利可言，故而很多农村的腐败案件就可以得到解决。另外一方面，村民自治其实是可以降低政治治理成本的，例如处理上访案件、群体性暴力等。如果政府做到了这一点，那么乡村社会的政治就不会显得那么棘手，黄海、陈柏峰等人所研究的黑恶势力也不会如此在乡村世界里猖獗。

问题是，首先，新乡贤怎么选择？村庄是否可以接纳，或者怎么接纳？其次，乡村社会的治理主体如何变化？是乡贤领导下的村民自治，还是乡贤和村民委员会合作，来推进乡村治理？农民会同意这样做吗？再次，乡村社会的发展，贤能政治还能起到多大的作用？甚至，在城市化的背景下，乡村的转型需要发展成什么样子，或者说，需要发展吗？很多诸如上述的问题摆在我们面前，但我们又不正视。故而，导致现在口号喊得比谁都响亮，却未见或少见乡村社会的治理转为乡贤来进行。

按理说，乡贤应该是乡村的精英构成，是乡村知识分子。他们受过的教育，见过的世面，比其他人都要多，而且，德高望重。比如退休的军人、回到村庄的退休干部、乡村教师等。但从新乡贤的内涵和定位来看，"新农村需要新乡贤。优秀人才不下乡，再多的扶贫资金也没有意义。人的问题，才是整个脱贫攻坚中最关键的问题。脱贫攻坚固然要关注钱、关注物、关注脱贫的精准和具体指标，但我们应该清晰地知道,如果没有人,没有人才,再多的钱砸下去都是白砸。即使今天脱贫了,明天还可能返贫;即使今天繁盛了,明天还可能再衰落。"①这也就是说,新乡贤所起到的作用是辅助上层政治来进行政治实践。

的确,当中国的基尼系数已经达到 0.462②(2015 年数据)的状态时,贫富差距所带来的不公平感就会危机整个社会稳定。而乡贤似乎起到的更多作用并非是要村民自治。而只有发展,却没有治理的农村社会,真的会变好吗? 或者说,发展是否可以把问题就地解决了?

治理对象当然要包括村庄政治的问题,在笔者看来,它似乎比农民的经济收入多少还要贵重。毕竟村干部的腐败等问题,并非是发展就能解决的,还是应该想方设法地去落实村民自治,让农民有选举权和被选举权,训练基层民主的实践,以监督村干部的权力。如此说来,新乡贤的作用,其实更加重要的是在治理,尤其是要辅助村民自治的落实。并且,在新中国成立以前的社会中,乡贤所起到的作用,也多是如此。正如《发现"新乡贤"》一文所示:"回顾中国漫长的农耕文明史,可以看到,乡贤历来都是受社会民众普遍推崇与尊重的一个文化群体。他们用自己的人生经历为乡民树立榜样,成为乡村道德教化的楷模,以及乡村建设的引领者与实践者;同时,乡贤文化作为一个地域的精神文化标记,也成为连接故土、维系乡情的精神纽带。"③

所以,这也恰好应证了秦晖所说的,农村的出路在于农会。这种乡贤所起到的精神纽带和文化领袖前提下的乡村建设,才能够把农

---

① 载《人民日报》,2016-6-26。
② 见 http://finance. sina. com. cn/money/forex/hbfx/2016 - 01 - 19/doc-ifxnrahr8511055. shtml,上网时间:2016-9-22。
③ 载《半月谈》,2016-2-26。

民重新组织起来,才能够让农民看到未来。而新乡贤在政治方面的作用,更应该是重构乡村秩序,让农民活得更加有尊严,有权利,有希望。如此,才不会有失于乡贤这个"动词"。

2016 年 8 月 24 日

村庄政治问题真的"无解"吗？

　　村庄政治,顾名思义就是村庄的选举、政治博弈等一系列政治事务和事件的总称。形象地说,就是村民的选举与被选举权,农民的公民权(秦晖,2003;张英洪,2013),农民上访与基层干部的博弈事件,群体性事件与基层公共安全的治理,以及政权运作等。然而,通过田野调查发现,这些问题都很棘手,却又是在这个转型期的中国底层社会,处于一种"无解"和"乏力"的状态。之所以要强调这个时期的主要原因在于,我们不知道村民自治到底会不会呈现出"基层民主"社会,到底会不会把中国的底层社会带入到"自治"的状态。我们看不到也猜不到未来的结局,只有强调现在和历史所给予我们的"经验""事实"和"语境"。

　　说到历史上的村庄政治,很多时候,都是从"对立性"的维度来阐述,比如"国家"与"社会"的对立这个维度。(现在又发展出"国家—社会"或新"国家—社会"的框架,杨敏等人在这个问题上有更多的阐述,可以参考)同样,官民社会的对立,说起来也并不奇怪,历来就有,民告官的案例,也是比比皆是,在我们的古代文学当中,不难发现,去衙门口"击鼓告官",诉苦和表达冤屈,可以给我们一个完整的政治想象,甚至在一些电影等艺术手法为主要表达手段的主题当中,也有类似的场景。所以,于我们而言,村庄政治,放在现代性的话语语境下,并非陌生。说到底,就是农民没有一个表达权利和监督权力的机会,才会形成上述的政治冲突。

当《村组法》颁布以后,把农民政治参与纳入到基层政治治理的意图,农民的选举权与被选举权得以成为"法理"上的事实。他们不再是"边缘性人物",不再是"政治陌生人",而是直接性的参与者,至于参与到什么程度,如何参与,为何参与,那是另外一码事。也就是说,这个法律,意味着农民有政治参与的可能性了。至少形式上是拥有了。

然而,笔者在调查的村庄政治时,也见过如徐勇教授在《南农实验》一书中所表述的那样,以"介入"的形式,外部机构帮助农民进行选举(直选),可惜,选举成败,结果并非是我们所希望的那样,要么选举失败(直选失败),要么是取得的成果很快就被"窃取""篡夺",很大部分原因不是因为农民不愿意或不积极地参与选举,而是他们是弱势群体,在强权政治,或富人政治面前,显得有心无力。就好比农民上访之前,会考虑走法律诉讼的渠道来表达利益,可惜法律这条路走不通(成本问题和法律知识问题),所以也就采取最简便的方式——上访——来表达。同理,选举成果保不住,也就不再抱有什么希望。这点,可以在《南农实验》一书第一章中可以发现。也可以在麻城市T村的村委换届选举中得到佐证。笔者在调查这个村庄的时候,前任村支书举报现任村支书,而现任村支书之所以上位,除了其他原因,就是曾经举报过前任村支书"乱收费"。而现任村支书上任以后,乱作为比前任村支书还猖狂,继而导致受害的村民把举报信在没有越级上访的前提下,递交给了中纪委,上面又给地方政府转达此事,处理意见被地方政府给出(回复)以后,村民非常不满意。他们觉得有一种敷衍了事的做派(T村村民X如是说,访谈时间:2014年11月29日),也就是说,基层政府并不太重视农民的合理诉求和情感受挫(通俗地说就是伤了农民的感情)。

然而,无论是村庄选举还是农民上访等这些事件的背后,给学界和社会的一个深思是：村庄政治真的搞不好吗？或者说真的是"无解"吗？在现在看来，或许"真是如此"（注意引号），这也并非是信口开河。

笔者曾经在一次学术讲座中提到上述这些事情和破解方法，我说，农民的政治问题，我个人觉得比较赞同秦晖在《农民中国》（2003年版）一书中的考虑，农会可能是一个出路。

温铁军、刘老石等在全国的乡村建设实验中成立了大大小小的农民协会，加以帮助农民解决政治、经济和文化问题，特别是政治和经济问题。并且，"华中学派"的研究团队在调查后发现，有一个协会，可以起到缓冲农民与基层政府的对立和矛盾。有一个组织把农民组织起来，进而有扭转谈判中"马铃薯"（马克思曾经把农民比喻为装在一个袋子里的马铃薯，主要是表达农民的散状化）的弱势地位，达到一个谈判双方处于力量均衡的可能。但是，不难发现，这些举措，在如今看来，效果并不大，反倒是基层政治还陷入了乡村混混执政的地步。农民被欺压得可谓是敢怒不敢言。种种问题，不仅没有得到缓解，反而加重。

进一步思考，难道上级政府真的管不好吗？还是不想管？比如计划生育，有听众在我的讲座上就提出了这个案例加以反驳。他说，为何计划生育管得那么好呢？农民的选举和上访难道管不好？我看是不想管罢了。这个反驳和案例，的确给了我们很大的反思，因为但凡了解一点计划生育的，都知道在底层管得是非常严格，甚至不惜把超生农民的房子都给掀翻。（我们调查的湖北十堰某村就发生过类似的事情）

所以，如此一说，问题就更加明晰了。为何不想管，还是不好管。这不是村民自治能够解决的，反倒是如农民所期盼的上级政府应该插手和一个服务型政府应该办好的事情。如此推理下去，就是公共政策和政府治理的问题，而不是农民政治本身的问题了。我们如果站在非农民政治问题的角度去看,需要考虑的不光是政治逻辑背后的官场生态和中国特有的官员关联性,还有政府成本和如何治理的问题。我们并非陌生于中国政治逻辑背后的"裙带关系",和"上下关系"所存在的弊端,所以,如果"管",那么肯定会"自残",如果不管,适当地"给了形式主义的处理决定",那么大家都可能相安无事。最后受害的,依然是处于弱势,并且本来就已经受到利益伤害的农民阶层。如果把根本问题阐述出来,大概就是这个道理。

村庄政治的"无解"本身并非是农民没有选举所造成,也不是农民的"愚昧"所造成(虽然梁漱溟也曾说农民缺乏自主性,晏阳初说农民阶层拥有 4 个缺点,其中一个就是愚昧),而是乡村干部伙同乡村混混治村,乡村干部对于百姓疾苦敷衍,且利用在"上面有人"的政治优势,成为地方社会的"土皇帝"和"第二个中央政府"。(田野调查中麻城市 T 村农民如此形容乡村干部和政权,访谈时间:2014 年 12 月 30 日)而破解这些问题,治理以政治事件为表达形式的村庄矛盾,主要还是在改革上做文章,因为乡村的政治逻辑必然与改革有很大的关系性,并且村民自治本身又没有真正地实施(如今有的地方村支书可以兼任村主任,这个做法是违背 1988 年颁布《村组法》的初衷的)。所以,你要说"无解",其实是"有解",就看愿不愿意去解决,而不是敷衍和拖延,这样只会加大乡村政治问题的更大程度爆发。

如今看来,伴随着新型城镇化,农村现在的原子化和空心化必然会进一步扩大村干部的权力集中(因为没有"过问"的可能性,老人和小孩更不可能"过问"),那么权力作恶的可能性也就更大,继而农民的上访和极端化的表达不满也将会越来越大。

2014 年 12 月 4 日

(原载《中国乡村发现》,2015 年第 3 期)

底层沟通：陶村钉子户问题的应对策略

浙江台州市椒江区殿后陶村地段，一幢 4 间的 2 层民房矗立于在建的路中央，其中边上两间屋子住着居民，车辆和行人只能绕行。该幢民房户主称，2001 年村里拆迁后，他带着父母一住就是 10 多年，并在房子周围安装监控防偷拆。拆迁办表示拆迁补偿款已付，但协商多年无果。

从浙江台州的钉子户事件来看，政府与居民的沟通是欠缺的。所谓底层沟通，不是让被拆迁的居民去办公室畏手畏脚，胆胆怯怯，或者是直接到政府部门上访，而是需要政府工作人员，鞠躬尽瘁的姿态，以"人民的公仆"的理念，来主动下到基层，和老百姓一起商量，做他们的工作，这样就会显得政府官员更加地亲民和尊重民意。

拆迁的背后是以政府利益为出发点的社会建设，往往按照城市规划，把存在"阻挡城市建设"的居民安排到另外一个地方。其中最主要的一个问题是，土地被征用后的补偿。（在不排除被拆迁户"坐地起价"的可能前提下），笔者认为，之所以被称呼为钉子户的居民抗拆的主要原因还是没有得到一个合理的理由，故此心不甘情不愿地离开自己长期居住的地方。从人道主义角度上来说，执行拆迁的人着实有些"毁人家园"的味道。

　　在中国城市化不断发展的进程中,被标签化为钉子户的居民们更多地是处于实用主义与现实主义的姿态来考虑问题,"家园没了,什么都可能没了",那或许就是他们最后的一种归宿,家园是熟悉且有安全感的地方。故此,在未得到合理理由和补偿的前提下,他们往往并不合作,加之政府官员也怕再出现类似"唐福珍事件"来影响自己的官位升迁,故此也就采取"耍赖"的形式。就如浙江台州的钉子户处理办法一样,你可以不搬迁,但我(官员)懒得管你(被拆迁的居民),等到时候你想通了来和我谈,我就可以处于上位,可以对你的要求进行"砍价"。或者说,干脆不再管,直接忽视之。这样的做法往往会让群众反感不说,还会导致百姓对基层官员的信任感也大为降低。

　　国外又是如何做的呢?

　　从上个世纪 60 年代初,日本政府决定新建"成田国际机场"以代替原有的"羽田机场"起,即遭到了当时所选地农民的激烈反对,直到1966 年此事重新在内阁拍板,新机场所占地除皇室牧场所在地以外的近 50% 的土地,其余均从成田市三里塚地区的农民手中征收。但由于时任政府并未在决定征地之前与当地农民进行有效沟通,激起了当地农民的极大反感。由此,这部分居民就成立了"少年行动队"、"青年行动队"和"妇女行动队",并为他们自己的利益展开与日本政府的斗争。但日本政府却并未对他们进行强拆。原因在于,日本政府于 2001 年修改的《土地征用法》规定:为使收购顺利进行,事前必须召开事业说明会、听证会,阐述建设理由、目的,说明设施概要、工期、用地补偿额等,由独立的"征用委员会"进行裁定,主要认定该项目是否属于公共利益而需征收。在确实无法与土地所有者达成协议时,才能考虑补偿后强制征用土地。也就是说,居民本身是拥有土地所有权的,而要侵占他者的所有权必须要经过法律的允许。

在 1971 年，反对者（被拆迁户）在写给时任日本首相佐藤荣作的题为《白骨的怨恨》的信中，表达了他们的这种愤怒。他们表示他们的目的不在于经济补偿，"如果你能够让我信服，就是不要补偿，我也会高高兴兴地把自己的土地财产拱手相让"。这样就说明了。被拆迁者在拥有土地产权（现代产权）的前提下，还是会配合市政工程的建设，因为这是对任何一个居民来说都是福祉，又有什么理由不去与政府合作呢？而日本政府解决这一问题，做得尤其好

被高楼包围的澳门民房，因为有产权，加上有法治的保护，故而很难"说拆就拆"，这里虽然没有农民，但依然有一群生活在底层社会的百姓。

的一个方面在于，采用了对话的方式来推动了用地问题。为此可以得出，利用理性与温和的社会管理模式往往能够获得比强制性与暴力的行为更能解决问题，而不至于出现"自杀式反抗"或"以暴制暴"。

任何一个国家在现代化的进程中都会发生城市占用农村土地的情况，更何况市政建设中又怎么没有对某些建筑的调整呢？不合作并不意味着农民天生的"原始抵抗"（如静坐、绝食等）在作怪，而在于利益与尊严双双受到他者的伤害。所谓不闻不问的拖拉处理法则往往把问题的解决推动不了，而政府官员需要做的是，转变为官姿态，多与钉子户沟通，走好"群众路线"，不伤害群众的利益才可能保存政府的权威性与合法性。采取所谓的软暴力，不闻不问，把最好的解决时机拖拉过去，往往得不偿失的是引来群众的规模性抵抗。无论是

以理抗争,还是以法抗争,后果将导致不仅仅是干群关系的紧张,还会导致社会管理陷入困境之中。基于上文中的比较,哪一种更有利于问题的解决,也就不言自明了。

2010 年 12 月 1 日

（原载爱思想网,2012 年 12 月 2 日）

底层抗争：微博反腐两个困境

我曾经在《网络抵抗：村民维权的一种新模式》一文中说到，底层抗争的模式现在有一些非常微妙的转变，就是采取网络工具来进行抗争。同样，我们可以理解这样的一些举动都是在"维权"。这样的一种抗争模式，值得学界注意和研究。

同样，利用微博抗争，如今可谓是家喻户晓，而被微博拉下马的官员数不胜数。从最早的"雷政富案"到新疆某公安局局长包养双胞胎姐妹事件等，几乎都成了微博反腐的牺牲品。从侧面来看，微博已经成为了日益被群众利用的抗争与维权工具。

《人民日报》在 2012 年 12 月 3 日刊发了一篇名为《须将网络反腐纳入法治化制度轨道》的文章。该文说道："相比传统的社会监督模式，网上举报因为其速度快、影响大和低成本、低风险的技术优势，更容易形成舆论热点，其积极意义不可小觑。在'人人都有麦克风的时代'，网络的开放性使其形成一个人人可以参与的扁平化的舆论场，对权力运行可以进行无处不在、无所不包的关注，促进官员谨慎用权，约束言行。同时，网络为官民搭起直接互动的交流平台，创造平等及时的对话机会，可以让领导干部更便捷地倾听民声、把脉民意，及时改错纠偏，提高执政能力，从而降低了腐败发生的可能性。……此外，网络举报的泛滥，也会使有关部门在查处腐败过程中，对于保证公众知情权和保护个人隐私权之间难以权衡。而面对公共利益,官员隐私权该受到何种程度的限制,更需要明确的法律界定。"

　　我也在一篇学术论文《政治生态社会化:微博反腐的合法性困境——基于"雷政富案"等十一个事件的分析》[①]中谈到,微博反腐现在需要法律的跟进非常重要,且必须在两个层面进行跟进。第一个是"不可逆性",第二个就是"非正当性"。下面我们分别来谈为何要在这两个方面跟进。其一,不可逆性也就是某段微博发出去之后,所引起的社会影响不是因为微博被删除而消除,而网民甚至会因为微博被删除之后所引起的政治想象,导致该事件的发酵速度更快。比如某电视台的主持人举报人大代表性侵害的案件,包括其在后期的采访中坦诚说,我也没有想到会引起这么大的反应。也就是说,事到如今,无论当事人是否愿意,都可能被网络民意推着走。而当事人删除微博,又经过媒体报道后,引发的政治猜想更是让权威性得到怀疑。另外一个方面,正如《人民日报》所言,有可能伤及无辜。我在阅读文献过程中就发现,因为没有经过证实,金庸当初"被死亡"的事件直接导致某传媒的副总编辑被撤职。他也是中国第一个因为转发未被证实的微博消息而撤职的媒体人。如今,实名制虽然已经达到了一定的风险承担机制,但依然避免不了所谓的"被无辜伤害"的事件发生。如"雷政富案"中的"厦门大学女生照片"就被无辜地利用,被说成是"雷政富案"中的女性当事人。如此不仅仅是当事人的隐私权被侵害,更有对其自尊与人格的侮辱。其二,非正当性在于微博举报并未被法律所明文允许,而是基于制造民意与舆论,再经过媒体的报道,成为被广泛关注的事件。举报他者的"香艳照"是否有侵犯他者隐私权的嫌疑呢? 对此,非正当性的对立面恰好是法律对此规定的空白。如果没有法律的跟进,那么微博举报泛滥,再加上当代社会的

———————————
① 原载《领导科学》,2015 年第 26 期。

泛道德主义①与泛政治主义,社会失序必然会成为接下来可能爆发的社会病症。

但,也不得不说,微博反腐也是民间反腐的一种有力武器。比起权力反腐、制度反腐而言,微博反腐的效果或许更大,且其所需承担的成本要更小。况且,还可以最大可能地避开"庇护主义"地干预,从而让监督权达到最大化。如果因为几个被冤枉的"事件"就禁止网民转发举报官员腐败的微博,那么民间反腐可能就不会成为保持政治生态纯洁性的"合谋者"。按道理说,权力反腐与制度反腐应当是主要的反腐渠道,但基于当代社会的种种弊端,网络反腐就成为权力的顶层与底层社会共同夹击政治结构中间层的一种非常有效的形式。如果禁止这样的反腐形式,那么势必会导致腐败越来越多。

总之,微博反腐的利弊之处已一目了然。接下来,我们需要做的是,基于底层抗争的微博反腐,需要法律的跟进,且我们自身应当保持道德自律,对腐败行为的监督应当是"当仁不让",而又需要在证据充分、事实的前提下,将微博反腐的正能量最大化地释放出来,从而达到监督效果。

2012 年 12 月 6 日

---

① 见刘晨:《论当代中国的泛道德主义》,http://www.21ccom.net/articles/sxwh/shsc/article_2013032880072.html,2013-3-28。

农民网络抗争的类型与化解路径

农民的网络政治日渐成为一种社会事实,主要表现在以下几个方面:第一,采取微博社区内的发帖,并且艾特一些大 V、媒体、学者等,以期待获得关注;第二,在网络上寻找帮助,尤其是通过私信等将资料等传递给对方,让对方替他们发声;第三,利用网络向政府部门直接抗议,比如艾特相关的政府负责人,甚至是市长的微博等。就这三种网络政治的模式而言,前两个是间接性抗议,后一种是直接性抗议。

首先,间接性抗议之所以存在,主要是因为农民没有其他的利益诉求渠道,正如吴毅教授所说的"权力-利益结构之网"一般,权力和利益所构成的网格社会导致农民很难表达诉求。为此,他们就不得不图求他者的介入来替他们说话。

再次,直接性抗议之所以存在,得益于一些基层官员们的"与时俱进",也得益于中央反复强调的"网络群众路线"要走好。本来,官员们开通微博就是为了收集民意和倾听民声。收集民意在于作出决定时有一定的参考,而倾听民声在于做合法性的加法。

当农民达不到他们的目的时,就会采取死磕,其有两层含义:一个是诉求,一个是泄愤。前者是农民的"弱者的武器",后者是把心中的不快说出来,有一个发泄的地方,否则窝在心里,形成应星教授所说的"气"之后,抗争的烈度将更大。

而一直"泄愤"也不是一个办法,久而久之,当农民看不到解决问题的希望之后,就会采取进一步的措施。基层干部们往往采取拖拉的背后原因就是让农民耗不起,但最终的结局真是这样吗? 农民为何采取暴力去杀害村干部?

如果想化解这些问题: 第一,农民的网络政治是线下的抗争性政治(裴宜理,2007;于建嵘,2012)的表现;第二,及时地去解决农民的诉求问题,尤其是有理型的利益诉求,做到沟通和多元的解决机制;第三,基层干部的微博等网络工具不能成为摆设,要切实地做到与网民之间的互动,尤其是建立一个类似线下信访的网络处理机制,从而及时回答和化解基层矛盾。

2016 年 11 月 25 日

论农民的"网络政治"

一、农民的互联网使用情况

据《农民用网问题调查分析报告》①显示："经统计,有93％的农村家庭拥有电脑,在家中使用电脑上网占到31.6％,手机上网的占到33.7％,基本不上网的占到31.3％,只有3.4％的人去网吧上网。不上网的人中有45％的人是因为不懂上网知识,32.9％的人认为没时间上网,只有5％的人觉得上网没帮助。多数上网的人的网络知识来源于自己摸索,占到48％。"

然而,农民使用互联网,其主要作什么用呢?根据《农民用网问题调查分析报告》显示:第一,以上网娱乐为主。他们非常会用互联网玩游戏、看电视等。这一点,尤其是新生代农民工居多。第二,了解农业信息。但农民真正地利用互联网进行C2C或者B2C的,并不是太多。正如我们在上文提到的这个分析报告所说,"在上网的农民中,27％的人利用网络看电影、玩游戏,20％的人是用来办事,19％的人进行聊天和交友,11％的人用来买东西,10％的人获取自己想要的信息,8％的人看新闻,另外有5％的人选择其他。"第三,单向度的传播信息。比如,

---

① http://www.xiangdang.net/fanwen.aspx? id=150036,上网时间:2016-9-12。

自己有什么样的状态,做了什么事情,心情好坏,都会通过"说说""朋友圈"等进行表达,以让互联网给自己带来存在感和不受时空限制的"人情交流"。第四,进行网络举报。对于利益受损害,而信访无用、表达不通畅的农民而言,网络举报成为他们利用互联网的一项非常特殊的事情。在以往,他们会去网吧花钱请人发帖,而今有的是请自己的亲戚在网上举报,有的则自己亲自动手,且采取了死磕做法。

二、农民的网络政治与网络举报

农民使用互联网的第四种做法是本文想谈论的重点,我们姑且将其叫做"农民的互联网政治"或"农民的网络政治"。在网络政治还未真正受到学界研究的重视时,农民采取网络发帖、微博举报等已经日渐兴盛,随处可见。比如,我们最近所研究的一个 H 省的个案即是如此。见《H 省农民 C 的微博举报内容择录》,具体内容见下表:

时间	内容	备注
2015 年 8 月 24 日	G 办事处如果认为卖农民宅基地有理,党员校长 TCY 半夜抢建合法,就把土地征收文件、征收补偿、征收理由、适合法律文件,卖地给 TCY 收拾拿出来让公布一下,这么多年莫做贼一样藏着躲着。	@H 日报 @HG 日报 @人民日报 @HQ 政府法创 @中国之声 @J 网 @央视新闻
2015 年 11 月 5 日	看来我们 G 办事处领导也是,前几年把上面忽悠了,疯狂倒卖农村土地,而 M 现在查三还没有动真格	@HG 日报 @H 日报 @人民日报 @M 市人民检察院 @H 省人民检察院 @C 律师

时间	内容	备注
2015 年 11 月 3 日	《G 腐败，L 衬百姓含冤——致 M 纪委》	举报信

注：本表根据农民 C 的微博进行整理。在备注中，@代表着发布的观点希望这些人看见，希望得到他们的帮助和转发，而举报文章详细地记录了举报的内容。

对于以上内容，其实不难发现，择取的 11 月和 8 月份举报 H 省 G 办事处的事情，其实是土地问题。然而，从 11 月 3 日的举报信（长微博）可以发现，他并非是第一次这样做，而是很早就出现了这个问题。据观察，他的微博在 2012 年注册，并且在 10 月份发出第一条带有举报性质的信息。

值得注意的是，在网络上举报 3 年，其实并不是什么新鲜事，也不是什么怪事。基层政府往往喜欢采取的办法是拖，或者即便接受了举报者的约见，承诺了许多，但最后都是因为层层下压，而石沉大海。诚然，农民会因为一点小事，而斤斤计较，最后引发大祸，但基层政府采取的这种治理的做法，是不是也应该反思一下呢？比如，安徽省 C 村的事情，就是因为层层下压农民的落户问题，而导致事情拖了足足有 2 年之久。"拖"，自然不是解决问题的最好办法，但对于农民而言，被"拖"之后，万般无奈之下，只好借助舆论。围观历来是一个解决问题的办法，也就是说，大家都注意了，还不解决，那么就说不过去了。农民自然也懂这套逻辑，所以才采取引起围观的办法，引发舆论态势来解决问题，但这种引发的力量，单靠死磕性质的一条条微博举报，实然太小。

如此，正是因为利益表达不通畅，加上网络所提供的便利性，还有基层政府处理问题的做法，三者合起来，就导致了农民的网络政治由此产生。他们一方面利用网络赋权的权力去监督政府，获取利益，另外一方面,也发布一些微博,强调自己的冤屈与权利。这亦是一种网络政治的现象,也是如今非常有意思的一种不正常的民间表达。有法不依,有信访部门不去,为何选择在网上举报?

既然微博举报作为农民网络政治的一种,那么其又是什么样的逻辑呢? 弄清这个问题,我们大概就可以回答上述的原因为何。

三、农民进行网络举报的逻辑

首先,有些农民往往喜欢采取死磕的办法。我们所调查的很多利益博弈的案例,不乏农民采取死磕的做法,除非问题被解决,或者得到一点好处,或者觉得忍了算了,反之,则会采取绝不罢休的态度去对待问题。应星教授将其纳入到"气"的框架内加以解释。他说,农民的抗争是为了一口气,也就是要一个"理"。[①] 那么,早先学界提出的"依理抗争",作为抗争的原因来分析农民的死磕,其实是有道理的。如果基层政府和实施侵害的一方不给出受害者能够接受的"理",那么农民就会死磕下去。即便赔钱,在他们看来,有时候都没有"理"管用,他们不在乎,却在乎的是这口"气"能否吞下去。答案如是否定的,那么就会逐级上访。

虽然 2014 年出台了《关于进一步规范信访事项受理办理程序引导来访人依法逐级走访的办法》[②]后,自该年 5 月 1 日起,不接受越级上访。但农民非常懂得规避"文件政治"(景跃进,2016)所制造的风险,他们不越级,却把目光放在中央,而不是基层政府。主要是,他们不相信基层政府,觉得中央是清明的,都是下面的干部把中央的政策

---

① 见《"气"与抗争性政治》,北京:社会科学文献出版社,2011 年版。
② 见国家信访局官网:http://www.gjxfj.gov.cn/gzyw/2014-04/24/c_133287282.htm,
上网时间:2016 - 9 - 12。

搞坏的。所以,他们应付基层,还是一级一级地去上访,然后把精力放在省委以上的部门,通过采取各种巧妙的办法,将材料"兵分三路"递交上去,生怕被地方干部拦截,进而达到他们觉得可能引起的注意。其实结果又并非如他们想象的那般,运气好一点的,问题可以直通中央,却又被一级一级地压下来,最后还是要面对基层干部们,伤害他们的是这伙人,解决问题的还是这伙人,问题可能解决掉吗?关键是,如果问题没有解决,就会形成循环性上访,有的甚至不惜一切代价,即便家徒四壁,依然要讨个说法。有的上访群众还告诉我,如果实在不行,就把村干部炸死算了。我不知道,这是危言耸听,还是真实的想法。

　　同样,这样的"循环性",在微博社区、网络论坛中,也是如此。他们觉得,很多情妇举报官员都能立即被查处,于是效仿这个做法,也举报基层官员,但查处的却不如情妇举报的有力。为何如此?道德与官职的较量,往往前者会大于后者,历来如此。造福不好一方百姓福祉的官员,不是什么问题,但是通奸、开房玩女人的官员,往往就是违背社会主义道德,品性败坏,岂能容忍之?故而,在以德治国的前提下,查处官员道德腐败的力度要远远大于网络举报(对侵犯农民利益的不作为的网络举报)。而伤害群众利益,并非是道德问题,而是政绩问题,为官一任是否造福一方的问题,这样看来,症结也就出现了。原来,道德层面的官员品质,比起政绩层面的官员品质要重要得多。有意颠倒伤害农民利益与违背道德纪律的重要性,我们以此来治理乡村,可想而知,农民还不如都去微博、论坛举报官员的道德问题,岂不是一下子就可以将这些胡作非为的官员拉下马,大快人心?关键是,农民怎么可能那么容易就弄得到官员"下面腐败"证据呢?所以,在道德层面举报官员的,多半是其妻子、情妇,或者部下,还有他们的司机等。

　　其次,农民喜欢在召开重大会议的时候进行网络举报。正如现实社会中所看到的,每当重大会议要举办的时候,农民都会想法设法地去中央上访,似乎在这样的节骨眼上被重视的可能性要大于平常,这就好比以往皇帝微服私访的时候被"拦轿子"一般。"拦"在农民的心理,就是伸冤的机会。那么,对于在"非常时期"的农民而言,采取网络举报会不会受到重视呢?其实不然。社会治理中的"治理"本意是多元主体共同治理,但是删帖,却把一个"元"很轻易地扼杀在举报的初期,且不让其传播。在"举报"与"删帖"的张力中,农民不厌其烦地发帖举报,并且如我们在上表中看到的"艾特"("@")一些重要的媒体、人物等,由此希望得到重视,转发等。但是否会被相关部门定性他们的这种行为为捣乱呢?扰乱社会秩序,寻衅滋事呢?其实,这种对农民网络举报的行为解释,并不在农民手中,而是在公检法手中。

四、怎么治理农民的网络举报

治理农民的网络举报,其实办法并非那么困难。在笔者看来,首先是需要解决农民的利益诉求渠道不通畅的问题。中国社会科学院于建嵘教授多年研究信访,他认为,应该把信访予以取消;而有的专家却不认为这样做就能解决真正的问题,反对将信访取消。这就似乎涉及到两个层面的问题:为什么要取消信访和信访存在的必要性是什么?笔者认为,于建嵘教授之所以提出取消信访的目的在于,不忍看到农民被继续伤害,或者说"告"本身就没什么用。此种劝慰,其实不无道理。但是,我们要知道,信访是中央吸纳底层意见的一个渠道,甚至是权力合法性再生产的一个工具,所以,取消信访,并不利于中央对地方的监督和群众对基层政府的监督。关键是,在力量不平衡的前提下,农民监督基层政府,往往就会被人身伤害。这或许就是于建嵘教授所担心的。那么,农民又该如何打通表达的通畅性呢?

在笔者看来,网络并非是最佳的选择。因为,网络被誉为是假民主的"狂欢"。比如说,我们看到的,举报 2 年或 3 年,效果很小,甚至没有。不闻不问,是主要原因。所以,网络更大程度地充当了一个现实社会没有的功能,即安全阀门机制,也就是说,可以让百姓出气。这样的懒政恰好是农民不停地说,却又得不到效果的主要原因。

解决农民的网络举报,并非是删帖这样简单,掩盖是解决不了问题的办法。关键我们还是得回到现实社会中来,把问题解决了,那么网络举报自然就会消失,如再有,那么就是诬告、造谣,法律自然有惩治的办法。在现实社会中,从上述的分析来看,主要还是要有敢于作为的官员,做好事的官员。笔者曾经有一次与某教授面对面地交流的时候,他告诉我,社会治理中,主要还是靠精英。我说,村庄发展得好一点,自然是那个村的负责人能力等方面都要强一点。他的意思是强调精英的作用,我的意思是强调乡村精英的作用。如此用这一套思维来看待我们的地方官员,选拔机制,培养机制,甚至官员文化,都还需要大刀阔斧地去改善,这样,基层政府的官员就会负责起来,进而就会"过问",而不是"不管不问"。还有,我们更加需要改善的一点就是腐败。或许有人会问,为何网络举报和腐败有关系?笔者在调查安徽某村的时候,官员想作为,但不能作为,因为侵犯农民利益的人,并非是那么好惹的。问题就在于,某些人是否存在勾结?如果不是,为何不能制止?

总之,监督如果有效果,无论是上层对下层,还是农民对基层政府,那么问题就会少很多。这是把问题迎刃而解的最佳切入点之一。怎么才能有监督,是网络吗?不是。在笔者看来,还是应该回到村民自治当中。村民自治赋权了农民,作为有权利的农民,就自然会有监督权力。将基层政府的权力明确清楚,是底层赋予,而不是上层赋予,那么,对下也就会有责任。有了责任,问题自然而然就会解决很多。而中央政府也就不会承担那么大农民上访的压力。同样,网络上的农民政治,也就不那么充满火药味了。

2015 年 11 月 12 日

修改于 2015 年 11 月 19 日

（原载《萃英评论》,2015 年第 3 期）

农民抗争原理、"危害"与反思

——基于安徽池州 D 村的实地调查

2014 年底,因为某些原因,我自费前往湖北省麻城市进行田野调查,调查的主题是农民抗争,主要是当地村支书与村民们的一些利益纠葛,随后我写成了《麻城 T 村:农民权益抗争中的困惑》一文,发表在《南方都市报》(2015 年 1 月 25 日)。该文的导语是这样写的:面对一个农村所发生的悲情故事或者农民权益利益受到损害,媒体往往因为没有新闻性,而推让或回绝之,或者说很少有媒体愿意重复地去做一个全国各地农村都会发生的事情。所以,集体性的失声,从主观上或抽象上造就了和谐,背后却是"暗流"和"守夜人"的哭泣。这篇文章是我第一次在公共媒体发出最大声"呐喊"。

殊不知,这呐喊声却从广东传到了安徽的一个普通的村庄。2015 年初,安徽池州的某地村民看到此文后通过我在博客里留下的邮箱联系到我,请我过去该地进行调查,调查的对象同样也是农民抗争,原因是当地的村小组长(有黑恶势力背景)擅自出台规定,如该村之前的村民把户口迁入到该村,则需要给他缴纳 2 万元人民币,即便符合户口迁入的规定,也要交。而之所以有村民希望把户籍迁回该村的原因是,该村集体企业每年都有分红。且,之前制定的分红规则对于拥有该村户籍的村民又不公平。所以,户籍问题与分红不公,导致当地大量的农民上访。

在调查的过程中有一个情节至今我都记得非常清楚。

首先,我们去找镇政府里面的书记,书记热情洋溢地接待了我们。在他的办公室,我质问他,为何不管？他说,小兄弟啊,你有所不知,如何如何……最后他们拿出的结果是,村民与村小组长再商议,拿出一个更加合理的分配方案。镇政府可以出面帮助双方坐下来谈,但不直接干涉。为此,我在一篇发表的论文《商议型治理:农民集体上访的政治遭遇与同意困境——基于某县 DJ 社区(城中村)的实地考察》①中将此形容为"商议型"的基层治理模式,且分析了它诸多的问题。

其次,我们在离开镇政府以后,去找村支书。我记得那是一个不怎么好的办公室,里面分为两个房间,外面坐着一些干部,里面坐着一些干部,无疑,按照中国的行政逻辑,里面肯定是"更重要的"干部。与我们的猜测一样,果然是村支书与村主任的办公室。我们先介绍了自己,然后和村支书谈了起来。我问村支书,为何小组现在出现这样的情况而不作为呢？② 他说,镇政府怎么说的？我说,叫拿出一份新协议,大家再商议,他说:我们按照镇政府的来。他这样说,也没有什么奇怪的,毕竟"要保持一致",降低风险承担。问题是,保持一致的同时,他没有考虑到如此做法的后果。

第一,镇里肯定没有村里更了解村内部的这个情况。第二,如果长时间这样拖下去,会不会发生一些激烈性的行为,抑或是出现死伤的场面？毕竟带头告状的村民已经发话,要和这个村小组长"一决高下",下定决心要维护自己的利益,且他一直在告状,却毫无转机。他会善罢甘休吗？等等。

---

① 原载《宜宾学院学报》,2016 年第 3 期,第 70—77 页。
② 见《基层干部为何不作为?》,原载《湖北社会科学报》第 164 期,第 3 版。

我们和村支书并没有直接说这些,而是告诉了他,农民抗争的一些原理与"危害":

第一,如果没有不公平的事情发生,如果没有利益受害,农民会上访吗?我想他们不会吃多了没事干。如果是无理型上访、谋利型上访,你们可以通过法律手段予以制裁。第二,我们在很多地方调研,出现的情况和你们这里一样,都是利益受害才去告状。所以,请重视这种"普遍性",为何"不跟好的比"?就不能把"咱村"治理得好点吗?第三,中央之所以设置农民上访就是希望通过这个渠道得到基层的一些情况,并且通过信访机制来进行合法性的再生产,尤其是告诉农民,我们并没有把路堵死,你们可以通过这个渠道进行利益诉求。问题是,效果怎么样?第四,中央会通过地方的上访情况来对地方干部进行考核,也就是说,如果地方主政官员没有办好事情,没有维护好地方的稳定,那么一票否决。也就是说,如果地方给中央添麻烦,那么中央就会任免地方干部。对于村支书而言,你虽然是很小的"干部",但处理不好地方事务,"出事了"——那就是给镇政府、县政府和市政府抹黑和添麻烦,毕竟这是你应该管辖好的,却出现村民到省里告状。同样,如果上级怪罪下来,就是你没有把地方治理好,对你也不利,尤其是对你的"帽子"不利。第五,对于中央来说,如果地方政府没有做好,他们最大的损失就是合法性的流失,这会影响全局的治理与稳定性。为什么这样说?因为老百姓不相信了,他们认为地方就是中央的权力代理者与经纪人(杜赞奇,2003)。你不为老百姓做主,他们就会失去对你的信任和希望。

我们在谈这些"大道理"之前,所提出的要求是,尽可能地撮合村民与村小组长进行谈判,而不是让他们冷暴力,彼此误解与仇恨。这样下去,对任何一方都不好。并且我们还说,村里完全有能力去牵头制定一个分配方案,且对符合户籍规定的,予以迁入。同时,对违法行为的,应该通过村民委员会进行惩罚,例如通过表决,拿掉他的村小组长职务。同时,相关法律、公检法可以介入,对其恐吓村民、毒打村民的行为进行审判。

村支书起初是很不愿意掺和此事,一直说按照镇政府里的意见来,但听到我们所说的这些大道理以后,主动给村小组长打电话,问他啥时候有时间,一起坐一坐。我至今都记得,村小组长当时说话的语气,还有他答应通过自己的努力,促使谈判来解决此问题。问题是,为何他之前不愿意出面呢? 不作为呢? 我想多半是不想蹚浑水,且还没有到"死人"的地步。当然,到了"死人"的地步,那也是公安的事情,也轮不到他们去做什么,顶多免掉他这个不是干部的"干部"。所以,他们就一直拖,直到我们对他讲道理后才有所作为。

如此,这个案例给了我很大的触动与反思,也是我第一次跟村支书去谈如此宏大的道理,却在背后折射出一些问题。第一,一些干部认识程度很低,尤其是对一些乡村出现的冲突与农民信访问题,认识不到位,觉得能拖多久是多久,只要我这一届不出事,到了下一届再说。如果出了事,算我倒霉,反正这个干部也是一个很小很小的干部,总不至于去坐牢吧? 或许他们是这样想的,可是拖的代价是(如果放在金字塔型的政治结构中去考虑),他们没有替上级把地方管好,村民就会质疑、失望于上级政府不为他们做主。第二,行政吸纳精英的能力不足(主要针对镇及以上)。考公务员与选调生等,有几个是精英? 这是我一直比较忧虑的地方,也是我常常提及的一个乡村治理的大问题。恰好是这样的一批人在直接管理基层、直接面对农民,而基层干部没有治理好基层,就容易导致老百姓受害。进一步说,现在有的地方大举引入"985"的博士、硕士入基层(有的也未必是优秀者、精英),或许能解决一些问题,但地方上的掌权者不改变,或许他们能发挥的余地也不大,顶多在党建、写材料、宣传与动员时脑子更好使、经济发展上有所作为。可是村里的大问题,除了经济以外,还有就是村民自治怎么样去实现? 否则村民没有监督权。第三,大环境上不给予支持也是大问题。所以，还是得"改革逻辑"先于"转型逻辑"（孙立平，2015），中国的农村才有出路，农民才有希望。

其实，村庄要做的事情还有很多，这些问题也不可能在城镇化的浪潮中消失，也不可能在新农村建设中消失，它们会一如既往地困扰着我们的基层社会。但我们需要明白的是：如果不改变行政吸纳的能力与机制、不落实村民自治的法律规定、不改善乡村政治的生态环境、不发展农村的事务能力，不提高村干部的知识认知与风险认知，不给予大环境的改革支持，或许我们会又一次陷入死循环之中，这对于现代化进程中的中国而言，没有一点好处。

2017 年 3 月 25 日

国家权力与农民利益：张村的故事

——一个关于鄂中村庄石油勘测的政治博弈

　　乡村村委的村干部对于国家权力而言，他们并不能构成权力代理人，因为按照传统意义上的理解，代理国家权力，必须是在体制编制以内，且只有在这样的状况下才能够真正地利用国家权力来管理社会，执行国家权力。村干部至多也只能算是以工酬劳的形式，被国家聘用，让其代管村庄事务。

　　不可小觑的是村干部的权力往往并不比想象的要小，当国家与农民的利益发生冲突的时候，村民只会认村干部（一般情况下），而且村干部并不是都认账，比如治保主任的"账"就不认（承认），反而村长或者村支部书记，他们才会认。

　　这样的故事，就发生在了鄂中的一个乡村。我对这样的一套政治逻辑并不陌生，反倒感受到了农民的政治正确。因为，在这样的村落里，即便没有经过村民自治，最后被指派（或者是其他形式）成为村支部书记的王某也算是农民心中的一个"权威"。而当国家利益与农民利益发生纠葛的时候，这个村支部书记的作用，对于国家利益与农民利益而言，就显得极其重要。

　　2013年1月中下旬，不知道是哪个单位的人打着"国家项目"的旗号，到J市某村庄炸（发掘或探测）石油，其会间接地毁坏农田的庄稼。所以,村民在口口相传并得知这一消息之后(特别是得知村支书也不同意在农田里炸石油),在少数草根精英的带领下,出面阻止该单位的施工人员在他们的农田里开工。这个时候问题就出来了。第一,该单位承认给一定的补偿,每一个洞眼补15元。第二,如果不配合,就是妨碍国家利益。而这两个条件对于当地村民来说,并不构成诱惑与威胁。在他们看来,毁坏庄稼所带来的损失要远远大于15元的经济利益补偿。另外,他们也获得了该村村支书的背后支持(虽然该村支书一直未直接出面),觉得农田不应该被挖洞之后炸石油。故此,他们的抗争有据有理。

其中,非常有趣的是,农民并未能达成一个团结的集体。有的农民甚至不闻不问,随便让该单位在自己的农田里施工,而自己在茶馆里打牌娱乐。还有,当不涉及到自己农田的时候,也不管。

这就可以与当地的另外一个事情勾连起来想象了。当地的退耕还林工程已经很多年了。对农民的经济利益损失,不可估量。但鉴于政府的规定,没有取得砍伐证的农民是没有权利去砍伐在集体土地上种植的柏杨。从本质上说,农民也只是代管(帮国家)这些树林。最终,等树木成型之后,国家统一收购和砍伐。而就在炸石油这个故事发生的日期附近,一个村民直接将自己承包的田地里的树林砍伐了。而其他村民对此毫无质疑,原因只有一个,正如有的村民所言:他(砍伐树木的这位农民刘某)在县里面认识人,搞得到砍伐证,你搞不到,所以……故此,在这个村民砍伐了树林之后,其他村民的树林没有被效仿而遭受砍伐,继续存留在农田里。这里面就构成了农民的一个心理,即在权力庇护下的行为发生是能够得到农民的默许的,而当这样的默许发生时,也就意味着他们对这种灰色权力的承认,或者说不得不接受,反倒是叹息自己在体制内没有遭受权力庇护的机会。再反过来看炸石油这件事情,也同样如此,农民与农民之间的"合作"不但很难形成气候,反倒因为没有触犯到他们的生存可能而普遍采取"忍"的态度。不难发现,农民之间的"搭便车心理",往往更为严重和具体。当村民张某(女)采取硬性的抗衡态度该单位又必须在她的田地里炸石油时(有指标),故此最后只有张某一家获得了利益补偿15元,而其他的村民,虽然自己的农田里也有被炸,但是并没有得到相应的利益补偿,或者说没有得到当场的利益补偿。而该单位的说法是,在这批项目实施完工后,会把钱统一安排到村委会,再进行补偿。有趣的是,很多村民并不相信这样的说法,但他们又未采取合理的抗争。

在此,我不得不讲述一下张某,这个女性抗争人的故事。她在阻止农地被炸的时候所用的理由非常有理。第一,我家的男人,做主的人不在,你们炸了我的田地,万一怪我怎么办? 第二,你们要对我整块的农地进行补偿,算田亩面积和油菜价格,再进行补偿。否则,不允许进行该项目,无论是什么国家项目。我要生存。最关键是的是,作为一名女性与此项目负责人抗争,往往占据一定的有利优势,所谓"好男不和女斗",大概就能稍微地概括这里面的内在逻辑了。故此,该项目负责人无奈之下,当场从自己的腰包里掏出了15元钱(谈判好后),然后登记了张某的电话和姓名,最后才在张某的田地里进行了探测石油的项目。

从这个故事中,我们不难发现,该项目的负责人并没有摸清农村的政治逻辑,而是简单采取所谓的国家利益至上原则,在简单而粗暴的方法之下,最终"不得不自己掏腰包"解决问题。而真正的政治程序,依照笔者来看,应该先去找村支书或者村长,让村长出面来协商解决,往往更为有效。

就是这样的一个农民的故事,我们可以看到,国家利益往往在村民面前并不能构成直接性的威慑力,反倒是村支书或者村长才有这样的权威性存在。这不是说国家权威或合法性不被承认,而是农民与国家的利益距离太远,也就是说农民的补偿最终还是要靠村委来进行,而不是中央直接下来补偿(这也不可能)。当农田被损害之后,利益补偿能找中央吗? 不然,最终还是村委。故此,这里面不涉及到承认谁的权威性时,就看谁是其最直接性的利益关乎者。村委无疑是其中非常关键的角色。只是,在这个政治博弈的故事中,施工方并未能很好地认识到村委的作用。而反过来说,假如村委出面来解决这个问题,可能就会让村民积极地配合,并且,基于村民与村委的依附性关系或者是政治关系,就能够利用权威或利益威慑,来使得村民配合国家的这个项目实施。而这样的例子,不仅仅在探测石油这样的事情上,再如修建高速公路侵占农田而使得农民的利益补偿受损,引发基层政府与农民的直接性冲突,其中很多都是未能认识到村民的利益诉求中的逻辑,而是简单地靠国家工程等名义来威慑农民,最终的作用并不是很大。村民所认的是利益,村民所认的权威,更大的侧重在当地政府。故此,如果说国家权力至上而迫使农民出让利益,只会是导致农民愤怒和反感。而只有把农民的利益至上,再依附权力的关系来办事,可能就不会引发过多的激进事端,最终农民也满意了,事情办起来也可能更简单了。

2013 年 1 月 29 日

暴力下的"弱者的武器"为何是失效的

——答《青年学术评论》主编沙柳坡先生

　　本来，这篇文债，我先前是答应过《青年学术评论》主编沙先生，早点写出来，对于他的"商榷"给出一个答复（讨论性质的），却因为其他事情，久久没有提笔。在此，表达我对学术讨论与沙先生的歉意。

　　在学术界，有争论是好事，就怕没有争论，其不利于"越辩越明"。既然有对我文章《"弱者的武器"何以失效》[①]有质疑，那么我就应该给出我的思考和答疑。这是一个本分的事情。

　　首先，沙先生提出的疑问（2014 年 5 月 10 日），全文复制如下：

　　但我以为，在得出这个结论之前（弱者的武器失效了——注），仍有两个问题值得商榷。（1）"弱者的武器"本身是一个策略性的反抗，这里的服从是否意味绝对的服从，还是说只因研究者尚未发现服从背后的反抗？ 如果是这样，不仅不能贸然得出失效的判断，反而又陷入了 Scott 批判的逻辑陷阱；（2）"弱者的武器"的内容是丰富的，在 Scott 看来，意识形态也是这些武器中的一部分，如流言、起外号等。

[①] 该文最初发表在 http://www.aisixiang.com/data/54182.html，2012 - 6 - 9。随后，其被收录到了 2013 年 8 月出版的拙作《被围困的社会：转型中国的政治想象与乡村理解》（上海三联书店）第 203—205 页。

它们同样可以销蚀这些乡村混混的合法性。

而他对于我的观念的提炼,大致如下:

他(指我—注)认为,当基层政权被混混所侵蚀之后,农民便不能再以"拖拉"、"开小差"、"偷盗"等行为方式进行抵抗。很有意思的是,当这群混混当权的时候,用暴力去进行统治时,农民往往服服帖帖,而其之所以能用暴力的形式进行统治在于上位本身就非正当性。反之,当正当性的权力进行税收、农村建设时,农民往往并不害怕用身体暴力进行抗争。

其次,在差不多3年以后,通过更多的文献的阅读和调查经验的积累,再来对文章中的观点进行窥察的时候,可以证明的是,原先的观点依然没有错误。

我们可以回头来看,在《"弱者的武器"何以失效》中,原文是这样说的:

> 但是,为何笔者在此怀疑,抑或是直接性地质疑"弱者的武器"失效呢?这当然是一个"大胆的假设",但无需"小心的求证",因为在研究"乡村混混"这一块的学者早已点明:当基层政权被混混所侵蚀之后,农民便不能再以"拖拉","开小差","偷盗"等行为方式进行抵抗。很有意思的是,当这群混混当权的时候,用暴力去进行统治时,农民往往"服服帖帖",而其之所以能用暴力的形式进行"统治"便在于其政权本身就"非正当性"。反之,当正当性的权力进行"税收","农村建设"时,农民往往并不害怕用其自身的"身体暴力"进行抗争。自古以来,就有"吃软不吃硬"的逻辑,只是我们并没有认真地考究:这样的农民心理究竟原发于何处。[1]

---

[1] 见 http://www.aisixiang.com/data/54182.html,2012-6-9。

假如"弱者的武器"是可以被理解为农民合理性的有效手段,以取得自保的最佳方式,但如今收缴这样的武器的往往并不是国家权力,而是乡村混混,且国家权力需要依靠这样的黑恶势力来完成上级部门派遣的任务,说得更为直接点就是"对什么样的人用什么样的方法"、"你讲道理,我就讲道理""你不听话,我就给你拳头"。如此,在此种思维依然无法改变的前提下,就需要从上层进行制度性的优化,而不是继续采取压制性的体系。否则,"理性的小农"(孟德拉斯,2010)就会采取"什么样的政府用什么样的方法"、"你给我说,我就和你谈"、"你对我暴力,我就一命换一命"。这样只会让整个社会陷入心理的剧变与不安。

接下来,就沙先生提出的两个问题,我分别做出回答。

第一,暴力下的农民服从是绝对服从还是相对服从?(弱者的武器,绝对是一个策略,这点我们不需再争议)第二,流言、起外号等也可以消解乡村混混的合法性。如果我没有理解错沙先生的疑问的话,应该是这两个问题。

可以直截地说,我们的争论焦点就是加入了暴力这个因素,一个是从上到下的暴力,一个是从下到上的暴力,后面可以称为以暴制暴,比如用身体捆住炸药等去身体反抗等。[1] 显然,一方面,农民在暴力下的服从是相对的,而不是绝对的。我在文章当中已经阐述出了"气"与抗争性政治的问题。从这点可以看出,农民心中还是有气的,为了一口气,为了一个理,这样的抗争理由,在上访的后期尤为多见。更何况在暴力下的服从,怎么可能有绝对的呢?身体服从了,心中也不会服从。反过来说,服服帖帖并不是说绝对,从外在而不是内在而言,是口头上或者外部上答应服从。另外一方面,甚至有的农民,死

---

[1] 我们曾经调查的一个农民上访的案例就是这般叙事的。他说,实在没办法,就把村支书炸死算了。

活都不服从，"搞烦了"就会以暴制暴。好在，我们在调查的时候遇到
一个还没有到这个地步的不服从。比如我在麻城调查时遇到的一个
村妇，她被连续打了三拳，朝着胸口。其中有两拳就是乡村混混打的
（这是典型的暴力），但村妇依然不服从，最后通过找关系，才得以把
事情解决。[①] 这只是一个例外。我们要摸清的是，暴力，让农民怎么
去反抗？不是所有的农民都有政治关系。反过来，正如我最近给安
徽农民说的，你有很强硬的关系，他们还敢欺负你？你还会在农村生
活？除非他们真的是不想干了。

　　而关于流言对乡村混混的合法性的消解问题，我觉得的确存在，
但效果不大。为什么呢？因为乡村混混在基层政治中，本身是一个
帮手，政府岂敢明目张胆地说，"他们是我的打手，谁不听话就揍死
谁？"肯定不敢。问题是，于乡村政治而言，有时候，要么被他们所渗
透，官员和乡村混混勾结在了一起，要么官员害怕乡村混混，选择了
沉默，而不作为。特别是前面一种，恰好是我们在本文所需要讨论的
问题所在。对于官员而言，有的事情亲自出面做，不太好，所以请混
混来解决，比如我们前面举例到的村妇，她之所以被打，主要是村干
部希望用混混去吓唬她，而当她被打以后给村主任打电话，主任却不
接，怎么都不接。这说明了什么？也就是我们在上文中所说的，不敢
明目张胆。但事实上，就是村干部指示的。另外一种情况是，乡村政
权直接被混混窃取。他们往往不是直接说，这个干部非我莫属，而是
通过一系列背后的操作，比如贿赂选票或者"自己要选票"等，走形
式，把自己弄成村干部，进而通过这个平台获取更多的利益，百姓死
活，那是另外一码事，他们很少过问。暴力，是他们普遍采取的统治
形式。于是，乡村社会就肯定会有流言、起外号等以作为"弱者的武

---

① 见《麻城 T 村：农民权益抗争中的困惑》，载《南方都市报·评论周刊》，2015 年 1 月 25
　日，本书第 59 页。

器"来反抗。但这类的反抗作用有多大呢？与其说有，不如说根本就是失效的。外号再多，最多留下口碑不好，而上级和下级是捆绑的，要知道这点，他们可能是一条绳子上的蚂蚱。如果不是，为何村干部被举报，依然在做村干部？（这类情况在我们所调查的村里，到处都是）难道不是这背后有什么见不得光的东西在庇护吗？如此来说，流言也是一种失效的武器。

进一步说，其实流言等和"民谣"没什么太多的、太大的区别。民谣的风向，其实就是乡村百姓对于一个干部的最客观的评价。以"不好的口风"为例，说一个干部怎么怎么，说那种窃取了干部身份的混混怎么怎么，其实都是消解政权合法性的做法，但百姓有什么别的办法？有用吗？没用。且学界已经有研究这类反抗形式的成果了，非常地有意思，例如"以诗维权"等，都是如此。

所以，我说弱者的武器，依然是失效的。特别是，中国的乡村逻辑和斯科特面对的东南亚农民，有的情况是很不一样的。

抛开这一切，说说乡村政治的问题。其实，本质原因不是在于反抗如何，而是乡村混混，为什么又被干部们所需要和农民们需不需要混混？（这都是暴力逻辑）其实，对于村干部而言，如果站在他们的立场来说，需要混混。所谓白道黑道都有人，做事才方便。他们图的不是法治，而是"好办事"、"好解决问题"。而农民需要"混混"，有的也是这个原因。比如有其他村的混混来找本村的一个农民麻烦，而这个农民如果请混混出面调解，可能对方就不会再找他麻烦，这就是村庄的混混逻辑。要是农民请的不是黑社会背景的村干部帮忙，未必会被买账。所以，如果站在另外一个角度，混混是有用的。

而乡村政权被混混渗透，我以为肯定是不好的事情。民谣、流言等如何作为消解方式，那就要看中央对于这个问题的重视程度了。

在我看来，乡村秩序的维护，其实用权威比用暴力要更为合理，权威就好比以前的乡绅社会一般，或者本村比较有威望的、正直的那种人来维护,法治可能都是失效的,何况弱者的武器失效?

最后,我之所以谈弱者的武器失效,总结上述言论,无非是暴力面前的失效,而暴力对于农民而言和村干部而言,一方面是有效的(有效不是因为弱者的武器,原因前文已经阐述了),另外一方面也是危险的。危险的另外一个不好的地方,也如沙先生所说的,消解合法性。怎么办?回归权威的治理方法,这个方法我曾经和一个镇长面对面谈及过。他觉得也应该如此。因为我们但凡了解乡村的话都知道,法治真的在乡村很尴尬,城镇化的今天,也依然如此。甚至我们在调查时发现,都是人情治理和伦理治理,而不是法治或者用《村组法》去治理,而这些,在暴力面前,依然是无效的。

但我反对暴力治理,也担忧农民的弱者武器失效之后怎么办。在《"弱者的武器"何以失效》中,我只是在阐述这样的一个现象和分析这个问题,而没有同意暴力的方式去解决问题。仅此做出延展性的回应,希望《青年学术评论》的沙主编能够满意,如有不同意见,可以再议。

2015 年 6 月 21 日

(原载爱思想网,2015 年 6 月 23 日)

农民上访与选择性治理

  当前,学界比较赞同的一种治理方式是运动式治理、合作治理、分类治理、协同治理、整体性治理等。它们都是基于社会管理体制创新的某种尝试。用学界的话说,就是"策略"。[1] 然而,这些策略所起到的效果在我看来,并不明显,反而加深了干群关系紧张。

  本文的立论在于以农民上访为例,对基于运动式或合作式治理的社会管理方式提出一种更加细别的治理方式,即选择性治理。当然,这样的一种治理方式主要还是根据现实的矛盾与问题的不同来进行治理,于此或许有可能更加地适合于基于不同原因基础上的矛盾化解。

  首先,选择性治理的方式不同于运动式治理或合作式治理,它比较适用于当前中国不同原因导致的社会冲突。比如,因拆迁导致的农民上访,因土地流转不补偿导致的群体性事件,因计划生育导致的村民自焚等。原因的不同,对待矛盾的办法也应该不同。假如说都采用宏大的治理策略,那么问题的区别性又该如何对待? 故此,需要

---

① 见钟涨宝:《新型城镇化背景下的中国农村发展——"2013 年农村社会学论坛"综述》,转自西北乡村研究网 http://www. xbxcyj. com/bencandy. php? fid = 5&id = 2531,2014 - 3 - 24。

先给予一个分类,然后,对具体问题进行"选择"再进行治理策略的提出,选择性治理也就是在这样的背景下所提出来的某种策略。[①]

其次,选择性治理需要给予权力底层一定的操作空间。治理,一般而言都是从上到下,故此伴随着农业政策或者其他形式的权力渗透,往往并不能很好地解决村庄矛盾,也就是说,不能很好地回应村民的需要和诉求。故而,选择性治理有别于其他治理方式的地方在于,它能够选择性地给予不同诉求的主体一个比较适合的解决办法,尽可能地把问题放在基层来解决。或者说,它能够尽可能地在村庄内部来消化矛盾,却并不如合作治理的方式,必须需要顶层和底层的配合解决。这就大大地节约了政府的农村社会管理成本。

再次,选择性治理[②]更是一种疏导和指引。这意味着先对"主""次"问题进行区分,再治理,这将有利于问题的解决和降低政府所受的压力。在转型期的中国,出现社会矛盾是无可避免的,只是如何去化解有必要化解的社会矛盾,这才是关键。同时,当前最为重要的是,如何维护百姓的利益,而不是要政绩不要群众,要面子不要农民。所以,把核心问题解决好,其他小问题也就迎刃而解。具体而言,选择性治理就需要在利益分配问题、机会平等问题、社会保障问题等比较棘手的问题上下功夫。如果想全盘治理,那只会加重政府的负担,并且很有可能会形成"丢西瓜,捡芝麻"。

当代社会变迁的一个非常典型的现象——群众有什么不满的,都埋怨政府,而政府又该如何做出改变和优化。依据焦长权等人(2011)的研究,农村社会的中间组织(例如城市社会的 NGO),协会等,完全可以避免政府与群众的直接对立,能够起到缓冲作用,并且

---

① 学界把这样的治理称为"分类治理"。
② 选择性治理的一个困境在于,基层执政者"玩弄"权力,将重要的问题选择为不重要的,不解决,或者不抓紧时间去解决。这都是可能发生的。

还能够在一定程度上完成政府权威性与合法性的再造。[1] 这有别于传统的政府出面与群众谈判的局面,很可能因为群众的"不信任"[2],导致冲突的升级。

农民上访同样如此。农民上访的根源在于农民本身的利益受到损害,况且他们并不是冲着权力去的。(于建嵘,2009)[3]故此,利益被当做农民上访的一个诉求,只是利益又该如何分配,选择性治理就可以很好地解决。这也正如前文所言,村民的利益,应该让村民自己来协商,或者让村民自身有一个可以谈判的机会,而不是采用"耍赖"来进行治理。况且,选择性治理就在于能够把利益分配不均这样的问题放在重点来进行操作,故此,农民的利益纠纷,也就可以被"当做一回事"。选择性治理与农民上访的问题也就可以"一条龙"地解决掉,而不是拖拉或直接忽略。

政府应该有选择性治理的思维和意识,而不是将这样的一种治理策略走向反面,比如"杀鸡儆猴"。有农民进京上访,就采用"枪打出头鸟",这只会让百姓的怨气更加深重,对政府的公信力没有什么好处。"微博救母"虽然成功,但那些未被"第四权力"(媒体)所关注的"不幸"又该怎么办?陀思妥耶夫斯基的"被伤害与被侮辱的人",或许用在当下中国农民身上,再合适不过。他们被损害的是利益,被侮辱的是尊严。这也就构成了应星以"气"为解释框架的研究形成,也就构成了当代中国社会变迁中研究这一问题的更多解释框架的形成,从而对策也就千百种。

故此,当问题接踵而至,并未能在"XX 治理"的对策下得到解决,

---

[1] 见《农田水利纠纷与乡村秩序:鄂中 W 村调查》,原载《法律与社会科学》,2011 年第 1 期。

[2] 胡荣曾经写过一篇专门探讨农民上访与政治信任关系的文章,详见《农民上访与政治信任的流失》,原载《社会学研究》,2007 年第 3 期。

[3] 见于建嵘:《中国信访制度的困境和出路》,原载《战略与管理》2009 年第 1/2 期合编本。

很大一部分原因是否是我们的研究不够,或者提出的对策不对。我们需要深思这一问题。而选择性治理,恰好是一个早已运用在基层治理当中却走向反面的一种带着"大众智慧"的治理形式,它当且仅当亟须纠偏,再来对待社会冲突中所存在的问题,也就可以"远水救近火"。

从根本上说,治理的不到位,需要看在权利的方向上,引入社区居民参与,让百姓有表达利益的机制与渠道。总之,首先是治理思维,其次是治理策略,最终形成一个合理且有利于群众的社会管理机制,那么问题也就会大大减少,也就不会在 2010 年就有 28 万起群体性事件的可怕局面。①

2012 年 12 月 16 日

(原载爱思想网,2012 年 12 月 16 日)

---

① 见 http://www.xue163.com/4842/10381/48421163.html,2017 年 2 月 26 日。

第二章　乡村社会

　　空巢老人无人赡养、留守学童缺乏关怀、乡邻关系淡化冷漠……或许,农村社会发生的一起起事件只是一些极端事例,但它们牵连着乡村农民的心理健康和精神疾患,其间显露出的孤独、冷漠、自卑、抑郁、焦虑和暴戾等不良情绪,却必须引起人们的警醒。

——《人民日报》,2015 年 9 月 8 日

当前中国农村的几个主要问题

随着 2006 年农业税的取消,农村发生了很多的变化,比如越来越如阎云翔所说的"原子化"与"个体化",究其原因,主要是因为基层干部与群众的联系减少所致。然而,种种政策的变革与农村自身的发展(可以用几千年未有之大变局来形容当前的农村转型),会带来对农村直接的影响。如此,有学者断言,当前中国三农问题研究已经陷入到"终结"的危机当中,换而言之,就是已经没有什么"搞头"。笔者不敢苟同。窃以为,伴随着城市化的推进,农村现在的主要问题主要集中在以下几个方面:

第一,农村的土地流转问题。"谁来种地"是目前讨论的比较热的一个话题,主要是因为城市化的进程过程中,大量的农村劳动力转入城镇当中,而"老人农业"日渐衰退,他们甚至直接抛荒。笔者在调查 H 省的一个地方发现,在还未有"大户"入驻之前,农村的土地呈现出两种发展模式:一个是转租给他者,多半是"相好的"(关系)或者"亲戚"。之所以是这些人的主要原因在于信任感。当"我"不想在城市了,还可以回去收回土地,有一个保障机制,往往他们处于彼此的信任而不签订合同,而且转租的费用也较市场低。这并不是说,在其他的地方就如此。如今的土地私有权与继续集体所有制争执不下,到底该如何保障农民的土地权益,是未来的一个争论焦点。

　　第二,农村的扶贫问题。7000多万的农村贫困户,到底该如何帮助他们脱贫致富? 这是当前摆在学界和政界的一个难题。有的地方直接打出"要致富,先立志"的标语,鼓励当地农民有志气把自己"搞得富起来"。关键是,没有资源和方法,怎么富? 有的地方直接采取"一帮五"的策略,但凡党员干部,无论收入多少,都去帮助他们脱贫,采取直接输血的方式,长期来看,并不是个好办法,反而可能造成党员干部一起贫困。扶贫问题的重点在于,引入资源和技术,转变农民观念,比如有"互联网+"思维,由此在富农治村的背景下,一起富裕。笔者还通过调查发现,有的地方直接培育农民组织,这样大家互帮脱贫,前提是需要有一个得力的组织者。

　　第三,农村的政治问题。乡村政治主要从两个方面来看,一个是乡村选举问题,一个是政治冲突问题。前者往往在上个世纪80、90年代就开始被学界注意,比如张厚安等人,在基层进行村民自治实验。如今的乡村选举陷入到了瘫痪的地步,有的地方找不到合适的人选来当村干部,且有的地方,直接无人愿意干这个"吃亏不讨好"的事情。伴随着农业税的取消,"油水"等可以捞到的外快减少,而且稍不注意,还容易得罪农民,故而无人愿意干。选举当中,也存在贿赂等现象,学界有人建议,一方面,村民自治的落实才是唯一的出路,另外一方面,赋予农民的公民身份对待,以此来解决他们的维权和使用权利的困境问题。同样,冲突的政治往往并不是选举而引发,而是利益纠纷。多半的集体上访、群体性事件等都是利益的冲突演化为政治的冲突,但农民依然还是在诉求利益,而不是权力。

　　第四,农村的社会保障问题。第二次医疗合作给农民了一定实惠,但大病依然是"等死"或者"自己想办法"(自杀),这是当前农村的医疗保障发展不力所导致的。农民最害怕的消费,主要是三个方面:第一,医疗费用;第二,教育费用;第三,人情费用。所以,如果看病贵,看不起病,那么无疑会导致农民的生命得不到保障,并且还可能导致家庭的贫困。同样,教育费用如果降不下来,那么一个家庭从小学到大学毕业所花费的 20 多万(有可能还要大于这个数目),于农民而言,是很大的一笔数字。还有人情越来越高,有的直接"赶"到①500—1000 元不等,这是农村现在很大的一个风俗转变。这些都给农村家庭造成了负担。还有农村的养老,如今多半采取的是"子女养老",这也是农村的一个几千年的传统,但"子女养老"与"家庭养老"真的可靠吗? 在城市化的今天,他们不但不能养老,还不得不帮助子女看管孩子和照顾家庭,甚至继续从事体力劳动。

第五,农村的留守儿童问题。农村留守儿童,特别是类似毕节地区的灾难,让人深思。他们往往是因为父母去城市打工,又因为户口、生活成本等得不到解决,从而很难跟随父母一起去城市里生活、入学。在农村,他们多半与爷爷奶奶等亲戚一起生活:一方面,有人照看,父母也放心;另外一方面,开销小。比如农村的上学费用等就相对较低。如此,留守儿童的问题还少吗?

第六,农村生态安全问题。生态安全这几年提得比较多,特别是媒体的大肆报道,让人们越来越关注农村的公共卫生安全。一方面,对于人体健康等有影响,另外一方面,容易造成土地板结,不利于循环使用。由此,农村生态安全危机造成了农村的生活垃圾、污水到处都是。这与新农村建设的目标背道而驰。

第七,农村的食品安全问题。在农村,我们可以看到,很多假冒伪劣的商品充斥在小卖部里,看似便宜,但是并不安全。这不利于孩子的健康,因为父母或者爷爷奶奶喜欢带他们吃这些不卫生的零食。有的甚至因为爷爷奶奶的照顾不周,而得口蹄疫,就医也不方便,故而这对于儿童的成长很不利。

---

① 农村通常叫"赶人情"。

第八,农村的风俗问题。近些年来,从 B 省的跳艳舞到各种农村的闹婚事件等,都看得出我们越来越关注农村的风俗。风俗,固然是长久形成的,但现在有的流变为流氓与低俗。风俗的治理,可以用法治来引导,但农村观念却很难转变。同样,需要法治治理的还有打牌成风。笔者曾经与一位乡镇干部访谈的时候得知某省领导到 F 村视察的时候,当地到处在打牌,当这位领导走进该村的一户农家,有人在不知道其身份的情况下,喊其一起打。可见,赌博于乡村而言,已经到了很严重的地步,并且我们调查 H 省的一个农户,国家的直补钱,他们直接用来打牌,补得越多,打得越大。这是为什么? 本来国家是为了减免农民负担,但他们不"领情"。

第九,乡村债务问题。乡村债务可谓是一笔烂账,现在采取的是:"能拖一天是一天"的解决办法。以往,因为利息高,很多农民把钱不是存入银行而是存入到村集体,由村干部保管。这种集资,由于各种原因(比如换届等),导致农民的钱最后要不回来了。还有村债务的产生,是因为村里欠其它机构的钱。村庄合并,往往也容易导致这笔成为"死账",《党建文汇月刊》2006 年第 11 期的文章《全国乡村债务规模巨大》表明,这个数额达到了 5355 亿,平均每个县就有 2 亿多。如何解决?

第十,农村的离婚问题。伴随着城市化的进程,很多农民到城市成为"二等公民",也禀赋了两种角色,一个是工人,一个是农民。据《论农村离婚案件存在的问题及对策》[①]一文表明:"当前农村离婚纠纷越来越多,其主要原因是打工外遇、婚外生情、草率处理婚姻问题、重婚、非法同居或包办买卖婚姻等违法行为、家庭暴力的存在等。"有的为了保全家庭,在城市组建"临时夫妻"这是一个很有意思的现象。

---

① 载《中国电子商务》,2013 年第 23 期。

不容忽视的是,由于上述原因导致的离婚,不仅仅会增加犯罪率,而且还会导致农村的孩子成长过程中得不到该有的爱护,最后往往容易走向失范。这并不利于社会稳定。

第十一,乡村建设问题。建设新型农村一直是一个热点问题,当前有的村庄开展旅游业,引入一些资本,特别是在政府的大力扶持之下,打出自己的品牌,搞农村生态游等。还有的采取政府补助一些,自己掏一些,建设一些在马路边的新房子,让土地整合起来更为容易,也让农民生活得更"高级"一些。这都是惠民工程。有些学者,已经注意到韩国、东南亚等地区的农村建设,甚至把目光投向德国等欧洲国家,通过外部的"经验"来解决中国本土的问题。

这是我国当前的十一个农村的问题。有的则相当严重,有的则稍微严重一些,但就目前而言,如何解决这些问题,依然困扰着基层政府和学界相关领域的一些研究人员。如何破解这些问题,是接下来我们进行深入研究,提出对策的重中之重。基层是中国的根基所在,只有把9亿农民(包括2亿农民工)的生活安危处理好了,那么中国的发展才真正地可以说得上是真发展,而不是形式主义和口号上的

甘肃陇西的农民,摄于2014年

发展。同样,解决这些问题,有的则需要政府和市场的合力来完成,通过引入市场来解决农民的一些问题,比如电商下乡等。让他们真的能富裕起来,摆脱贫困。所谓的小康社会,也就距离我们的农民们

不远了。然而,问题远非只有扶贫这么一个。这些农村转型期所遇到的问题,解决起来并不简单,但需要社会不同的主体来齐心协力,特别是需要政府的引导。

2016 年 4 月 8 日

（原载中国乡村发现网,2016 年 7 月 6 日）

反思农村家庭暴力的观念因素

——基于文学的叙事与分析

湖北省 J 村是一个普通的村庄,这里的农民日出而作,日落而息。

一般而言,农忙的时候,打工的农民会选择回乡务农,等农忙结束后,再外出打工。追问原因,他们会说:"总不能在家里闲着吧,闲着闲着就会出事,比如夫妻吵架啦。"

谈到这里的女性,她们的地位并非很高。基于女性主义的视角,我们从分工可以看出。第一,负责照顾小孩;第二,负责家务;第三,家庭日常用品的购置;第四,洗衣服和做饭;第五,农忙时有时比男性还要起早贪黑等。从以上五个方面可以看出,日常生活里,她们需要忙碌,而在农忙的时候她们也需要和丈夫一起,到田地里干活,有的甚至如男人一样,挽起篮子就开始撒肥。也就是说,体力活是她们必不可少的一种生活锻炼。

在 J 村有一户人家,她的丈夫和她都没有受到多少教育。我们将其称为 Y。Y 也是本地人,从小就生活在 J 村。在该村,类似这样的家庭组合还有很多。过去并非如当代中国这般,高度的城市化流动与发达的网络技术可以为娶妻生子提供另外一种可能性,"就近解决"往往是那个时候的说媒逻辑,多半都是附近地区的人家,也有很少一部分不是的。

自从 Y 出嫁以后，日子并不好过。在 J 村，上个世纪 80 年代依然有男尊女卑的旧毛病。基于如此之文化观念，她的丈夫因为她在 1988 年生了一个女孩之后，对其态度大变。

某天，在一个下着很大雨的夜晚，她的丈夫从外面打牌回来，因为输了钱心里不是太愉快，故而又开始对其拳脚相加。有当地的人后来听说，因为她的丈夫实在是打不动了，Y 其趁着他去喝口茶的机会，把门栓悄悄地打开逃走了，这一逃，就是二十多年。

据说，那一晚，她逃到了隔壁的老婆婆家，本来当晚的打骂声就再次惊动了附近的村民，但是又不好意思直接干涉，毕竟是家务事。俗语有言，"清官难断家务事"，怕就怕给自己惹上"和这个女人私通的口碑"。比如说，隔壁家的男人如果出来制止，那么就很可能会传闲话，而这样的舆论攻势恰好有效地制约了当地人对其家庭暴力的干涉。但没有人懂所谓的女权意识和法治意识，他们甚至认为，只要不打死，就是正常的。两口子一起生活，哪里不会有磕磕碰碰呢？

老婆婆却不然，那晚，当村妇 Y 拖着自己疲惫的身体，敲门叫她，她赶紧给她开了门，Y 自己躲进了老婆婆家里。其丈夫说："老婆子，把她交出来。"老婆婆说："我一个老的快死得人，藏你家媳妇做什么？"后来，她的丈夫进去找却没有找到。村民议论说："如果那晚找到了，Y 可能就会被打死。"也有村民说，"老婆婆是救了一个人命，做了好事。"在劝和不劝分的传统文化观念中，此刻人们却选择了劝分，因为实在是看不下去了。毕竟"人命关天"，"给个活路要紧"。

自从 Y 从那个马路边上的土房子里（她的家）逃出以后，她的丈夫更加的"不成器"，"玩女人"和赌博变得更加猖狂，反正就是"破罐子破摔"。他们的女儿因为没有办法，随其大伯一起生活。上学等，那都已经成了一个笑话。

中国人常说，上天是感受得到的。就是在这样一个家庭残缺的氛围下,她的女儿很早就下了学、嫁了人。后来,听说还生了个儿子。村民说,"这是报仇了",还有的说,"这是翻身了。"

但Y起初并不知道她的女儿生了个儿子。当地村民也无人知道Y究竟跑到哪里去了。有人说,往东边跑了,有人说,往北边跑了。村子里的人,像侦探家一样,根据各路不同的小道消息,表达自己的见地,而且还很自信。

后来Y的女儿不知道用什么样的方法,带着孩子找到了她。再后来,Y的女儿回来告诉当地村民,她跑了以后,没有再受到过家暴,而且还生了个孩子。就在县里的另外一个地方。一个女人,从一个地方逃跑到另外一个地方,在一个县的面积内进行生命的挣扎和转换。可想而知,她一方面是迫不得已,另外一方面,她也不想走得太远。或许她还惦记着自己的女儿,或许能力有限,或许……

有当地人回应Y的女儿说,"她肯定不会再找一个打她的男人,因为她实在是受不了那种家庭待遇了。"因为当地人没有一个不同情Y和她的女儿的。

Y的原配丈夫,后来离开了这个村子。

在中国,类似这样的故事其实还有很多很多,由于各种原因,女人往往被挨打,最后有的直接选择杀死丈夫的方式,来一个同归于尽。有的则为了自己的子女,选择忍气吞声,将就着过日子。如果日常生活劳累一些,丈夫对她们关爱一些,或许她们还不觉得怎么,但如果家庭里随时充满了暴力,甚至要了性命的暴力,那这个家庭绝对是不可能长久的。

然而,正如当地村妇所说的,Y跑了,害了孩子,救了自己。这个结论,不无道理,因为孩子从小就没了妈妈,遭受各种歧视,那种苦,估计只有她的女儿懂得,而再怎么样去怨恨母亲或者理解母亲,当其长大以后,还是去找到了生母,只是一别就是二十多年的母女之间,又该如何相处? 或许,这个男人年轻时所做的行为,已经在这个时候遭受到了报应,她的女儿已经抛弃了他。

　　25年来,Y却没有再回到那个村子。她的女儿,也开始了新的生活,有了新的延续,有了新的希望。这一切的遭遇,到底又是谁的责任呢? 我觉得,还是观念。

2015 年 4 月 6 日

论农村空心化

如今,农村空心化①的问题日益成为乡村社会学、农村社会学,甚至各大媒体争相报道的主题之一,比如《半月谈》就专门发表了文章对此进行批评。甚至,还有一些拍脑袋、不实证的学者提出对策,将年轻人放回到农村去,以所谓的"全民创业"的政府号召为契机。此类种种做法,在我看来,无异于螳臂挡车。

为什么这样说呢? 第一,城市化的浪潮已经逼近。在2013年,我国的城市化率的水平已经达到了35%左右②,而且这个数字将会越来越大。虽然全国人大代表、清华大学蔡继明教授指出,1.8亿人实为"镇民"③,但这也不能否定农村人口向城镇转移的事实。第二,为什么转移。作为理性的选择,一方面,自己倾向于改善生活,但凡有点关系的,都会想办法脱离种田。我们在乡村调查的时候,听到最多的一句话就是"种田最造业",所谓最"造业"就是最辛苦的意思。往往靠天吃饭的职业,让农民有时候不但要"抢季节",粮食价值时高

---

① 据《北京青年报》报道,杜润生之子也谈到农村空心化现象被夸大。详见 http://news. qq. com/a/20160310/004904. htm,2016年3月10日,上网时间:2016 - 8 - 4。

② 见 http://finance. sina. com. cn/review/hgds/20130116/023914296780. shtml,2013 - 1 -16。

③ 见 http://world. people. com. cn/n/2015/0313/c157278-26691508. html,2015 - 3 - 23。

时低,而且还要在半月内,体力活重量突然加大,起早贪黑,故而这样的日子谁愿意过呢? 而没有能力进行垂直流动的农民,多半也会外出打工,或者谋取一点技术,以补贴家用。毕竟农忙比起农闲的时间,还是少一些。另外一个方面,当农民的子女以读书、做生意取得"跳农门"的机会时,农民就会把土地租给亲戚、好友,或者其他人,每年上缴一部分的金钱,当成租金①,给土地以前的使用人。有的甚至直接不要土地了,也就是不种田了。这类人的转移,往往更为彻底,虽然是农村户口,但他们并不种田,而且极其可能不再与土地打交道。因此,我们可以认为,其实他们就是城市化里的一分子,已经成为身在城市却背负农民身份的城里人。

还有就是,在新农村建设的机会下,很多搬到了国道边上的新房子,政府盖的楼房,虽然没有以前住的单户或多户舒服,但他们认为(从面子上)自己这样比其他的农民要高级一点。面子上的光鲜,往往给他们的代价是,自己的田地离自己所居住的地方比较远,耗费的精力与成本要比以前更多。类似这样的情况,在很多新农村建设的区域里都存在。虽然他们不是真正的城镇化、城市化的一分子,但他们往往住在楼房里的生活方式是城市的。社会学有类似的解释,便是底层往往喜欢模仿上层进行生活。

通过以上的分析我们可以看到,城市里的进入者与农村里的逃出者构成了一个对位。总之,进入城市的人,往往需要社会资本进行流动。而社会资本多半都是经济的和文化的,多半都是自己的子女带着他们离开农村。而另外一部分是自己凭借能力、国家政策等因素,流入到城镇。问题的关键在于,谁在城市里,谁在城镇里,这又取决于流动能力的多少。

导致空心化的最大一部分原因,不在于上述的这些原先所居住

---

① 据我们的了解是每亩地约 500 元/年。且不同地区,不同的关系,或许会有不同的数额。

的农村居民,而在于他们的子女。这一点,毋庸置疑。正如我们前文所说的,那些靠读书、经商等能力进入到城市里的农村子女,往往就不会选择再回到原先的农村居住,无论是工作机会和生活水平,农村都无法提供得更多,而且受教育的本身目的,在很多农村人的眼里都是"跳出去"。另外,那些不怎么靠读书出去的农村子女,往往会就近城市化,他们的父母往往会选择给他们在城镇里买一栋房子,结婚生子。而城镇所提供给年轻人的机会往往更多。换个角度说,城镇的生活,会让他们更加地适应。故而农村也就"后继无人",而原先的农民,该死的死,该走的走,不空心化又会怎么样呢?何况,国家对于农村户口落入城市,是采取鼓励的,而城市户口落入农村却比较麻烦。

所以,空心化的农村是一个正常的现象,无需过分地担忧,这是一些发达国家已经走过的路,比如上世纪 90 年代的欧洲一些国家。所以,伴随着城市化的浪潮,而呈现出的空心化的农村,最大的问题不在于怎么样把年轻人重新安排回去(这是倒退的举措),而在于怎么去安排闲置的土地资源。这对于中国的农业和发展而言,有非常关键的作用。

土地与农民的捆绑,已经不再如以前,城镇化会导致松动和分散,而空心化的农村,问题在于没人种田。没有人种田,并非是没有了年轻人,体力比较好的,而在于我们没有认真地去认识,如何采取一些比较有利的方法来整合土地资源,进而实现规模经济和规模农业。这是如今很多发达国家都在经历的,我们作为发展中国家,未来也是这种。机械化,无疑会进入农村而代替耕牛作业。

2015 年 10 月 15 日

农村老人自杀的社会病理透视

——一种文学的入场与田野经验的交叉叙事

　　至今我听过两个关于农药与死亡的笑话，一个是"再来一瓶"，说是一个农夫买了一瓶农药回去，为何死了两个人，前提假设是一瓶农药只能喝死一个人。结果，人家中奖了，"再来一瓶"，所以他和他的妻子都喝农药死了。还有一个是"假农药"。这类的新闻事件被曝光得很多了，在此就夹杂一些新闻素材来阐述了。话说一个农妇买了一瓶农药，准备回家喝农药自杀，结果没有喝死，不是因为农药过期，而是因为农药是假的，而后该农妇去找卖农药的店家算账。

　　当然，这都是笑话和农民们的饭后"甜点"。对于农民，你如果去做田野调查的话，会得到很多这类的故事或新闻。无论是中部地区，还是西北地区。而就在前不久，因为《中国青年报》报道了武汉大学社会学系刘燕舞等人的农村自杀现象研究①，再一次引起社会强烈反响。大家议论纷纷之时，却一时半会得不出什么好的对策来防止个人对自己的生命的处置权。如果用涂尔干在《自杀论》②里的观点来看，农村老人自杀应该属于利他型自杀，也就是说，为了给儿女们减

---

① 见《农民自杀研究》，北京：社会科学文献出版社，2014年版。
② 北京：北京出版社，2012年版。

轻负担而选择有病不医，自己又实在无法忍受痛苦，故选择"与世诀别"。

为什么是农药而不是其他呢？有过农村生活经验或调查的人都或许明白，如果是跳楼自杀，农村的平房算是多半不足以一次性的"解决问题"（结束生命），而跳井或许更合乎常理。如果是交通事故自杀，也就是如今常说的碰瓷，或许很多老人们也会担忧，万一把握不好分寸，是自己的交通责任，估计还会落得死也死得不光彩的下场和名声。仔细分析下去，便会发现，可以保存遗容，又可以一次性地解决问题，还可以很自然地死去，不至于吊死那种的惨烈，估计也就只有靠农药来解决问题了。我们不妨做一个社会调查，假设"农村老年人自杀的手段是喝农药"，那么接下来我们用抽样的调查方法去统计，或许就会验证我们的假设。如果不是，通过调查也可以得知，在中部地区、东部地区和西部地区，分别又是什么。也就是说，通过这类的调查，可以摸清老年人的死亡手段，但并非是控制老年人自杀的根本方法。因为这是一项治标不治本，"堵错了漏洞"的方法。

之所以有这么个研究假设和对于农村老年人自杀的问题如此关切和熟悉是因为我亲身经历了（田野调查期间）两起农村老年人自杀。前者是典型的因为不想拖累自己的子女，增加子女的赡养和医药负担，却又无法忍受病痛的折磨，而选择喝"敌敌畏"（一种剧毒农药），在一个农忙的下午，安然地死去。后者是因为吊死在屋子里，死状惨烈，七窍流血，实在是一种"X死"的表达。我们如果只谈喝农药而死的话，可以发现，农药还可以让人死得不那么惨烈，并且把"反抗"表达得不那么直接和激烈。（虽然我也认识有通过喝农药表达反抗的女性自杀死者）

如果跳出观察者和体验者的角度，从死亡哲学的角度看，其死亡的原因是一种非常简单的"复杂性"（曹锦清，2010），因为其中包括的成因太多太多。比如有的用死亡解决病痛折磨的，有的因为夫妻双方不合而一时想不开喝农药自杀的,有的因为受尽欺辱而选择自杀的,有的因为不满子女的赡养而选择自杀的,有的想自己死去的老伴而选择自杀的,等等。太多的原因导致了死亡向农村老年人敞开,而我们却又被这些死亡的表象所迷惑,甚至用很多西方的理论去解决中国本土的农村老年人自杀问题。其实,这些西方的解释理论有些不合时宜。笔者看来,死亡在很大程度上,不是因为死亡本身的可怕,农村人没有那么的畏惧死亡,而是因为一点小原因或者大事情而选择死亡。另外,如果去探索死亡的原因而不是结果,还需要窥探出死亡的背后,究竟是医保(社会保障)不定,还是夫妻感情不和所致。分类分析(既有的大量文献已经在这样做),或许更有利于解决农村的自杀问题。虽然这些年农村的自杀率比城市的自杀率略微下降了一些,年轻人的自杀率比老年人的自杀率也有所提高,但死亡归根结底,还是个文化问题。我也曾专门为此写过一篇《死亡是个文化问题》[①]的文章来专门讲述我的某人之死。

　　死亡为何会是一个文化问题? 比如,为了减轻子女的负担。我曾经在乡村调查的时候听到这样的一个故事。有个农妇对我说,她的父亲就是因为生病,太痛苦,而自己又不想看着父亲那么痛苦,并且也不想父亲更多地拖累她的哥哥(儿子赡养老人),所以,在其父亲"寻路"的时候(寻路就是死前的一个准备,大致意思就是去曾经想去的地方看看,去曾经去过的地方看看,去儿女们生活过的地方看看,等等),她就又一次叮嘱过她的父亲,"实在疼不来了,自己想办法。"我当时听闻子女如此对待父母,并不惊讶和奇怪,反倒觉得她说的是对的,因为处于旁观者,我觉得她的父亲的死亡是一种解脱,实在没有那么多钱医治,用她的话说,"都活到六七十岁了,医治好了,是不是就不死了呢?""都活着,小的用什么去抚养长大?""都活着,这地球

---

① 见 http://www.aisixiang.com/data/44011.html,2011 - 9 - 7。

上站都站不下了"……我觉得这类的表达,符合农村的实用主义的观念,但你听着也有道理。如果不是站在一种人道主义的角度和礼节性的角度(赡养的义务)的话。

说来说去,至少在农村老人之死这个问题上,大部分都是"文化问题"。却背后又折射出了太多的"社会保障不健全",还包括赡养老人的传统伦理缺位。"子不孝,父之过"这句话,虽然有道理,但农村人得活下去,到底是把钱去医治老人的病,还是把钱留下来给小孩以教育和营养? 到底由哪个儿子来赡养? 前不久,网易的一个专题做的正是这个问题。那个因为疾病,慢慢地躯体腐烂的农妇(瞎子),最后选择了离开医院,黯然死去。她留下的话就是,还是把善款两万元留给孩子们娶媳妇吧,他的大儿子都超过了适婚年龄很多很多了……

2014 年 8 月 25 日

(原载《中国乡村发现》,2014 年第 3 期,此次发表略有删减)

农村的"癌症伦理"：自杀比不自杀好

——基于张村"生命疼痛史"的叙事和讨论

（一）

2015 年,对于张村的村妇 X 来说,是一个不平常的一年。这一年,她被确诊为乳腺癌晚期。而在之前,她的肚子上已经有了好几条非常明显的刀疤,让人看着都难受。这次癌症,导致她还要继续受疼。用当地的话说,这是"磨难"。

而村妇 Y 却用另外一套话语来表达,称其为命苦。Y 给我们讲述了 X 的一些生病的细节(因为她们是妯娌关系,所以了解的信息相对更多)。先前,Y 因为得阑尾炎,疼痛难忍,做了手术,腹部被划了一刀。随后,X 在一次走亲戚的过程中告诉 Y,她几天没有来"好事了"(月经),而且胸胀痛。Y 劝她,赶紧去看医生,很可能是有了小孩。但 X 不相信,她反驳说,"我都四十多了,而且无论是针扎还是刀扎都做了,怎么可能有小孩?"后来,她还是去镇上的医院看了"病",医生说:"你再晚来 10 分钟,可能命都保不住了。"因为是宫外孕。这一次,她肚子上又多了一条刀疤,把命算是留住了。

就在宫外孕治疗好了以后,X 本以为胸部的疼痛是因为这次怀孕引发的,没太在意,而后却又隐约感受到自己左边的胸部有一个小肿块,并可以滑动。不料,当其在一次妇检的时候(当地每年都会组织一次妇检），查出得了乳腺癌，她又去大医院进一步检查（确诊）的时候，结果是癌症晚期。

村妇Y告诉我们："若干年来，病就这样一直缠着她，貌似跟她有仇一样。"所以，刀子在其身上划来划去。到大大小小的医院看病，已经成为了X生活的一部分。同时，家人也跟着受急，存款20多万，因为看病而没了。而这是他们辛辛苦苦攒下来的，从泥田里"摸出来"的。

之所以有这些积蓄，还与另外一个原因分不开，那就是两个女儿没怎么读书，所以没花多少钱。赵万林在《农村家庭与高等教育支付》（原载《中国乡村发现》，2014年第3期）一文中曾经谈到："对于这些家庭而言，最奢侈或最高级的消费就是对子女高等教育的支付，而支撑他们付出子女教育成本的则是对未来教育回报的预期。如果是非独生子女家庭，则还面临着更大的压力：比如两个孩子上大学、一个大学一个小学或中学等情况。"

（二）

当X的乳腺癌被查出是晚期时，已经临近2016年的春节，整个社会都似乎充满了洋溢的气氛，但这个家庭，却愁眉苦脸。她的两个女儿，一个在湖北省中部的一个地级市上班，一个远嫁到马来西亚。听当地人说，国外的大女儿在春节期间也飞回国内，她们一起陪着X过了春节，并在春节期间，跪在Y面前，恳求母亲接受治疗，不要放弃，并希望她不要"想办法"（也就是自杀的意思）。经过几番劝说，她们的母亲好不容易才改变"不成为拖累"的想法，决定不自杀，并保证"能活多长是多长"。

为此，大女儿因为家庭条件好一点，所以拿出了二十多万，小女儿也拿出十多万，一起为其母亲看病，延续其生命。但最终依然没有改变癌细胞扩散的结局。疼痛让X更加难忍。

后来,全家决定放弃治疗了,所以 X 瘫痪在了床上。时间大概是 2016 年的正月十五左右。且她已经到了不能进食,只能喝点东西以维持生命的地步。于是乎,她的女儿和丈夫买牛奶回来给她喝,但喝着喝着,牛奶都没法"灌进去"了。如此,她的身体,每况愈下,人已经瘦得变了形。

当地人说:"要做个饿死鬼不成?"

(三)

其实,就在其得了癌症,放弃治疗却还能下地活动的时候,X 是准备喝农药自杀的,但家人很警觉,生怕她有什么举动,时刻监护着她。可是,因为不自杀而选择的承受疼痛,让其有时候在家里大吼大叫,导致她丈夫买回来杜冷丁,并且还拿自己当试验品,一针、一针朝着自己的身体扎进去,学会注射以后,再把杜冷丁推进 X 的体内,以减缓她的病痛。

但,这只是用药物减轻"心理折磨",而没法根治癌症。

没过多久,X 的病情加重,她被搬到了客厅,也就是鄂中农村里常说的堂屋。因为在当地有一个习俗,人不能死在卧室。故而她一个人面黄肌瘦地躺在床上,不能下地活动,也不能吃东西,全家人只能眼巴巴的看着她面黄肌瘦,无法直视。最后,她狰狞死去,对这个村子而言,没有任何影响,对其他地方也是,最多多了一些农民的叹息声,还有茶余饭后的话题,且很快就会被忘记,包括她最好的牌友,还有记恨她的人们。

(四)

在当地,有人说:"与其这样,还不如让其想办法。因为看着她如此受难,觉得自己心里都难受,至少自杀可以减少她的痛苦,一瞬间就终结了自己,多好。"

的确,在张村真有这样的例子。比如七组的一位老人,因为肺癌,咳嗽得实在是受不了了,疼痛也让其倍感折磨,于是他选择在一个中午,等他媳妇去堰塘里洗菜的机会,把一瓶"敌敌畏"喝完了。最后怎么抢救都没有抢救过来。她的女儿曾经跟他说,"爹,你实在不行了,就想办法咧,不要拖累儿子,他还有小的(孩子)要抚养,没有那么多钱看(病)咧。"约莫是这个老人听信了他女儿的话,选择在"生命难以承受之重"的时候,以自杀来绝世。想必把农药灌进嘴里去,吞进肚子里的那一刻,他是很艰难的。看似一个简单的动作,但拿起农药瓶的时候,究竟需要多大的力气?

图片来源:《农村调查笔记:勤劳未必致富,癌症病人越来越多》,转引自 http://news. qq. com/a/20151010/051631. htm,2015 - 10 - 10。

(五)

对于中国人而言,很多时候,能活多久,都是靠命。命硬不硬,或许才是长寿的秘诀。显然,对于村妇 X 而言,她的命自然是不好的,在她的生命期里,正如我们开篇所说的,似乎受难贯穿了她的一生。直到最后那一刻,她还是选择了坚持,也选择了疼痛的伴随。

而该村三组的一个中年男人却没有在癌症面前坚持,也没有让苦难贯穿他接下来的生命历程。他把女儿刚嫁出去不久就查出得了肺癌,最后疼痛难忍,选择跳井自杀,捞起来的时候,头发上都是泥,因为是倒着身子进去的。可见,其死的决心有多大。

虽然说这个中年男人的归途和 X 是一样的,都是简·奥斯丁所说的"坟墓面前人人平等",但他却选择了比较痛快的方式。而 X 选择了对生命进行抗争的同时,也选择了其他的东西。最主要原因在于她放不下她的家人,还想多看一眼是一眼。可每看一次,她的疼痛就增加一次。

(六)

就在"多看一眼"与"病痛交加"的两难中,我们似乎看到了中国农村人的"纠结"。他们到底是选择在癌症面前自杀好,还是不自杀好?在明知道获救的可能性已经不大的情况下,选择自杀或许可以减轻家里的负担,但这个家庭从此就不再完整。

正如我们上文所看到的那样,想法不同,情况不同,所以选择不同。对于 X 而言,是亲情的召唤,让她选择了坚持疼痛,对于另外一个而言,则是亲情的叮嘱,让他选择自杀。我们或许还可以从中看到:因为农村人的经济能力有限,在癌症面前显得非常地无能为力,且预防癌症和抵抗制造癌症的因素显得力不从心。(问题是,为何农村现在癌症如此之多呢?我们又走访了一些河南省的村民子女,他们告诉我们,在 K 市的某地,因为一家造纸厂,导致河流被污染,井水也被污染,而出现胃癌等概率这几年在大幅度上升。一方面,政府的主政者在想尽办法增加当地的 GDP,以保证其能将其作为自己的升官筹码,同时还假唱着"可持续发展",显得自己很政治时髦,另外一方面,惨绝人寰的污染导致癌症将村庄"掏空"。如此,农村的"空心化"或许有时候不仅仅是外出务工,还有疾病对村庄的洗劫,却无人负责。有勇气的,或许会去上访,而没有的,觉得自己"命不好"。为什么,你的命就那么不好呢?中国哪里的农民命好?)微乎其微的能力,只能把命运交给"天",只能等待死亡的降临或提前结束生命。

到底是认命还是自杀?其实都是一些农民难以逃避的归宿。而在一个比谁命大的国家,背后恰好折射出的是"福气逻辑",而不是社会保障健全、饮食健康、水资源安全等。似乎没那个福,没那个命,所以死得就更快,如陨石坠落,一闪即逝。生命原来是这么地轻薄。

(七)

死亡对于 X 而言,或许并不恐惧,或许也曾非常恐惧。或许,X 中途有一死了之以减轻家庭的负担念头,但她的家人却提防着她。死,或许是最好的解决方式,用上文中的农民话语来说——至少痛快。而当其卧床不起,动弹不得的时候,就已经晚了,想死都死不成。如此,这位中国最普通的底层村妇,就只能在病痛交加日子里,等待着生命被癌症没收。

很是无奈。

2016 年 3 月 21 日

修改于 2016 年 10 月 8 日

庙会的逻辑及其背后的"共谋"

所谓"共谋",无非是"一起来谋取利益或好处（包括情感性的）"，这个利益或好处可能与自己有关，也可能与集体有关。

"共谋"最早是从哲学语境中脱离出来，后来被运用到政治学等学科的分析当中。在此，我们借用到社会学中，来分析庙会的社会互动，也不足为过。因为，在社会互动中，以功利主义的角度来分析，也多少有一些谋取利益或满足情感需要的内容。所以，在笔者看来，这其中不仅仅有庙会这场仪式在发生，还有背后的一些因素和利益在促使着这个过程被推动和进行。

那么，庙会究竟是什么原因才获得被举办的呢？它的意义及其运行逻辑又是什么？接下来，让我们先看山西省平定县西郊村庙会①的一个大致概况，再来分析背后的"共谋"，最后做出一个评价和总结。此为本文的整个结构。

根据我们调查得知，每年阴历三月二十八日为西郊村的庙会节日。要知道，在华北地区，并非每个村庄都是这一天来举办庙会，且按照当地的政府官员 R 的口述，不是每个村庄都有这样的实力来举

---

① 更多内容可见《山西庙会专辑》，http://www.tydao.com/sxsu/2012/0217/120223miaohui.htm，上网时间：2016-9-12。

图片来源:《山西一年有庙会三千多》,原载《山西晚报》,转引自 http://news.163.com/16/0506/03/BMBP9Q8C00014AED.html,2016-5-6

办庙会。通过调查可以发现,西郊村举办这场庙会,仅邀请山西省某省级表演团队就需要花费 20 万人民币的成本。需要演出 10 场晋剧才可以收场。这个成本,当地的村支书告诉我们,是村里上一年的财政剩余来承担。但也有当地的官员告诉我们,是由地方企业,因为占用和利用了当地的资源生财,污染了环境等,故而需要承担这个演出的开支。还可能是,地方企业或是因为"做好事"的慈善心理,发财以后给以当地村委举办庙会的演出费用之补贴等等。

再来看表演者,也不乏一些名角。通过在场的参与式观察,一些表演的曲目,非常地贴切农民的心理需求,比如剧中的"女人和女人拌嘴",再比如"娶亲"等。其中,表演的语言,也为地方的方言说唱。恰好是这样的方言说唱,让原本就很热闹的庙会,添彩无比。可惜的是,农民在观看表演的时候,并非时不时地大声叫好,而是在舞台下面,坐在凳子上面,静静地观看和欣赏。

说到舞台,其实搭建也很有讲究,地点选择在村里的一个庙宇之前,与庙形成面对面的关系。而庙会本身是祭祀"神"的。再通过观察舞台对面的庙宇可以发现,里面供奉的菩萨其实种类繁多,儒释道三家皆有,这是西郊村的一种信仰模式。但三月二十八祭祀的却又不是佛或者孔子,而是一个母性的神,也就是说,是女神仙。据村民H给我们说,该神给当地做了很多好事,所以祭祀之。想必,中国很多地方性的祭祀,或者说修建一些庙宇来供奉不是儒释道三家的"神",也有这类出于感恩的农民心理。还可以佐证的是,在该庙宇不远的地方,驱车前往可以看到一座专门纪念韩信的庙宇,因为他当初用兵器把山劈开之后,把洪水引流以让当地的百姓没有受害。

但纪念归纪念,舞台归舞台。在物理学意义上,它们是分开的,又从形而上的角度来看,它们又是一体的。舞台就是在神与人之间,形成了一种被搭建的可能,因为祭祀完了以后可以顺便坐下来观看表演——一天3次表演,早、中、晚都有,故而热闹之处再增添热闹,这就是中国农民传统心理的另一种写照。

特别需要指出的是,晚上的表演要比白天的表演更为热闹,因农民有更多的时间和机会来参与观看与欣赏戏剧。通过我们两天的前后比较可以发现,在庙会的第三天比第二天观看的人数有所减少。大约是因为,人们看过以后,解馋了心理的需求抑或有别的事情将看戏耽搁等原因。

除了看戏和祭祀神仙以外,庙会还有其他的活动,比如有一些生意人会在这一天,到西郊村来做买卖,或者是当地生意人更加卖力的做生意。因为这是一次难得的赚钱机会,各种各样的物品都有销售(不知道此刻,在西郊村做生意的人是否被收取卫生费),但当地的特色或纪念品却很少,随着市场化的渗入与农村社会的变迁,原本意义上的农村风俗也在随着城市的变化而变化。但是吃、喝等方面,还是依据当地的习俗来进行。并且,在一起吃喝的不仅仅是村里的好友之间,更多的是亲人。人们有的从北京、澳门等地赶回去和自己的亲友团聚,甚至这样的团聚规模会超过中国传统节日春节,可谓是让人难以想象。为何庙会有如此之大的吸引力?大约还是"乡土情结"在作怪。有的亲人可能很多年没有见了，但这样的一个节日之后，他们彼此重新认识并交换了联系方式，由此便可以在以后的日常生活当中，增加彼此的社会资本，更多的是非理性意义或非实用主义层面的情感维系与增强。

这就是这场庙会的大致情况。接下来让我们详细地分析西郊村庙会中的社会互动与共谋的可能。我们的目的在于，试图去厘清这个仪式的意义与发生的原因。

在开篇中我们有提到共谋这个词，虽然有贬义，但是放到庙会这个语境当中，权且将其理解为褒义或者中性的词语（因为谋取利益也不是什么太过严重的失范行为，何况还是在庙会这样的语境当中去理解。故而，笔者认为可以这样来看待）。因为，我们已经强调说，通过调查可以得知，更多的是非实用主义层面的情感维系与增强，他们不是为了庙会而庙会，而是为了亲人的相聚而前来，庙会只是一个理由。

所以，由此可以看到，"共谋"的第一个层面，即亲人与亲人之间的这层互动。比方说 H 家族，兄弟五个人，其中大哥和五弟，本身是没有商量在庙会这一天一起回西郊村的，但是大家心里都有一个默念，特别是得知这一天要举办庙会，可谓是欣喜无比。恰好，仿佛心有灵犀一般，一个从北京，一个从澳门回到西郊村，最后在四哥的家中团聚，用当地人的话说"运气真是太好了"。但是，在笔者看来，并非全部归因于"运气"，而是心里有"乡土"、有"情结"、有"传统"等其他非运气的因素在其中。看似没有商量的相聚，却由于这些原因，达成了一场互动意义上的"共谋"，享受到"利益"的不仅仅是大哥和五弟，还有整个 H 家族，因为亲人的团聚，特别是团聚得如此整齐，非常难得。

同时，在亲人与亲人之外，同学与同学也发生了类似的情感满足。比如说，作为 H 家族的一员——五弟和他的同学，因为庙会而相聚在了一起，但是大家都不是为了看庙会而相聚，而是恰好在平定县城聚首之后,因为西郊村有庙会,所以大家转而到了 H 家族的这次聚会中,一起团聚。所以,这类的情感(同学感情)也可以算是第一个层面的互动及其"共谋"。彼此温习了当初上学时的情景,也如五弟曾经的同学 F 所说的,我们彼此"看一眼就好,见一面就可以了"。

第二个是村庄与村民的共谋。在前文中我们已经提到,村庄出资来完成这项集体记忆,主要是为了显示村庄的实力,还有维系村庄的情感,特别是村庄作为共同体或社区的一种集体情感。这在社会学当中,特别是对仪式的研究当中,已经说明得非常透彻了。一个仪式的举办,或者节日的举办,会导致集体记忆的重复与翻滚,进而加强对村庄的认同与内部的凝聚力。也正如我们前文所述的,不是每个村庄都有这类的财力来举办庙会,所以,也间接地让村庄内部的人来感受到村干部或村委的"实力"。间接在说明,村委的"能耐",以增加其执政和当村干部的合理性。同时,其他村庄的人也可以来观看,也可能从外部给西郊村的村干部及其整个村庄以好的口碑。

仿佛举办这场庙会就是一种默契,而村委也不会无缘无故地不举办这类的庙会,虽然每场都要花费差不多两万元的成本。共谋意义上的村庄领导者与村民的利益互惠在于,村干部可以得到"合理性"、"荣耀"(马克斯·韦伯)[1]、"口碑"等,而村民可以"饱眼福"、"饱耳福",还可以"怀旧"、"亲人团聚"等。这又是一个不言而喻的"共谋"被完成。

第三个村庄与当地的煤矿企业的共谋。对于煤矿企业而言,产煤,就污染了当地的环境,而当地的环境变差以后,村民,包括村干部在内就会要求煤矿承担治理环境污染的问题。同时,还有煤矿需要承担当地村民就业的问题。通过调查得知,西郊村的村干部,在 2013

---

[1] 马克斯·韦伯认为,社会分层可以通过名誉、权力与资本三个因素来判断。在此,我们把荣耀和名誉等同使用。

年为本村"捞回来"的收入就多达 250 万元，一部分环境治理的费用，不仅由上级政府出资，还有当地的企业出资，这也就难怪为何"村委财政有剩余的钱来承担 20 万的表演费的开支"。对于企业而言，通过出资或承担演出费用，让农民受益，让村庄受益（包括情感受益），而对于村民，一方面在一定范围内允许他们在当地经营煤矿生意，另外一方面，于环境污染等纠纷，增加自己的"忍耐力"、"宽容度"等。进一步说，这样的忍耐是通过企业出资购买得来，即"花钱买发展空间"。如果企业不再承担这笔开销（或是做慈善等心理在起作用），恐怕他们之间的共谋就会瓦解。

以上列举了三点共谋的、社会互动（Social interaction）意义上分析，以庙会作为契机，不仅可以"热闹"，还可以寻找到一个机会来增加彼此的情感与集体记忆。这可能是看戏之外的一种最大的"节日意义"。而节日也在一定程度丰富了农民的日常生活，并延续了"小传统"。让其在这样的社会化过程中，包括小孩在内，得以将其内化为自我内心的一种"集体的狂欢"（Collective carnival）。又于社会学、人类学而言，在面对每个地方的不同节日，在参与式观察每个节日的进程及其背后的意义或原因时，都会不自觉地陷入到节日当中，且还需要保持客观和理性的价值情感，对他们进行考察。以西郊村的庙会为例的华北地方性知识分析得知，庙会不仅于社会网等有帮助，而且对于很多方面都有意义。

这就是中国华北农村的一种景观，它能够给我们带来的想象在于，庙会的盛况及其如此之大的成本来举办，背后肯定有一种情感的支持，而并非仅仅是理性的算计，且本文所借用的"共谋"之概念，也在现实与情感的两个层面加以了处理，并非只是功利主义和实用主义的意义。所以，这就能更好地理解，庙会在西郊村的意义及其为何会被发生，背后的逻辑又是什么。也就是说，它有各方面的算计在其中，又有很多非算计的成分包括在里面，从而交织在一起，形成了庙会及其共谋的可能。总而言之,庙会给村庄和村民、企业和村委带去的可能是彼此需要的"好处"。不然,这样的"小传统"或将被终止,如果搁置的时间久了,很可能就会被遗忘。村庄的这种集体记忆,也就会发生断裂。

2015 年 5 月 22 日

南方农民的时间及分析

时间对于农民而言是一个比较简单的概念，因为在他们的心目中，只有两个时间段，一个是"农忙"，一个是"打工"。对于农民而言，比如4月份，就是南方农民下秧的季节，于此他们往往需要去田地里播撒稻种和管理秧苗，随后再把秧苗拔起来，插在水田里，再管理田地，等待开花、抽穗和收割，等商贩来收或者自己用拖拉机运到市场去交易。这期间，农民在等待他们的秧苗成长、结果的时候，是可以休息的，这是第一个结束的阶段。另外一个就是前文所说的，拿去交易以后，忙碌结束。故而农民真正在田地里忙碌的时间并不多，农民之所以如李昌平所说的"苦"，主要还是体力活太重。

时间对于农民而言，又是一个比较复杂的概念。农活，是一个比较琐碎的事情，正如我们在调查时，一个村妇所说的："干不完的活"。所谓"干不完"主要是农民对于田地的一种态度。怎么讲？如果这户农民家庭比较认真地种植和管理田地，那么就不得不很细心，比如说，要除草、施肥、打农药等等。各种事情困扰着农民，但是又无可奈何。反之，则不那么认真地种地，反正"混"过去就好，这般情况下往往会收获两个东西：（1）低产量；（2）村民的闲话。前者直接关系到农民的收入，后者虽不影响农民与农民的关系，但有的农民会瞧不起这般的种地方法。要知道，在上个世纪80年代左右，怎么种地，有一个很细微的评价标准,比如说插秧这个活,某户妇女的效率高,而且质量做得也好,那么就会得到其他村民的赞赏,甚至得到同在一个屋檐下的家人的赞赏,包括这个家庭的丈夫和婆婆等都会对其刮目相看。所以,别小看种地这个事情,往往还会影响家庭关系。反之,不会种地的媳妇娶进门之后,还会受气。所以,我们认为,高效地利用时间去对待农田,背后关系到很多东西,无论是表面的,还是深层次的。

农民的时间,不仅仅在种地上面,还在于日常的休闲和到外地打工。

在火车的过道上睡觉的农民工。作者摄于 2014 年

一方面,休闲主要包括在家里看电视或去茶馆打麻将等。他们多半选择在雨天去打麻将,因为雨天不方便干活,所以从这个角度来说,中国的农民也是理性的,而不仅仅是东南亚农民。再就打牌而言,他们似乎喜欢在上午吃完早饭以后,大约 10 点多的样子出门,去茶馆溜达一圈,多半都不会找不到"场子"。也就是说,只要去,就可以上桌,男性往往打的数额比女性大(农业直补越多,他们打的越大,这个现象值得关注),当然不排除个别的女性喜欢打大牌,甚至还和男性一起"拼"。以前,散场以后都是回家去放牛,但随着机械化的引入,男性多半在散场以后回家去农地里看看,或者选择在家里干点别的,以免自己内心过意不去。有的则在家看电视,等着媳妇做好饭菜吃晚饭。值得一提的是,他们的中午饭几乎都是在茶馆里消费,要么

买点快餐面或者面包，要么干脆不吃。有的茶馆，还提供饭菜，但很难坚持，一是不卫生，二是需要大量的精力。

而打工（有的是跟风，有的是生活所迫）对于农民而言，尤为重要，它构成了家庭收入的一部分。通常都是熟人带着熟人去做。因为农民需要信任感和安全感。这样的"一带一、二带二"，让农民从田野里走到了城市当中。农忙的时候再回来，或者干脆交给家中的老人去做，自己则安心在外面打工。就出去打工而言，为了不影响夫妻的感情，有的则一起出门，孩子则留在故乡的家中上学。可见，这也是造成留守儿童的一个原因。打工需要耗费农民很多时间，尤其是在不那么忙碌的时候，他们去外地有的去当泥瓦匠，有的去扛包，有的去做饼子卖等等。要么是从事商业，要么是从事体力活。中国在1978年改革开放以后，城市的高楼迅速地崛起的一个很大的因素就是农村的廉价劳动力被加入到城市建设当中，所以才有我们今天这个样子。但是，他们又可能被拖欠工资，比如，我们在2016年2月份的 Y 市某政府门口见到很多农民工讨薪，几乎每人都被拖欠工资2万元，而开发商又不给，他们只好找政府要。让笔者意外的是，他们拉横幅讨薪，居然没有被干涉。这不是影响政府形象吗？政府往往有时候也无可奈何。但值得追问的是，作为双重身份（农民＋工人）的他们，利益何时才能得到法律的保障？才对得起一年到头去外面花那么多的时间和承担那么多的风险呢？

以上我们所观察到的"南方农民的时间"。可以发现，对于南方的农民而言，没有多少概念，他们只知道，什么时候干什么事情（一种自觉的生活哲学）。往往在时间的支配上，受到其他村民的评议和自我良知的评价等等，同时也受到作为农民身份的影响和家庭收入、责任感的左右。就是这些因素等支配着他们去对待时间，再利用时间去换取生存的机会。

有村妇说，"在农村，只要不那么地懒惰，他们往往都不会饿死。"

基本的生活,虽然可以保障,如果勤劳一些,但家庭与家庭的积蓄差别还是有的。区别主要在于子女的上学。如一个家庭中,子女拼命地要读书,那么这个家庭往往没有什么积蓄,所以他们需要花更多的时间去忙碌。而那些稍微富裕一点的家庭,主要是子女没有读书,读了初中或者高中,就出去打工了。有的上了大学本科,就不读了。所以剩余的财富,也就多了。甚至子女还会反过来给父母一点。这样,父母也就没有那么大的压力,也就不用花费那么多的时间去打工,去想办法捞钱。

记得有一篇《时间哲学的几个问题》[①]的哲学文章,主要谈的是以下几个问题:"(一)关于物体在时间中存在(持存性)的两个理论:延续论与持久论;(二)两种时间理论:现在论与永恒论;(三)纯粹时间问题;(四)康德式时间观与传统式时间观;(五)时间的本性与时间感;(六)时间感与瞬间;(七)现在感,过去感,将来感;(八)A 系列与 B 系列;(九)因果作用。"如把这些问题与中国的农民对接起来,往往不适用。对于他们而言,时间是一个比较没有概念的概念,他们的时间哲学,并不是以上九个,而是"什么时间干什么事情",出于道德自觉,还是收入驱使等,他们对时间的管理,也不那么的精确。故而农民的时间,往往需要用符合中国的方式去理解。

也就是在这样的情景下,当我们再来谈论时间问题的时候,我们一方面弄清了南方农民的一些事情的安排,另外一方面,弄清楚他们对于时间的看待。进一步说,如果想把这些时间转换为创收,那么就不得不去精细化地操作。但是农民未必肯。他们图的其实很简单,自己生育了子女,要为此负责,等孩子长大,成家,他们的任务完成了,也就可以颐养天年,特别是回到农村,他们尤为地愿意,因为自

---

① 转引自 http://blog.sina.com.cn/s/blog_66010a5f0100nghs.html,2010-12-31。

在。这两个字应该被当前的新农村建设的设计者所重视，因为这涉及到是否尊重了农民。

2016 年 4 月 19 日

"墙头上的玻璃":
"城中村"农户家庭的安全防御

作者摄于珠海市某城中村。2017 年 8 月 5 日

在 G 省某地,相对而言,生的孩子比较多,据我们调查,一般一个家庭都会生大约 3 个左右。并且,孩子们念书也不多,很早就出去打工,因为工作好找,为什么要去投资见效很慢的教育呢(当地也有一种尚商文化)。这个道理其实很容易理解,就好比澳门的学生一样,一般读到较高学历的并不太多,因为在赌场,发牌(发放赌牌),每个月的收入都有上万元①,且只需要高中学历就足够了。故而在"经济"的结构(廉价劳动力)与物质的诱惑双重因素下,家庭

---

① 澳门的赌场里,很多发牌的人员学历普遍不高,且基本上是当地的年轻人或妇女。

对孩子的教育投入就需要重新认识。甚至让我们感受到,这种情况已经逐渐地积淀下来并形成一种文化(地方性知识①),再影响到下一代子女身上。

所以,教育对子女的未来(是否犯罪)有很关键的影响。江苏省无锡市崇安区人民检察院的朱亚平曾指出:"不管是道德教育还是法律教育,对于预防犯罪都有着极其重要的意义,都是不可或缺的。社会要实现预防犯罪的目的,一方面要通过道德教育进行心理的规制,另一方面还要通过法律教育来进行行为的规制。也只有这样,才能达到比较理想预防犯罪的效果。"②这也就说,教育作为一种防治犯罪的手段,应该得到重视,特别是学校的教育,家庭的教育和社会的教育。如果子女接受的教育不好或不高,往往更容易出现犯罪行为。

另外,当地流动人口比较大(比如租客比较多等)③,那么安全问题也就油然而生。这直接会影响到该村的治安,而农户又不得不想办法对付这种局面。

通过观察,我们发现,该村的家庭安全防御主要有三种:第一,防盗门和防盗窗;第二,狗(土狗居多);第三,墙头上的玻璃。一般而言,在农村地区,防盗门与防盗窗基本上并不多见(主要是成本太高),都以木门或者铁门居多,有的还将房屋形状设计成前面是院子,后面是住房的家居形式,以此巧妙地借助房屋类型以防御。而狗却在一般的农村比较常见,近些年来,偷狗的人日益减少,原因在于养狗的不多。我们曾经询问,"为何农村不再养狗?"某村妇曾经这样回

---

① "地方性知识"是舒尔茨提出的一个概念。
② 见《教育与预防犯罪的关系》,载《法律与社会》,2014年第14期。
③ 笔者在《特大城市的城乡纠缠、问题形成与"提醒治理"》一文中曾经做过这个方面的研究。该文指出,上海作为特大城市,当地的城中村的治安环境不好,有一个因素是不可忽视的,那就是流动人口较大。因为地铁五号线刚好穿过此村,加上该村的房租费又不高,所以很多底层人士愿意到该村租房和生活。

答说,"都给别人养的,还养它干啥咧?"她的意思是,一方面,常日里用食物喂养的看家狗非常容易被偷狗的人毒死,然后偷走。他们不愿意再承担这个成本。另外一方面,如主人长时间接触(养)家里的狗,再怎么样也会有感情,所以不愿意受到感情上的伤害。所以,养狗日益在农村减少,尤其是华中地区的一些农村。再就是防御工事,即墙头上粘玻璃。

"墙头上的玻璃"是本文主要的分析对象,因为我们发现,这样的家庭安全防卫比前两种更有意思,它犹如我们国家的长城一样,起到的作用是对外来者和袭击者,让他们不能轻而易举地跨过去。

通过仔细地观察,我们还可以发现这类的墙面主要有以下几个特点:第一,在墙头上,玻璃呈现出比较锋利的一面;第二,玻璃一般都是乱七八糟地分布;第三,以白色的和透明的玻璃居多;第四,玻璃很难从墙体中拔出。针对这四个特点,接下来我们进行逐个的分析。

首先,为什么是比较锋利的样子? 如果偷盗者或袭击者从墙上翻进来,那么一不小心就容易被玻璃划伤。并且,如果用不戴任何防护措施的双手去摸着墙头而攀爬进入农户家中,往往很难下手,即便是翻过去了,手也可能会被划伤。密密麻麻的玻璃片,可谓是让试图从墙上越过去的外来者防不胜防。

其次,为什么是乱七八糟的分布? 如果是整齐划一,那么外来者非常容易从玻璃的缝隙中寻找到机会,从而相对容易地进入到农户之中。反之,则不容易下手。东倒西歪的玻璃片,往往让试图犯罪的外来者,有些胆怯,顾虑。且农户不要求美观,而是适用和实用。

再者,为什么是透明的玻璃居多? 从我们调查的这个城中村来看,多半都是采取白色的玻璃,我们曾经对这一现象进行询问,当地人说,"这样可以让坏人不易察觉,尤其是在晚上。"的确,夜间时分,偷盗者用灯光照射的时候,白色的玻璃可以很容易让光穿过去,犯罪分子本以为墙面上没有玻璃,但当其用手试图去攀爬的时候,或者试图翻墙进去农户家之中的时候,就会被玻璃伤到。[1]

第四,为什么玻璃很难从墙体之中拔出?我们试图用手将玻璃从墙头上的水泥之中拔出,但非常艰难。这是将玻璃固定在墙体之中,以此形成一道相对而言比较坚实的防御工事。如一个堡垒很难被攻克一样。[2]

还有,一般偷盗者都不太喜欢从正门而入,他们本身就不是正人君子,而从侧面进入,就只能翻墙或者打洞。通常,把墙打一个洞再钻过去的偷盗者,要少于翻墙的。因为那样更加麻烦。指不定,因为墙体不结实,被砸死都有可能。如此,"偷鸡不成反蚀把米",划不来。

所以,从以上四个方面,我们可以发现,农户所采用的这类防御方式有以下几个原因:第一,选择玻璃而不是更高的墙体在于,节约成本。玻璃,日常生活中我们可以很容易就弄到,而且家里的酒瓶,或者窗户上的玻璃,都非常容易拿来制造这一防御工事。第二,不至于说把犯罪分子直接致死。比如有的鱼塘干脆拉一根长长的电线,当偷鱼的人不知道电线上有电而继续行动的时候,就会被电死,而拉电线的鱼塘主人是需要负法律责任的。

或许农民并不太懂这些法律知识,但从他们的防御工事来看,还是本着好用、方便和成本低的原则。特别是成本低,直接决定了农户的安全防御形态。

就农户家的玻璃墙而言,说是为了防御外村的人也好或为了防御本村的人也罢,都可以有理由(农村人一般叫"由头")。因为谁知

---

[1] 而当自己把钥匙忘记在家里,或者自己想进去不太方便的时候,无论怎么翻自己家的墙,在熟人社会里面,无论是白天还是夜间被发现,村民们都不会议论。所以,墙头的玻璃,对于房屋主人而言,风险要相对小一些。

[2] 其实,几千年来,中国本身就是一个防御文化与保守文化比较流行的国家,从长城,从古城外的河流等都可以发现这一点。他们喜欢利用自然资源去防御,他们也喜欢保守的"抱团",而不是分散的如"陌生人社会"(弗里德曼)一般的存在。

道谁是在什么时候是坏人。而且即便是外村的，不熟悉地形和状况
的人来偷盗，很容易就会发现墙头上有玻璃。只不过，对于那些怕被
伤到，或者怕麻烦的偷盗者而言，墙头上的玻璃的另外一个目的，或
许就是让其放弃偷有防御工事的农户，去偷那些没有防御的。这样，
墙头有玻璃，有防御工事的农户就幸免于难了。但下次未必还是
如此。

　　最后，笔者想说的是，在华南地区的一些城中村，因为人员流动
较大，加上本村的和邻近几个村庄的教育水平不足，所以，犯罪的可
能性就比较猖獗一些。

　　虽然，农户们所采取的防御给人的感觉是一种可怕，但它有一点
又值得我们注意，即其更多的会因为当地的地方特性而改变。比如，
西北地区的农户墙面就很少有，因为窑洞怎么插玻璃？再比如华北
地区的农村，一家挨着一家，似乎大家都比较放心对方，所以很少见
"墙头上长玻璃的"。反而在南方地区，比较多这种情况。我们还在
其他地区的调查中观察到，有的农户把酒瓶放在墙头上，只要发生动
静，瓶子掉下来发生响声，那么主人就知道了。但这种方法比养狗看
家，起到的效果要小。

　　所以，不同地区，不同农户，不同主人的防御特点，形成了农村地
区公共安全层面的一道"白色的风景"，但很刺眼。

2016 年 1 月 11 日

城中村里儿童的成长困境

——以广东省 T 镇为例

　　T 镇的傍晚比较喧闹,这种喧闹的参与主体主要是两个部分,一个部分是当地的农民工群体,另外一个部分是小孩子。农民工并非是当地的农民,而是外来劳动力,因这个地方地处 Z 市高新技术开发区,有的地方还在建设,故而需要他们的参与。同样他们之所以从外地来此务工,相信也是有原因的,比如收入等。而小孩子,又可以分为两种:一种是农民工的子女,一种是当地人的子女。往往这两种小孩子并不融合为一团,而是各自玩各自的。追问原因,约莫是一些排外的思维。葛兰西所说的"文化孤岛",T 镇可以算作一种,毕竟其具备地方性知识,这就构成当地的儿童习俗与认知与外来的儿童有所不同。

　　在某些地区,留守儿童容易成为问题发生的重点群体,不是在垃圾箱里被毒死就是掉在池塘里被淹死,甚至有的地方,还发生村干部或村里的游手好闲之人去性侵留守的女性儿童。但是,在 T 镇,我们可以发现,在一个大约只有 20 多平米的小房子内(租房),父母往往都是把儿童带在身边,这就构成了孩子们可以平常在当地上学,晚上就有父母陪同,日复一日,就这样平安无事地相处着。却在我们的调查中发现,随着父母外出,给孩子的心灵带去的压力与变形是不可忽视的。

比如,有的父母告诉我们:"孩子也是可怜,这么小就跟着俺们出来奔波"。还有的父母告诉我们:"孩子以前很外向的,不知道为什么,现在变得越来越内向,不爱说话了。"这些孩子们成长中所遇到的麻烦,再次给我们的城市化背景下的农民流动及他们的子女成长带来不得不面对的问题。如我们上文所说,假如这个城中村是腾尼斯所说的"共同体",孩子的成长必然要面对融合的问题,而不应该是具备赤子之心的他们,各自为阵。反过来说,如果孩子在老家成长,或许就不会遇到这些问题,反倒他们的童年可能是固定而不是漂泊的,是熟悉而不是陌生的,是"玩得来"而不是"被孤立的"。

接下来我们需要讨论的是儿童与父母的培养模式问题。前文有所论述,儿童在成长的过程中,往往与父母在晚上才有相见的机会。因为是儿童需要独立。这样的独立,又是因为父母都需要务农,而不能够只是父亲或母亲一个人去劳动而养活全家。正所谓"穷人家的孩子早当家",大约就是说的这个意思。

同样,住在城中村里的百姓,往往都是奶奶、爷爷等带着孩子,他们会选择在午饭之后,把孩子带着坐在一起唠嗑,天南海北。反倒在他们的闲扯的过程中,时不时地会传来小孩子的打闹,还有哭声。这样的哭声,时而高,时而低,时而婉转,时而悠扬。而大人们继续聊天着,他们觉得,"孩子们哭一下又不会怎么样"或许,这和一般的老人对小孩的态度不同——不是一种"含在嘴里怕化了"的心理认知。最后,孩子又笑。如此来看,老人们对孩子的态度,可能是对的。

而通过走访,我们发现,在傍晚的这个城中村,年轻的人们在做什么呢?——打麻将。几乎三五成群地围在一起赌博。他们没有把更多的心思放在本来就时间不多的陪护上,而是做起自己比较有兴趣的事情上。如此来看,儿童的教育,就成了一个潜在却又非常明显的问题。

　　大约在晚上九点以后，他们的活动变得不那么活跃，该回家的回家，孩子们的哭声与笑声，也逐渐地消失，最后变成了月光独奏。这是为明天而准备的沉静，却在如此模式里，孩子们的未来该如何成为可能。

　　倒也不是说就不会成气候，而是成气候的概率，可能是比较小。如有可能，我觉得应该是跟踪调查，在十年或二十年以后，看看原先在这个村里诞生和成长的儿童，最后又成了什么样子，或者说，和城市里的，或纯粹的农村里的孩子比较，他们"成气候"的不同点又在何处。我们应该为此负责和担忧。因为但凡在城中村生活过的人都能够理解到，这些"未来"的未来，是否存在。

　　　　　　　　　　　　　　　　　　　　　2015 年 7 月 28 日

移民家庭的留守儿童之困

2015 年 6 月 9 日,在贵州省毕节市七星关区田坎乡发生了举世震惊的 4 名留守儿童自杀身亡事件。而在 3 年前,也就是 2012 年 11 月 19 日,同样是毕节市七星关区,5 名留守儿童被发现在垃圾箱生火取暖时被闷死。

在 6 月 9 日发生留守儿童自杀事件之前,大约 5 月底的时候,我们前往了一次 H 省张村进行田野调查,为期大概一个星期。

通过调研得知,该村留守儿童的父母通常几乎都是在非农忙的季节出去外地打工,他们多半是当地的移民。有的去安徽,有的去广东,有的去武汉,等等。有的父母,甚至今天刚忙完农忙,第二天一大早就出发去了外地。并且,出去外地务工的,多半是移民家庭的夫妻双方,孩子则留在家中让老人等家庭成员照顾。幸好,5 月份是当地快要收割油菜的季节,我们访谈到了一个外出务工且把孩子留守在村中的移民家庭。

对于这个家庭而言,照顾留守下来的孩子主要是他的么么(其母亲的亲弟弟)——一个因为小儿麻痹症而无钱医治,又早早死去母亲的人。同时,他的父亲与母亲的结合,又因家族联盟的原因所致。所以,有时候家族内的某个成员也可以帮忙照看一下,但不太管用,因为毕竟不是自己的孩子,不太上心。而他的爷爷奶奶又无法直接插手照顾,主要还是因为他的父亲是倒插门女婿,孩子跟着母亲姓,所以有些不便。当然,他们也愿意省心,图个清闲。种种因素,交织和裹挟在了一起,给我们呈现出了一个移民家庭的留守儿童的困境。

这个家庭的之所以能够成立,还要追溯到 2003 年。

(一) 移民

1952 年 10 月提出:"南方水多,北方水少,如有可能,借点水来也是可以的。"2003 年 12 月 30 日,南水北调中线京石段应急供水工程动工,这标志着南水北调中线一期工程正式启动。

随后,这群靠着丹江口水库生活的河南农民,被安置在了 H 省张村一组。据我们统计,本次移民,大约有 10 多户。

对于他们而言,起初的生活并不习惯,又经过大约十多年的磨合和适应,他们还是不能完全地融入本村。当地人还是不太愿意和他们有过多来往,时而还发生冲突。移民们所采取的策略是抱团等,以此可以更好地保障自己的利益和安全。

这是一种本能。

社会学家科塞认为,冲突会造成整合。[①] 然而,从张村的冲突来看,加强的却不是本地村民与外来移民的整合,而是移民与移民之间的整合,甚至,他们还用通婚的方式,以巩固之。

(二) 变卦的"婚约"

村民 F 一家也是移民,他一共生育了 2 个孩子,大儿子早早就结了婚。

在 2004 年,他的小儿子也该谈婚论嫁了。

在当地,特别是到了适婚的年纪的男性,如果超过了 25 岁左右

---

① 见《社会冲突的功能》,北京:华夏出版社,1989 年版。

（女孩子一般在 22 岁），还不成家，就会被人在背后指指点点，甚至被怀疑是不是生理有毛病？

恰好，作为倒插门女婿在此生活了多年，祖籍也是河南的老者 T 有一个女儿。他们两家居住得不远，中间隔着两户人家。其中的一户 A，就是 T 的亲戚，且和 F 是邻居。

村民 T 告诉我们，当初他的女儿可不是说（说媒）的现在这位，而是他的邻居 L 的一个侄子。就在已经准备办事（请客）的两三天前，把原先已经说好的那位给拒了，和现在的这位（村民 F 的小儿子）结了婚。

这场婚约的变卦，只用了一个晚上的时间。促成此事的原因是双方在一起开了一个会，家族的成员几乎都到齐了，商议这门亲事。两家联姻，最初是 A 提出来的。

随后，在 2005 年，他们生了个儿子。

在其儿子大约 8 岁左右的时候，他们开始外出打工。几乎年年如此。等到农忙结束以后，就立刻出去，春节前再回来。

（三）移民家庭的留守儿童

村民 T 的女婿告诉我们，他之所以和自己的妻子去外地打工是因为闲着也是闲着，打工可以挣点钱，补贴家用。且之所以能出去是因为有认识的朋友介绍工作，家族内的一些亲戚也可以帮助他们在外面找到活干。他的爱人每次都随他一起出去。之所以如此是因为家里有人可以帮忙一下照看孩子，另外一个原因是害怕分居久了而影响夫妻关系。

作为留守儿童，父母外出打工，他除了上学就是和其他留守的儿童一起玩。

5 月，刚好是桑葚成熟的季节，他们每个人手中都拿着一根木棍，当作战斗的武器，时而就爬上邻居家的桑树上摘果子吃，且几乎都不穿上衣。桑树的主人，往往会叮嘱和提醒一句"注意安全"。因为他害怕孩子从树上不小心掉下来摔伤而给自己找麻烦。而从树边路过村民 A，看到孩子们在桑树上有危险性，很自然地用非常粗暴的语气，吼了一句——赶快下来，小心摔死你们。

不一会，他那位刚从外地打工回来不久，马上要农忙的父亲赶了过来（我们猜是 A 去"告状"了），并以温和的命令，要求他们从树上下来。

随后，我们和 T 家的这位留守儿童进行了一次对话。

他在回答我们的问题时，先是边摇晃着紧张的身体，然而直接躲在了他父亲的背后。他的父亲说他很调皮——有一次游泳，差点被淹死。

一个移民至此的村民用流利的河南话告诉我们，隔壁村的两个孩子就是游泳被淹死的。现在他们的父母都后悔莫及，幸亏年纪轻，还可以生。

在张村，对于留守儿童而言，最大的风险性往往就是"水"而不是家族与家族之间的报复或本地人与移民之间的冲突。因此地属于汉江灌溉的区域，丘陵地带，没有太多的山，却有很多为了灌溉而挖出来的池塘，有的池塘甚至深达 1—2 米。如此之深的池塘，大人们有时候都不敢下去，但孩子们敢，主要是因为他们觉得有挑战性，有趣，还有就是他们的无知，认识不到风险的存在，且没有人跟他们讲，还有，缺乏看管。

孩子能否安全地成长，对于一个移民家庭而言，主要还是靠他们自己的命数，家族成员偶尔会帮忙监管。只有对于"不是自己人"而言，有了这个认同才会选择用咆哮的方式去批评他们，爬树是有风险的。反之，可能这个家族的成员会选择不做声，毕竟不是"自己的孩子"。

(四) 反思

首先,造成上述现象的原因,主要有以下三个方面:(1)留守儿童的父母作为农民工,所期待的是——哪怕是多一点钱也是钱。他们不愿意把闲暇的时间拿去赌博或者浪费,而是去外地干活。(2)移民后,因为家族的联盟而形成了一致性的行动心理机制,他们会依照家族内部的和当地的一些风气去行事,如外出务工成为浪潮时,那他们就愿意去做个赶浪的人,如此他们的心中就可以很迅速地把那种闲暇的时候不劳作、无收入的愧疚感加以消解。(3)孩子可以被家庭或家族内部的人照看,故而选择外出务工。比如,当一方的监护人如果有事,那么家族的其他成员就会帮忙,多半是顺带(比如 A 自己也有孙子要到镇上去上学)。如果不是家族内部的一员,则这样的"顺带行为"或"帮助"不太可能发生。

其次,留守儿童几乎在学习、情感支持上都处在弱势的地位。立足本文而论:(1)学习上,作为移民家庭的留守儿童(即 T 的孙子),因为他的母亲通常都是跟着他的父亲外出,照顾其父亲的起居和生活,对他的学习与生活的关心,更多是他那个小学都未毕业且身体残疾的幺幺。所以,其成绩一直不太理想。(2)情感支持上,作为留守儿童,他长期和母亲分隔两地,加上母亲的脾气火爆,故而很少交流。这是一个不能在爱中成长的留守儿童,因为父母之爱,也外出打工去了。

或许当他们成人以后,有的可能对老去的父母也不太关爱,因为,他们在成长期间就缺少爱,也不懂怎么去爱,最后可能就走向了爱的反面,并可能在一些问题上面,选择用暴力去伤害和羞辱同龄或者是比他们小的孩子。如此,"怎么收,就怎么栽"的谚语应该反过来说,或许要更为精确,那就是"怎么栽,就怎么收"。

　　还记得艾德蒙多·德·亚米契斯在《爱的教育》(原版名为Cuore)[1]中说过这么一段话:"我们的责任就是为每位学生开垦出一片他们得以成长的沃土。只要我们用'心'执着地去爱,所有的孩子都是可爱的。我们要以真情去创设积极向上的氛围,激发学生的潜能和创造力,使他们健康成长。"

《爱的教育》,广州:广州出版社,2008 年版。右图为英文原版

　　而如今,作为移民家庭的留守儿童所需要的沃土又在哪里?

2015 年 6 月 24 日

(原载爱思想网,2015 年 8 月 10 日)

---

[1] 广州:广州出版社,2008 年版。

村庄内亲兄弟的"反兄弟行为"
——利益冲突、道德羞辱与亲情怯场

在农村,亲情到底有多大的分量,真的很不好评议。比如,两兄弟为了分家产,闹得不相往来,甚至动粗的情况,比比皆是,这即为我们所讨论的"反兄弟行为"。有的亲兄弟之间会因为为"大人养老"、"送终"等,闹得不可开交。也有因为宅基地、家产分割等,闹得不可开交。甚至矛盾的引起会因为妯娌卷进来以后发生质变,从忍、隐蔽到台面,爆发。好一点的情况是,妯娌之间发生矛盾而亲兄弟冷眼旁观。之所以如此,是因为有时候兄弟之间往往会碍于血缘和情面。

通常,生活在农村里的人都会觉得这些都是非常容易理解的,一方面是因为这类情况比较常见,另外一方面心里也明白,所谓"人为财死,鸟为食亡",人人都抵不过一些物质诱惑和对自己利益的维护,而放弃人情与亲情。如此,有的甚至会发生命案或家族仇恨。

反之,那些愿意吃亏的,可能就矛盾要少一些。

不让、没有肚量、不会处事、妯娌介入等就会导致"不能吃亏"、"凭什么我吃亏"的局面,继而发生肢体冲突,甚至道德侮辱和亲情的怯场。比如说,在湖北省张村,曾经发生过两兄弟因为利益纠葛(他们一个 40 多岁,一个 30 多岁)。老大对老二进行毒打,且将其裤子脱了，让农民们旁观。被打的一方，生殖器等都暴露无遗。而之所以如此，主要是想达到道德羞辱的目的，让其没有脸见人。让人想不通的是，为何两个兄弟会采取这类的方式对峙，甚至老大仗着自己力气大，而采取道德暴力的手段，对亲弟弟采取如此无理的方式加以打击，实在是匪夷所思。而冲突的原因，并非是因为一个问题所致，而是因为一系列的问题积聚到了一定的时候（比如先前发生的老人谁来照顾的问题等），突然在暴力的临界点发生了转变，双方付出行动，以达到发泄不满和给个教训的目的。不是你"死"就是我活。

虽说道德羞辱比用刀致命的方式往往要更加温和一些，但在费孝通所说的"熟人社会"中，人情、面子等，对于一个男人而言更为的重要，他需要的可能更多的是尊严。恰好，这个命脉被对方抓住以后，而被采取让其丢人现眼。即便是被道德侮辱了，问题还是没有解决。据我观察，最后往往就是两兄弟不相往来。也就是说，老二可能因为老大的羞辱和蛮暴而产生仇恨或胆怯。从此，"睁一只眼闭一只眼"的糊糊涂涂的过，而乡亲们也多是见怪不怪。时间久了，貌似就好像没有发生过这件事情一样，但当初施暴的时候，在道德羞辱的时候，他们都是在场的。

在上述的这些论述当中，我们大致看到了一些原因、形式与后果，整个过程持续差不多有几个小时。我们也知道，因为利益的冲突，而亲情变得冷漠，虽然是"一个妈的肚子里出来"的，但还是改变不了在利益面前变得冷漠无情的人性。在肢体暴力与道德暴力同时采取的时候，弱者往往就会吃亏，而不会因为其道德制高点是否占据与否。"吃了眼前亏"不说，最后结果还是没有解决，还是自己承担旁人指点的代价。

我们通常认为，这些都是不可思议的，但作为个案在一个乡村也的的确确地发生了。何况，还有一些亲兄弟之间的冲突，没有被注意或没有道德侮辱而已，或是直接动刀。为何在乡村社会，亲情与自我利益之间发生的是弱关系，而很少有相互之间毫无二心的交往？

　　笔者需要进一步解释的是，所谓利益冲突与道德羞辱，都非常好理解，"牙齿和舌头还会打架"呢。道德羞辱是因为乡村的逻辑，特别是面子逻辑如此，故而采取这些行动都是可以理解的。关键是亲情的怯场，而不是缺场，有需要进一步解释、分析和论述的必要。所谓怯场是因为"怕"存在，而不是"不存在"，要知道，当暴力发生的时候，既然选择了付出行动，那么"要搞就搞好"、"你不仁不要怪我不义"，如此，就会非理性地选择一些行为，进而将这些血肉的联系遮蔽和隐藏，才可以放心大胆地对抗。同理，只有把亲情遮蔽以后，才可以放手达到自己的目的，故而在心理上达到"不怕"。反之，如果"怕"，那么肯定就会顾及情面，而不会把亲弟弟的内裤都脱了。这即为兄弟之间的"反兄弟"的逻辑。

　　最后，我们不难发现，在社会层面上，也会有这类的情况发生，利益冲突是肯定会有的，但道德羞辱，却并非是合理的。比如说，校园暴力被演化为网络暴力之后（如"白衣 32 号"等①），出现的人肉搜索（网络暴力）之后，就是道德侮辱，所谓的隐私权等一概不存在。语言暴力，也会搅合进来，最终对他者造成巨大的心理伤害。无疑，这是一个需要被法制根治的情况。而亲情的怯场，需要在利益冲突的时候被心理遮蔽才能"放手做"的情况，也需要反思。在亲人之间的暴力（比如女儿举报父亲，妻子举报丈夫等），无论是出于教训，还是借

① 事件回放："2015 年 6 月 2 日晚，一个'江西永新县女初中生打架'的视频在网上流传。视频中，至少 5 名初中生模样的女孩对着另 1 名下跪女孩连扇耳光，不时用脚踹其身体各个部位，殴打时间长达 5 分余钟。其间，还多次出现羞辱性行为。由于一个穿白色衣服的女子打人手法十分恶毒，事态严重，导致肇事者被网友们人肉大搜索，目前受害者仍在医院检查，现有多处软组织挫伤，其他各项体表正常，正留院观察。6 月 24 日上午 10 时许，五名打人女生家长到医院看望受害女生黄某，并向黄某及父母道歉。……继永新打人视频、永新拖鞋女以及 32 号裸照、微博惨遭被扒……引来网友一番炮轰。"转自 http://roll.sohu.com/20150630/n415891211.shtml，上网时间：2016 - 9 - 12。

助政治权力来帮助自我,达到报复的目的,都是需要在黄宗智所说的"儒法合一"的情节下进行考量,而不该被大肆地宣扬。在儒家文明当中,有提倡"亲亲相隐",而不是亲人之间反目成仇。如果是提倡亲人之间相互的举报,那么这个社会还有什么东西是值得被加以信任的? 不安全感就会蔓延,最后人情冷漠,只会造成世态炎凉到无以复加的地步。所以,当我们从一个村庄里的亲兄弟的案例出发来看社会的一些问题的时候,我们还有很多法治方面与传统文化方面的努力需要去做,反之,后果将会不堪设想。这也绝非是危言耸听,因为我们已经重复了很多次公共的暴力和道德侮辱了。

2015 年 7 月 26 日

(原载中国乡村发现网,2015 年 7 月 27 日)

农村生态安全：
原生水质危机与农民的疾病

——一个湖北省村庄集体患"肾结石"的
叙事与解决方案

　　湖北省 Z 村位于湖北省中部。这个村庄，民风纯补，是三峡移民工程的一个安置点。同时也是"中国农谷"所在地之一。整个村庄的人口只有几千人而已。如今，和全国的其他地方一样，呈现出"空心化"的村庄模式。大多数的年轻人，受过教育之后，以此通过社会流动，完成了"跃龙门"，而那些没有以教育作为"垂直流动"的年轻人，往往通过去南方打工，或者到就近的城市（而非县城，这样的调查结果或许可作为我们城市化建设的一个参考）谋生。他们不愿意再回到他们所出生的那个地方。他们认为，这是一个很"丢面子"的事情。所以，他们的父母把所有的农业收入省吃俭用，给他们在就近的城市里，付完住房的首付以后，就算"大功告成"。而对于有两个儿子（当地家庭一般都只有两个子女）的父母而言，仅靠十几亩地的两季农作物的收入，完全付不起。据村民 G 说，现在当地的房价，在 J 市的郊区，至少也要五千多元。所以，一个八十平米的房子，就是一个不小的开销，而如果这个家庭有两个儿子，那么就要付出双倍的成本。所以，父母在万不得已下，冒着危险去 M 市的石膏矿里打工谋生，去餐厅打工获取回报,以此来完成作为父母的"义务"。这个义务最直接的表现就是"娶妻生子"。按照当地的习俗,只要把儿子的婚事办完,就算是"完成任务"。生女儿的,也就是要出嫁以后,才算是"完成任务",但其女儿在出嫁的时候,也得赔上礼金,少则上万。故此,在Z村,完成子女们的婚事,是他们的"养育子女任务的终结"。可能以后还会补贴,只要自己手里有点钱或者其他东西,父母都会给子女全部的所有。

进一步说,上文中我们提到的到石膏矿里打工的村民G。作为一个村庄的个案,我们在调查中得知,其工作的时候是没有健康保护的,他自己是否可能患上尘肺病,他只能"听天由命"。村庄的居民对他的评价很高,主要是觉得他身体好,能(而不是会)赚钱,却是冒着生命的危险。我们可以断定,在一个高危作业环境下,尘肺病在石膏矿里的爆发几率应该是非常大的。只不过这样的村庄没有定期的体检,他们也不注意体检。有的村民在附近的油厂上班,熬夜加班是时常的事情。假如体检的话,按照城市现代的身体健康标准,估计很大可能是不合格的。但他们为了子女的读书费用和家庭生活的开支,特别是子女的婚事,熬夜加班或在高危环境下作业等,面对这类非常糟糕的打工环境,他们的选择几乎都是"忍着"。他们发挥着柏杨在《丑陋的中国人》(人民文学出版社,2008年版)里评述的这种民族的品格——忍。

而"忍"有时候并不是说疾病就不会来"找"村民,反倒是疾病有时候随着村民身体的衰老,以癌症或者其他疾病的形式爆发和反映出来。在Z村,我们做了一个田野调查,以系统抽样和结构式访谈的形式。仅仅一个村庄的一个组,爆发肾结石的概率,大约有90%,而因为患上癌症死去的人大约有5%。因为癌症而去世的人,更多的都是"忍"着不去医院救治,医疗成本对于一个本来年收入只有三万多元的家庭而言,着实是一个不小的数目。所以,"等死"是这个村庄的这类癌症群体最大的村民心智特质。它既可以被认为是一个亚文化,也可以被认为是一个主流文化。说是亚文化的原因在于,他们的"忍"更多地还是会"弄点药"或者"进庙会"来缓解心理上的担忧。等到不能"拖"的时候就会自己"想办法"(自杀等),或者因为疾病而身亡。而对于患有肾结石这一疾病的人群来说,本来在医学上就不是什么致命的疾病,加之又可以拖很长时间,并不影响日常的农村生活和劳动,只是在病发作的时候非常疼痛。据村民L讲,肾结石主要是因为水质的问题,附近的村民几乎都有这个疾病。除了子女们在外地谋生或求学的以外,剩余在村庄里的妇女们、老人们和男人们,几乎每个家庭里都会有一个人患病。这是一个非常可怕的数据。而我们调查了该村的周围环境,没有一家工厂等对水源进行污染。我们通过参与式观察得知,他们更多的取水方式是通过井水。众所周知,井水是通过地面渗透下去的地下水(井深度大约只有二十米)。所以,可以判定的是,村民的集体性患上肾结石的主要原因在于井水。村民Y告诉我们,他们杜绝的办法是,去堰塘里取水回来用和吃。

　　故此,这就需要考虑一个问题,怎么样才能缓解这一个村庄群体的集体阵痛,如何发挥政府在农村社会保障的作用来加以解决。而学界应该站在农村生态安全和农民的疾病角度来反思这一问题的根源所在。通过既有的文献可以得知,解决的主要方式是搬走和脱离这一区域。因为原生的水质,不是靠"换血"能够完成的。而如果站在民俗学的角度,村民们可能会搬走吗?答案非常清楚——不可能。因为每一个中国的村民,包括从底层流动至上层社会的人,都会有"乡土情结"(费孝通,2005)。寻根文化,不仅仅是在文学的故事中被反复地提及,还在人类学、民俗学、社会学中也相当重视。他们的"根"在何处(该村通常认为——上至祖宗三代),他们是非常不愿意搬迁到其他地方的,何况这个村庄本身就是移民安置点。并且,我们还通过调查得知,当我们问及"因为水质问题影响你们的身体健康,你们愿意搬离这里吗?"回答几乎是"不愿意"的占99%。这个数据恰好说明了我们在上述中的理论假设。由于文化的原因,他们是非常不愿意离开这个地方,而他们的子女是为了更好的工作机会和人生发展,离开这个地方。这个"不愿意离开"和"离开"是两个时代的人不同的"生活模式",也就是说不是一回事。所以,我们该对这样的生态安全视野下的 Z 村(个案研究)做一个就地的解决方案。

所谓就地解决,就是按照村民的意愿,采取更好的方法来缓解村民因"肾结石"而引发的集体阵痛。我们的建议是:(1)可以通过采取过滤器的方式来改善食用的水质,而类似洗衣的水质则不用改善;(2)可以通过饮用购买的水资源(如桶装水等)来饮用。村民们的收入(每个家庭均有十几亩土地耕种)对于购买桶装水而言,还是比较充足的。而平常的做饭做菜的水质,则可以采取过滤器的方式,在村民的家中所安装的自来水(通过井水自供)管道上进行安装和过滤。因为本文只是重点关注村民的疾病和饮用水的安全,所以提出这类的建议。而在全国的其他村庄,饮用水欠佳的也是存在的。因这个数据,我们没有调查到,所以还不敢说到底有多少农村的人畜饮用水欠佳。(3)政府不能在农村的社会保障上缺位和无视。对于因病而不能劳作,甚至是村民因病被逼迫而死的现象应该重视。以政府作为引导性的方式,进行根治。特别是在基层社会的医疗方面,应该帮扶那些患病的村民。他们毕竟是弱势群体。

总之,这也就是一个因为调查而得之的"故事"与解决方案。我们有理由相信,以 Z 村作为个案的叙述,不仅仅是说只是解决 Z 村这个村庄的生态安全,而是因此而反映全国的底层农民的生活状态。这种调查和叙事的方式,可能非学术化(例如《中国农民调查》、《黄河边的中国》等都是这类表达),但可以从中得知,这是一个真实的"中国底层社会"和"农民的生活现状",更是一种"地方知识"。不同的地方,有不同的问题,以小见大的来说,我们需要在不同的问题上做不同的方案来加以解决。因地制宜,加以重视。同时,我们还了解到,一些村庄的垃圾污染也很严重。这是我国新农村建设的另外一种农村生态安全。本文略微提及,顿笔于此,也就不加以分析和讲述。同时,我们也觉得中国乡村的疼痛还需要格外的改善,学界和政府"任重而道远"。

2014 年 11 月 16 日

(发表时的标题为《一个村庄集体患"肾结石"的叙事》,原载《中国乡村发现》,2016 年第 1 期。此次发表略有删减)

一个中国村庄变迁的侧影与思考

——以鄂中地区的张村为例

一

　　和王磊光的身份一样，笔者也是林贤治先生所说的"农民的儿子"，对于农村的前前后后，从上个世纪 80 年代中期到如今的演变轨迹，可谓是亲身体验，加之又一直在关注三农问题，进行了一些田野调查，所以，对于农村的感情，以及农村的变化，感受尤为强烈。

　　这种强烈的情感，每次春节，需要返回乡村的时候，又是另外一种味道。不再是所谓的村庄调查时，以他者进入场域时的熟悉的陌生感，而是与血脉相连的一种情怀，你永远都无法割舍的感情。

　　今年春节，本来不打算回去，因为路途实在是遥远，还有人们常说的，转车就足够花上好几个小时，笔者看到有的文章里提到，他们要花费十几个小时，实在是感叹回家的不易。并且，现在的乡村公路，有的还是泥巴路，如果是下雨的话，那是相当的难走，车也无法进出，故而颇为麻烦。

　　我跟母亲说，我还是回来一趟，无论路途多么艰辛。因为从广州出发，也只能买到坐票，虽然是硬卧改装的，而且还是临客。母亲说，都可以，但不要太劳累。父母，自然是没有吃过这样的苦头，我也不是害怕这种坐车方式，因为原先在大西北求学的时候，二十多个小时的站票都承受过。

广州东站的人，可谓是"黑压压的一片"，想必多半都是农民工（有的是第二代农民工），还有一些和我一样，都是归乡之人。在传统中国的文化内涵中，春节不回家和父母团聚，总觉得缺了点什么，所以正有这种意味在其中，才有了如此壮观的"社会流动"场景。[①]

当我们在火车站候车的时候，看到如此之多的同胞时，我第一个感觉不是他们的不易，也不是我的不易，而是担心某地"踩踏事件"的重演，因为稍微有点混乱，恐怕场面非常不容易控制。我们慢慢地，慢慢地移动脚步，生怕打乱了秩序，危及到彼此的生命安全。而维持秩序的人，又在一旁不停地叫喊着，请注意自己的财物。也就是提醒在场的每一个人，不要在如此之乱的场面中，财物被小偷偷走，特别是一些辛苦了大半年的农民工，本来钱就不多，都是血汗钱，要是被盗取了，那就真是得不偿失。诚然，我们每一个人都不希望成为受害者。只是，比较而言，他们要更为不易。

在卧铺车厢改装的空间里，遇到一个特殊的情况是，有的卧铺居然没有卖出去，专门留着，让上车的人有需求的可以补卧铺。我不知道铁道部门这样的安排是什么意思。是害怕没有人买卧铺吗？我相信，这票只要放出去，肯定几秒钟就被买走了。在十几个小时的路途中，在凌晨才出发的车厢里，谁不愿意多花一百多元钱，睡个好觉，以至于身体不那么地劳累。当然，我在一次从兰州回武汉的路途里也看到，有的农民，或者说底层人士，为了节约这点钱，硬是睡在硬座下面，这个场面和王博士生的文章里描述的如出一辙。其实，农民的逻辑非常好理解，他们只是认为，反正劳累一点无所谓，钱可以节约还是节约。用我父亲在春节给我讲的一个道理来说，某人要走很远的

----

① 有人曾说，春运是中国最大的一次社会流动。

路,穿着五元一双的鞋子,如果穿着这双鞋走到目的地,那么,鞋子很可能就坏了,而脚没有事情。可是,有些农民却要把鞋子提着而不穿,打着赤脚走到目的地,因为脚磨坏了,肉可以重新长起来,而鞋子坏了,又要花钱买。这就是农民的一个逻辑。

　　紧接着,车缓缓地启动,开向目的地,很多人也补了卧铺票,笔者也不例外。虽然,这样的选择,对于一个有补助的博士生而言,多花费一百元,没有太大妨碍,只是如果把票开始就卖了,恐怕农民也弄不到。一则是黄牛在其中做鬼,另外一则是技术不对等,农民抢到票的概率要远远小于熟悉互联网的大学生。这一点,在网络买票出现之前,很多媒体和网友就声讨过,但是没有办法去改变,用学术研究的语境说,是个假问题。

二

　　故乡在腊月二十九才出现在笔者的面前,还是那个熟悉的村子,还是那些熟悉的人,只是有的,不知道什么病,突然去世了。所谓凋敝,其实笔者的感受却不同,倒是村庄有了一定的发展。在靠着公路的两旁,我问父亲,这些房子都是做什么的? 父亲说,这是新农村建设的成果。也就是说,农民申请,然后盖房,让申请到房子的农民入住,但是其中的金钱怎么算计,我没有更多地过问,可以肯定的是,农民肯定也要出一定的钱才能够入住。

　　湖北中部的这场新农村建设,所盖的房子非常地有特色。我猜想的是,可能是受到邻近省份安徽的影响,因为新农村做的房子,都是徽派建筑的风格,看起来颇为美观。处于"中国农谷"的核心地带的张村的这些建筑,很多农民其实都想要,主要是希望得到一些交通的便利,以及举办油菜花节时,会有一些游客来此消费,获得上万元的收入。至于公共服务,根本谈不上。没有自来水,没有互联网,没有超市,没有医院,也没有学校。和我们调查其他村庄时的感觉有些相同的是,新农村建设把大家聚在了一起,因房屋靠得很紧密,而原先,"单家落户"的现象在农村还是常见的,因农民希望得到更加宽阔的天地,可以喂养鸡鸭,即便是自己家里养的鸡鸭去"害人"(偷食别人家的油菜等),也不会被责问,良心上也过得去,吃的毕竟是自己家里的庄稼。可是新农村建设,把一些农民聚集起来以后,除了政治美学的需要以外(应付上级检查),就是上述中我们说的,有一些收入,交通更为便利。

回到故乡的感觉,是熟悉的,是陌生的,是一个外来者的考察,是生活和出生在此的本地人的回味。反正很多不同的感受纠缠在一起,说不清,也道不明。因为,毕竟是你出生的地方,那种客观的观察,不可能百分之百地重现。当然,这也谈不上遗憾。

就在不到一个星期内的时间,笔者所感受和观察到的,大约有以下几点:

第一,农村现在的礼节在淡化,拜年可以说越来越象征性。笔者之所以说拜年变得象征性是因为,有的人家可以去,有的就不去了;有的人家,必须什么时候去,有的人家可以推迟一点去。比如,初二去岳父家,这是传统中约定俗成的,但只要双方说清楚,还是可以推后。要是在以前,这是万万不可能的,小时候的记忆,可以旁证。究竟是什么原因导致了这类变通,谁也不知道。是阎云翔所说的"中国社会的个体化",还是学界现在提及的比较多的 2006 年税费改革以后的原子化,抑或是城市化/城镇化?

第二,农民往往在意的是你有没有钱,而不是你的社会地位去衡量你。按照马克斯·韦伯的界定,从权力、声誉和财富这三个指标来看,财富无疑是他们最在意的,而财富需要靠一些其他的东西凸显和表现出来,比如,你开着一个只要是轿车的东西回去,无论是五万元的还是二十多万的,他们都会一致地评价说,这小伙子混得不错。再比如,你在北京买了房子,他们会说,这家伙会混。他们往往用"混"

来代替和表达你的努力。为什么用这个字而不是其他,笔者认为,这还是与中国的人情社会有关系。因为"混"的背后,需要的是情商和智商的结合,而不是只有智慧就够了。混得好不好,需要靠人际关系来帮助。他们看不到你背后的努力,只能每年过年看到你的变化,以及你表达给他们的外在,故而采取这个词。至于说权力,那怎么凸显呢?毕竟这个时代,已经不再是一个官员被前呼后拥、坐着轿子回乡的封建社会,权力的大小,对于他们来说,没有直接的感受。当然,你有权力,或许也很有钱,这个逻辑在中国谁都明白。权力与金钱,往往如孪生姐妹一般,死死地绑定在了一起。这是很多政治腐败发生的根源。而声誉,你不可能在胸口挂一个牌子,示意自己的身份。退一步说,你的穿着,你抽的香烟,可以体现出这些。只是,权力和声誉,怎么说都没有财富来的直接。

第三,出人头地,光宗耀祖,依然是老一辈农民的理念。从古到今,农村的孩子想出去,从隋唐开始是靠科举,也就是我们今天常言的考试,特别是高考。而考出去,不是做生意混出去,或者为官走出去,是有中国社会阶层流动的内在逻辑的。资源是一个很大的阻碍,对于农村的孩子而言,而文化(教育属于文化一个方面)这个方面是最不需要看背景的。或许,我们在春节期间还可以听到零星点点的闲言碎语,说某家的孩子如何如何,真的是给祖宗长脸了;或者听到,某某混得不错,说明我们某姓在外面还是有人的。这类表述,都直接的给我们传达了,农民是希望头上有一个光环的,特别是一个姓氏的家族。在湖北,这类现象和心理,可能还好一些,在江西,有宗祠存在的地方,不知道会不会更为严重?这有待人类学家们去江西调查一下便知。返回来说,从古到今的这类底层心理,其实也不奇怪,毕竟从农村跳出来,着实是非常不容易的。等你归乡的时候,人们可能看你又是另一个神情,会不停地问你,"现在在那里?""毕业了没有?""收入多少"等等。他们都非常地羡慕,但自己又无能为力。他们甚至会说，"等你以后有本事了，把我们家的小孩也照顾照顾。"这类的"打招呼"是有中国逻辑在其中的，也就是裙带关系，或近亲繁殖。因为你把你的亲戚帮一把，你的父母，也会高他一等，毕竟被帮助者是受了你的恩惠，欠了你的人情。但帮归帮，要被帮助的人有这个基本的条件。同样，你帮我我帮你，这就构成了基层政治生态的另类逻辑。可是，都到城里以后，比起那些没有这个资源到城里的农民而言，那就光宗耀祖了，那就高人一等了。故而出一个"凤凰男"，或者"出一个人"，可想而知，对于一个家族而言，如果站在流动的角度来看，是多么地重要。而这些背后的秘密，我想，很多时候即便去调查，也不会被告知。

第四，农民把子女送出去，自己未必希望到城里居住和生活。这个主题，涉及到城镇化、城市化的问题。笔者的一个亲戚，倒是一个例外，他儿子到了武汉的某著名高校从教以后，一家人从此脱离了农村，他们过年也不回来。他们把子女送出去了，自己也跟着出去。和子女生活在一起的例子，其实在农村并不多见。只要有乡村调查经验的人，都明白为何。首先，他们不愿意重新开始认识自己的环境，在一个陌生人社会中如何找回熟人社会的感觉，这一点对年纪已经有点大的农民而言，是一个难题。其次，去城市里用什么收入生活？没有技术，没有其他，只会种地的他们，如何承担日常的生活成本？如果让子女来供养，恐怕他们自己都不愿意。再次，和子女在一起生活，难免会有观念上的差异，甚至是冲突的发生，这是他们不愿意看到的。所以，他们愿意留守在乡土情结，"根"情结的地方，直至老去。

第五，关于婚姻的看法。和子女们的婚姻观不同的是，他们可以将就，而子女们不愿意将就。我们的父辈，往往都是先结婚，后恋爱。于这个时代而言，不可理喻，但放到上个世纪 80 年代，农村这类婚事，还是比较多的。因为那个时候，认识的人际范围，还有媒婆的中介作用,都决定了"婚姻—恋爱"的先后。而今,子女们多半都外出工作,而不是留守在农村,这对于自由恋爱的社会风气而言,无疑是"你情我愿"以后才可能有婚姻的达成,而不重复父辈们的婚姻模式。在笔者的聊天印象当中,有的父辈,说某家如何如何有钱,你当初怎么不同意?即便是一个不完整的家庭,对方只要有钱,都愿意把自己大龄女儿嫁过去,或者更为直接地说,有本事你带一个回来啊,有本事你带一个我看看。这里的"有本事",不是说子女们谈不到男女朋友,而是对方是否可以结婚,而不只是恋爱,其决定权又多半在子女,而不是子女的父母。在子女眼里,合适的,才可以结婚,不合适的,即便谈了朋友,也不带去见父母。还有的父母说,年轻时搞对象和结婚会容易些,原因是年轻"胆子大",不会担心那么多。反之,长大了,成熟了,也就越来越不敢结婚了。的确,这个时代,无论是结婚,还是生小孩,养育孩子,都需要付出相当大的成本。这样的成本,还有买房、医疗等一系列的生活开支,这就构成了如今婚姻的困扰。背后却是整个国家战略在左右着一个时代的人们的婚姻,以及整个国家的人口结构(生育率与死亡率的不对等)。

从侧面观察和思考农村的变迁,从一些可操作化的指标中(比如上述呈现的五个方面)来窥探中国一个普通乡村的种种现象或问题,可以发现,三十年的农村发展,的确是有很大的不同,的确有很大的变动,的确也有很大的问题存在。

行文至此,又不得不说,有些问题是需要反复思考,反复琢磨,才可以判断为问题的。也就是说,我们如今的一些文人墨客,在苦苦哀嚎所谓的乡村阵痛,其实是"无病呻吟"。背后,不仅是强烈的文化保守主义在支撑,还有中国的"根"文化在作用。这些原因,其实都可以算作是正常的,毕竟我们是中国人,我们还需要"落叶归根"。可是,有的问题,真不是真问题。比如说,城镇化、城市化的问题。农村劳动力结构,的确是存在学界所说的"断裂",存在供求不对等,所以现在国家调整战略，采取土地流转的政策，"大户承包—土地入股"的形式种地（在湖北某地区发生了承包人拿着粮食收入跑了，而镇政府出面补偿老百姓的损失的局面），但不能说没有劳动力，就把流入到城市的农民的儿子弄回去种地，这和又一次"知青下乡"（有的下乡还可以回去城市里）有什么区别？所以，这是一个潮流，是一个趋势，不需要激进主义的城市化，不需要把农民"赶上楼"的前提下，让农村逐步地变成规模经济的形式种植，让城市化在中国顺利地开展。

其实，笔者曾经和一些农民座谈时问过这个问题，城市化，他们怎么看？他们没有反对，但对土地流转，他们认为，最好还往后推十年，让这一代人死亡以后来开展，会更好一些，这样说也不是没有道理。如果真的按照这样来做，因地制宜地采取这种策略，或许河北石家庄一村支书过春节的时候，大年初一就不会被村民枪杀。可是，这些问题，比起农村的婚姻、价值观变迁等，要显得更为的刚性和激烈，还具有复杂性，需要进一步的论证。

三、

转眼几天的春节就结束，离开村子的时候，却有些舍不得，却又没有那么强烈的感情。反过来一想，也不怪。毕竟从我们求学的初中开始，就不在村庄里长久地生活了，父辈们却在这里生活了大半辈子。所谓乡愁也要，愁乡也罢，其实回不回去，都不是那么地重要，最主要的还是希望能够让父母早点脱离农村，让当地的百姓能够有更好的路可以走，让农村也变得更好，公共服务能够跟得上，或者说达到城市一半，也就可以了。

可是，这条路，还很漫长，中国的农村，特别是西部的农村，还需要更加的努力才能够完成。此刻，我却想起了过去在酒泉农村做调查的那位老人说的话。他说，我们百姓，只要不生病，啥都好说，特别是害怕生大病。想必,无论是对于笔者的家乡,还是这位老农的家乡,在当下最急切的,就是医疗保障,而不是交通便利。

2015 年 2 月 26 日

(原载中国乡村发现网,2015 年 2 月 27 日)

农民与乡村债务的僵局

如今,村庄债务已经成为了乡村财政的一个死角,确切地说,唯一的解决办法就是:债权人的死亡,从此这笔债务一笔勾销,谁也不问。而现在,当作为债权人的农民 A 去询问这个债务的时候,债务主要负责人(村支部书记或村委会主任等)就会以一种"拖"的措施来予以对付,此刻作为债权人的村民往往也没有别的办法予以追回。

达成这样的一个欠债与债权关系的情况还要回到若干年前,甚至是十年前都有可能。笔者清晰地记得,那个时候村委会以一种集资的方式将农民的收入集合起来,用作另外一种发展,而村委会给出的诱人条件是,比起银行的利息要高出一部分。作为实用主义的农民往往就会把自己家里富裕的一部分钱,或者是全部的积蓄都会放在村委会,甚者有的村民还将钱放在"其他村的村委会"。另外,构成这一债务的另外一种形式是:原先还未取消农业税的时候,"积累"(俗语,指农业税)是需要按田亩来上缴给地方税务部门的。于此,税收也是原先村委会财政收入的一个来源,而后因为国家政策,取消了农业税之后,乡村的财政几乎陷入了一个僵局,这样的一个僵局是这样的:(1)原先以集体的形式融资进入村委会的钱一部分是无法还上了;(2)拖欠集体的农业税的村民或者以这个死账来抵押之前的欠账,而把这部分钱以一个整数给帮助其他的人。(这样的一种形式是少数,一般发生在亲戚或好友之间)(3)如果说上级部门不过问,那么原先拖欠集体的税是不会上缴的,这样的村民一般是如今被黄海、陈柏峰等人所研究的"混混"。

时至今日,对于这样的一个问题,很多时候村民几乎是抱着一种"绝望"的态度。如果说这样的一个"死账"能够盘活,或是廓清,那么村民即使是弄个整数也可以。只是,对于如今财政几乎为空壳的村委会而言,除了拖延别无他法,或者是国家出台某个制度性的文件,将村委会的这些债务还清。那么村民的钱才有可能弄得回来。而村民所担心的是:(1)全国各地这样的情况几乎很普遍,解决不是"一两个钱的事情"(俗语);(2)如果政府下文件,并予以足够的资金来进行支持,那么那些从上级一层层搜刮下来后所留下的钱还剩多少。也就是说,这些官员的魔爪很可能会伸向这些资金。

最后,笔者还是想简单地再把这样的一个僵局的形成阐释一下:最主要的原因有两点:(1)村委会以高利息向村民集资;(2)农业税。而村委会官员所希望的一点是不可否认的,即希望那些拖欠集体的农业税补上然后以这样的一部分资金来补还。无疑的是,这个资金与拖欠当初农民被融资的钱是存在很大差距的。

故此,在村委会与村民之间所达成的这样的一个债务僵局由此引发的一系列村民对村委不满的情绪非常严重。一种不信任感和无安全感也十分地强烈,而缓解此种不是一天两天所积累的情绪的最佳方法是将钱补上。如此看来,笔者认为也只有一种方法可以解决:即政府出台相关文件,廓清账目之后,提供相应的资金,按照一定的法律程序来尊重和保护农民的这点合法的权益。这样的一种解决问题的方法,估计在中国也是最有效的办法。

2012 年 2 月 10 日

杨氏之"癫":
一段关于乡村养老的故事

——基于湖北省 Z 村的个案分析

杨氏本是鄂中地区一个普通家庭的老者,她已经八十多岁,但身体安康。本文之所以要将其作为我们分析乡村社会保障(养老)的切入点是因为,她身上所发生的这段故事,有两个特点值得我们去关注:(1)其本身并不是没有人(儿女等)养老;(2)在有人养老的情况下,其不但不理解子女的心意,还在外到处败坏其媳妇的名声,说媳妇不给她吃的。对此,我们可以这样来理解,如果从社会学的角度来说,乡村社会的社会网络所引发的婆媳关系,当然也包括"儿子—媳妇—老人"的三维关系,究竟是如何造成了这段离奇的养老故事呢?

在鄂中地区的这个村庄里,这样的老人并不多见,大多数的老者都为自己的儿媳说话,并且将自己毕生的能量都奉献给儿子的家庭,而其目的只有一个,死的时候有人送终。当然,这并不是说,老者不给儿子的家庭劳作就不能得到送终,而是老者在奉献之后会得到更多地照顾。同样,我们也常常在中国的传统话语中得知"养儿为防老"的生活逻辑,只是在有的家庭当中,当儿子过多,因为财产分割等问题,就会导致老人奉献了却得不到该有的回报,最后也不得不含泪而死,留给活人们谈资。

我们所面对的这段故事,并不是这样的悲剧老人,但其不悲剧的背后又隐含着一种不可忽视的原因,那就是老者对儿媳的态度,在乡村人看来都是不对的。但老者依然我行我素,不加反思。最终导致这样的博弈继续发生。

故事的梗概大致如下(老者是如何坑害儿媳的):

> 在腊月二十几的时候,杨氏老者就拿着一个碗在同村人中开始讨饭。村里人大多都是抱着同情心给其一碗饭吃,然后急忙地就打发她走。关键是,当有人给她饭的时候,杨氏却说,这是我家的儿媳妇不给我饭吃,坏得很,故此我才出来讨饭。而就在正月十五左右,杨氏再一次拿着一个碗四处要饭,理由同样是杨氏之媳不给其饭吃。

在这段故事发生之前,还有另外一个让全村人都非常气愤的事件。

"中国农谷"举办第四届油菜花节的时候,这位老人去了举办此节的主会场。当地媒体 J 电视台在受到老者的请求之后,驾车来到其家中进行采访报道,此事件被 J 电视台在电视上曝光之后,村支部书记 W 非常气愤,直接找到当事人询问此事,后来才知道是杨氏自己在捣乱。进一步说,W 之所以气愤是因为其主政的这个村庄居然在中国的这个年代没有饭吃,还需要去讨饭。如果这个事件属实,那么 W 的乌纱帽难保。就在这样的闹剧一幕幕上演,得不到遏制的时候,杨氏的儿媳和儿子开始了"救火行动"。

他们会在适当的时候,去给杨氏饭吃的人家中"做工作",直接说就是"不要再给她饭吃"。他们还声称,又不是自己没有饭给她吃。这样一种干预所起到的效果就是,村里人在见到杨氏的时候,都会急忙地将家门关闭,以防止其进去要饭。值得商榷的是,其儿子和儿媳在村中还公开声明,谁把杨氏撞死了,坚决不找他/她负责,且还去感谢。这样的一种极端性的声明,在村里人看来是可以理解的。但基于法律意义上的思考,如果真的撞死,并非如杨氏儿女所说的不需要负责,而是应该承担法律责任。这段声明的背后足以让人们看到,其儿女对这位老者的厌弃程度已经到了忍无可忍的地步。

那么,是什么让杨氏的儿女有这样的想法呢?基于乡村家庭中的关系学分析,我们可以从以下几个层面来判断:(1)杨氏可能认为,其养育的儿子就这么被儿媳夺走,心中不平衡。之所以这样说,是因为这个家庭中的矛盾不是这段故事能够完全概括的,据村民口述,他们之间的矛盾历来就有。只不过,杨氏采取这样的羞辱性的方式来做出抵抗。(2)杨氏并不接受这个媳妇。故此需要一直采取排挤的方式表达自己的立场。排挤的背后就是这样的羞辱性的举措。不养老,在当地可谓是"不尽孝道"的罪名,故此,如果有儿女不养老,那么只会被村里人辱骂或谴责。(3)儿女本身就对杨氏不好,所以杨氏采取这样的举动来表达意见和不满。但根据现实的观察来看,村民都认为杨氏的子女对其可谓是"好得不能再好"。比如,老者一个人在家的时候,杨氏的儿媳还会想办法回来给她做饭。如果在外面走亲戚,还会从亲戚家带好吃的回来给她。从以上的分析可以看出,真正的矛盾并不是"有没有饭吃的问题",而是儿媳与婆婆之间的矛盾本身存在,现在只不过是通过这样的方式爆发出来,问题的背后还需要去关注婆媳矛盾。众所周知,婆媳之间很难相处,虽然有很多说法,但都未能完全理解其中的逻辑和内涵。婆媳之间究竟是怎么一种关系,她们之间的化解之道又该谁来负责?儿子可能在其中会充当很重要的角色和做出有用的努力,不然很难保证婆媳之间不发生矛盾,毕竟不是亲生的。

假如我们再从社会保障的角度来看,这或许是一个非常有趣且典型的个案。养老在农村,依然由家庭来负责。这对于农村的老人来说,并不是一个多大的难题,特别是对于农村家庭来说,都会去养,只是一个养到什么程度的问题。我们来关注这样的养老故事,可以得到,关于农村养老的背后,并不是按照老者所言的"不养老"或"不给饭吃",而是背后又有更为深层次的矛盾,并非完全是儿女的错,老者往往也有"糊涂"的时候。所以,我们在进行农村养老考量的时候,需要从两个侧面来进行关注,而不是偏听偏信老者之言,做出不正确的判定,这样只会给我们的农村养老政策带去错误的"智力支持"。我们也更需要关注"有没有饭吃"背后更为深层次的矛盾所在。

2013 年 2 月 25 日

（原载爱思想网,2013 年 2 月 27 日）

城市化背景下的农村
婚姻问题与社会危机

　　随着城市化的深入,农村问题不再单单是农业如何发展,农村生态问题如何治理,农民如何增收,农民如何维护权益等问题。虽然说这些问题,是三农问题的一些比较重要的问题,但还有一些相对不那么重要的问题,日益成为重要问题,比如说农村的适婚人群的婚姻问题及其可能造成的一系列社会危机。

　　有学者调查发现,农村的适婚人群的婚姻问题,在农村社区中有了一种新的现象,那就是作为中介的媒婆,在春节期间收取的婚介费都可以多达上万元。开始的介绍费大约200元,事后如果办成了,即"撮合成功",那么可以再次收取(或获得)4000到5000元不等的报酬。对于农民的整年收入而言,农村媒婆的这个收入已经很多了。这从侧面反映出了农村婚姻的种种危机。

　　如今,我们并非陌生于农村的婚姻达成形式,比如在上个世纪80年代,大多数的婚姻都是靠媒婆来介绍,因为人际圈的限制,导致适婚人群无法完成找对象,并且没有媒婆介绍,仿佛婚姻的正当性就会受到怀疑。而自由恋爱,在那个时候的农村社区中是存在的,只是比较少而已(有的是一起"上建设,挣工分"的乡村建设活动而喜欢上了彼此)。甚至,还有未婚先孕的现象。虽然这些例外冲破了重重阻拦,无论是家庭的还是观念上的,最后的结果还是达到了在一起的婚姻目的(仅仅是笔者调查的经验来说,可能更多的是不欢而散)。但,依据风气的不同,自由恋爱虽然也可以完成婚姻,却又会被当地的农村人在背后指指点点,毕竟习俗的不同,决定了这个过程之中需要媒婆的介入。

在农村人的眼里,婚姻并非是那么地神圣,大概可以用三个字来形容他们对待婚姻的态度,那就是"过日子",有的甚至是凑合着"过日子"。从我们的调查资料来分析,可以看到,他们认为"和谁过都是过"的态度,将"同意结婚"变成了"将就着过"。还有的农村夫妇是"先结婚,后恋爱",即便彼此不相爱,也可以结合在一起。如果女方不爱男方,那么她就会把所有的指望都寄托在孩子身上,而对于丈夫,他们更多地采取忍让的态度。盼着"出头"的那一天,即"孩子成年,结婚的那一天"。

今天,这样的态度,在农村已经逐步地淡化,变得越来越认真。不难发现,如果把适婚的两个人介绍到了一起,他们如果产生不了感觉,那么将就的可能性并不大,除非父母做主(强制性的),或者催得比较急,他们可能会考虑到孝敬的因素,选择将就。之外,他们不太可能委屈自己的意愿。

那么,为什么现在的农村婚姻如此之难呢? 除了态度上的变迁以外,笔者认为,我们考虑这个问题,需要站在一个大背景下来考察。也就是说,依据米尔斯的"社会学的想象力"来看,任何一个人的周遭都会和大环境彼此相联系。这个大环境就是城市化的浪潮。它是中国社会第三次转型中的一个大事件。

在城市化的浪潮之中,外出务工或求学的农村子女,往往把婚姻的择取范围和机会扩大化,也从一定意义上抹消了所谓的人际圈狭窄的可能性和有限性。比如说我们在调查 H 省某村的时候,H 省和 Y 省的两个年轻人结合在了一起,而房子最终也买在了女方所在的省份之中，这在上个世纪 80 年代是不可能的事情，或者说几率非常小。正是因为作为农民工第二代，他们在城市中认识女士或男生的范围扩大，才导致了上述中的这个结果。并且这样的结果并非个案，从鲍曼的"流动的现代性"解释来看，现代化造就了我国已经存在大面积的这类婚姻或择偶结果。

正是因为城市化扩大了人际范围，增加了选择的可能性，而没有这个资本挑选的农民子女，他们的父母会寻找媒婆来帮他们完成婚事。这就构成了我们在开篇所说的，媒婆为何春节时的收入会暴增的现象。而媒婆总不能把自己介绍给当事人，故而需要寻找合适的、门当户对的另外一方予以说媒。当子女们都流入到城市当中，不愿意再回到乡村的时候，对于另外一方的寻找就显得不再那么容易（犹如狩猎一般）。加之，他们不再那么将就自己的婚姻，故而越来越多的适龄人群，无论是男方还是女方，都会陷入了晚婚或者不能婚的境地当中。

反之，那些流动到城市，又可以落脚到城市的适婚人群，因为他们是有能耐的农村子女，所以婚姻问题不那么严重。主要是因为婚姻中的物质条件和精神条件，在他们身上都显得要稍微好一点，可以满足女方或男方的要求。反而有的城市子女，更愿意寻找到农村子女，主要还是他们身上的那种真诚和朴实，还有城市居民的女儿在有一定能耐的农村居民的儿子家庭之中，有一定的地位，而不至于让女儿受气。

如果我们抛开能力问题和媒婆问题再来看，在一定程度上，基于中国社会流动的可能性而言，还有一定的人群"找不到老婆"，或者"很难找"。这样的一个人群，就目前来看，并非是不稳定的群体，因为根据我们观察，他们还没有因为婚姻需求和生理需求，造成很大的社会问题。

我们需要考虑的是这个时代的民情，难道结婚是一定的吗？是必须的吗？农村子女在城市中的"再社会化"会不会接受不婚主义？这类想法，在农村子女的父母来看，基于道德层面来说是耻辱的。甚至，不结婚，他者会在背后指点，是不是心理有问题？对异性不感兴趣？还是生理构造有问题？等等。当城市里的不婚主义与农村中的到了年龄就该结婚的想法相遇在一起的时候，矛盾的双方，就不知道该谁去妥协。这也是两种观念的碰撞，是这个城市化的时代无法避免的一种矛盾。

经过上述分析可以得知，农村子女的婚姻问题及其导致的社会危机是存在的，原因又是各种各样。但就总体而言，没有能力挑选和选择，是农村婚姻问题的主要因素。许记霖在《启蒙如何起死回生》一书的序言中阐述了中国社会如何成为"物质化的社会"，而如今的婚姻恰好被影响成了物质大于精神的病态形式。现实社会的种种考虑，都会影响婚姻的完成，比起上个世纪 80 年代而言，感情大于物质的年代终将不复返，这就导致了作为婚姻中弱势一方的农村男性子女，往往更加的不利地位去选择和完成婚姻，甚至连哄带骗都没有多大的效用。

可是，又该如何化解这一难题？不加以解决，是否又会导致相当的社会危机？影响人口结构？以及更大的社会问题？等等，这都需要接下来的时间去证明。但是可以肯定的是，如果这类情况继续发生下去，需要政府和社会的及时性调控。并且这也不是社会达尔文主义所能够解释的问题，因为婚姻于每个人而言，以子女的繁衍来说，不是优胜劣汰，而是基于平等的不平等构成的另外一种情感紧张。

通常而言，我们的社会能做的就是，需要纠正一些社会风气，并且在政府层面改变一些经济发展支持模式，让婚姻回归到家庭当中（家庭是社会的细胞），回归到该有的层面，而不被一些现实的因素所绑架。除此之外，将两个人强制性地结合，那么离婚的可能性更大，造成的社会问题还会更严重。为什么？因为离婚以后，所造成的不仅是离婚率的上升，还有问题子女的产生，其更不利于社会稳定，特别是在农村地区。

（原载中国乡村发现网，2015 年 4 月 3 日）

农村适婚男孩为何结婚这么难

在湖北中部某城市,有一个单身汉。

他出生于 1985 年,按理说,如今都 30 岁了,但依然没有结婚。

他的家庭结构是这样的。父亲是一个曾经当过村干部的人,母亲是家里的说话算话的人。家里除了这个单身汉,他还有一个亲妹妹。总的来说,这个家庭是一个核心家庭,也是一个母权大于父权的家庭。

我们姑且把这个单身汉叫做 H,这是根据其姓氏得出的称谓。

H 是一个从小都不怎么爱说话的人,因受到父权的严厉管教和母亲不怎么讲理的影响,导致其读完初中就不再上学,甚至其父亲怎么打骂,都无济于事。最后,只好留在了农村。

据闻,他在过去的 30 年里,学了驾照,并且家里还给他买了一辆面包车,他常常做的一件事情就是跑运输,主要是拉客,而不是拉货。先前,他曾经和其他辍学的孩子一样,在外面打过工,也去河南驻马店的一所挖掘机学校学了挖掘技术,但最终都没有改变他的命运,而成了一个留在家中,并且一直没有结婚的大龄男司机。

据我们所知,他曾经被相亲过好几次,特别是他母亲的几个兄妹及其周围的朋友,帮他介绍一些本地或周围的姑娘,但都没成。怎么讲?要么是年龄大了,要么是个子矮了,要么是长得不好,要么是离过婚的。之所以把离了婚的女人都介绍给他的主要原因是,他自己年龄也比较偏大,不怎么好找。而之所以还有姑娘还愿意去见一面(认识)是因为,一些介绍人都会把他家庭的条件鼓吹和美化,特别是家庭存款大概有 20 多万,妹妹是要出嫁的。要知道,在农村,这样的存款已经算比较多了。可是,人家姑娘看重的不仅仅是这些。

他的妹妹,很早也辍学,而后去外面打工,并且嫁给了四川的一个农民工,生了孩子,比起这个家庭,她的老公的家庭差了很多。可谓穷得家徒四壁,揭不开锅。最后,不知道什么原因,她离了婚,而后便是带着孩子回到了这个核心家庭之中,不久又嫁给了一个当地人。

其实,任何一个大龄男性,没有结婚的背后,是有很多原因的,非常复杂。但是我们也不可否定的是,从一个家庭的遭遇来看整个中国农村适婚人群的困境,还是有一定的代表性的。

接下来我们就这个问题,进行逐一的分析和讨论,我们希望得到的原因和答案是,为何农村适婚男孩结婚如此之难?

首先,父母因素。H 的母亲是一个非常强势,且很抠门的人。据闻,当 H 和相亲姑娘见面的时候,她都不怎么舍得花钱,而农村见面礼也是要意思一下的。村里有人劝他的母亲说该花的时候一定要花,但这句劝慰的话,没有起到多大作用。要知道,改变一个已经 50 多岁的农村妇女,那是非常不易的。而他的父亲,虽然做过村干部,也经营过桃园,但终究还是其母亲说了算,家里的财政大权也在他母亲手中。有的,即便是最初谈拢了,但相处一段时间,分了,他的母亲会去找别人把当初的见面礼要回来,觉得不能亏。

其次,性格因素。一个长期被压制的孩子,外向的性格往往容易招人喜欢,特别是逗人家开心,可惜 H 是内向的,不爱说话的孩子,见到姑娘的时候,还会脸红。这就决定了,被介绍的姑娘不知道他对人家是怎么样的一个看法,或者导致人家怀疑,是不是看不上我?并且,话少的孩子,往往朋友也不太多,故而交际圈就比较狭窄。为此,他的父亲曾经将其送到市棉纺厂上班,定下的规矩是不要你挣钱,你去那里带个姑娘回来就行。最后,依然没有成功。很大部分原因,就在于他吃不开。

再次,年龄因素。在30岁之前,可能对农村的孩子而言已经比较大了,如今可谓是越拖越是麻烦,特别是到了结婚的年纪没有结婚,就无形地给外人一种怀疑,是不是生理有什么毛病? 还是这个家庭实在是太难处? 故而愿意来这个家庭的姑娘就不多了。久而久之,就有人给他介绍离过婚的、没有孩子的女人。这对于原本可以娶一个没有故事的女人来说是一种不幸,而此种表现足以说明媒人已经在主动地妥协,但他的母亲偏不,觉得自己的孩子不应该如此。最终,即便是想马马虎虎,为了结婚而结婚,都成为了妄想。

第四,家庭因素。这样的家庭,或许在其他农村地区不多见,可是也不能排除他妹妹的事情对于 H 的心理作用。我们在前文当中已经说了,他的妹妹是过得不怎么幸福的人,眼看自己亲妹妹都如此,自己结婚以后,会是什么样? 不好说。故此,是否因此而排斥婚姻,也是我们无法做出绝对否定,但在有的家族成员婚姻不幸,的确会给晚辈们带去担忧、胆怯和害怕,这就构成不结婚主义的可能。

对于一个普通的农村家庭而言,综合以上四点因素可以发现,最主要的原因在于两点,一个是他母亲的调子高、要求多,另外一个就是整个家庭的影响,特别是对其从小的培育不是鼓励而是压制,从而导致个人人际交往能力(如相识能力)的不足。

就目前的婚姻逻辑而言,有的女孩子,也不至于那么的物质主义,甚至她们会比较看重男孩子的潜力,或者说是男孩子人本身。对于男性娶媳妇而言,一方面,对女孩子又不好,比较抠门,不善于利用甜言蜜语之类的语言哄女孩子开心;另外一方面,家庭相处又比较麻烦,特别是对于这个婆婆而言,媳妇多半要受气,故而就构成了结婚困境。

回访得知,H 至今依然是单身汉,虽然家庭存款还不错(主要是没有因为孩子的读书而耗费太多的教育费用),但媒人们一次次地介绍女孩子给他们家做媳妇失败以后,最后只能——用农村的话说——听天由命。其实,这个命的背后,还有一个更大的原因。

于农村而言,当女孩子们因为城市化的浪潮,特别是外出打工盛行的时候,可以在身边认识的人并不多,可以被介绍的对象也不多。有的地区适婚比例甚至已经达到了 4∶1(4 个男性∶1 个女性),农村彩礼费用涨到了 10 多万,但没有人(女性),这些都是虚无的。

加上,农村性别比例的失调。一方面是非生育问题,即上述中所说的女性外流,另外一个是生育本身的问题。在传统与封建思维的作用下,生男孩作为传宗接代、光宗耀祖的思想导致家里必须有男孩,而女孩都是要泼出去的水,故拼了命也要生男孩。这就导致僧多粥少的现状。

种种因素(可能也有没有考虑到的)导致了 H 作为一个大龄男青年,无比地尴尬、头疼和悔恨。他的父亲,以前还会在亲戚朋友面前玩牌,但是后来就抬不起头,一则是自己的女儿离过婚,一个是儿子 30 多岁还没娶到老婆。故而就放弃了玩乐,日渐衰老,白发满头。以前当村干部的风光,几乎殆尽。

这一切就像恶性循环一样,特别是在农村的熟人社会中。越是如此,越是自卑,不光彩,一家人都压力很大,可外人也无能为力。从比较大的层面说,这些,到底是应该个人去承担全部的原因,还是这个转型社会,甚至是国家来担负一部分的原因呢?从社会学的想象力出发,政策往往会影响每一个个体的遭遇。

2015 年 7 月 5 日

(原载中国乡村发现网,2015 年 7 月 15 日)

农村"彩礼"水涨船高的背后透视

近些年来,农村娶媳妇的价格越来越高,甚至在农村流传着生女儿是招商银行,生儿子是建设银行的段子,同时农民在接受采访时候说把彩礼称为卖女儿的价格,这些话语模式的背后无不折射出婚姻的交换逻辑。

具体而言,男方在娶媳妇的时候,以物质作为交换,以取得女方的同意,尤其是女方父母的同意,而女方以彩礼的多少来评判女儿(社会风气也是一个因素),少则几万,多则几十万。在这样的高额彩礼面前,男方娶媳妇就变成了天方夜谭。

彩礼本身的意义是"礼物的流动",是一种价值交换地体现:一方面,似乎养育了几十年的女儿就这样"嫁出去的女儿泼出去的水",从此不再是是自家人,不给点东西觉得女方的父母难以心安(有的是以卖女儿的价格来换取对小儿子的生活保障,抑或是养老保障);另外一方面,彩礼给出去多少,意味着男方家庭财力的体现,是一种面子的体现。

进一步说,财力的多少意味着在婚姻市场的选择女性的权利,例如 A 看上了 B 家的女儿,但 C 也看上了。假如 C 家实力雄厚,而 A 却很穷苦,而 A 和 B 是真感情,但又迫于现代社会的生活压力和父母的观念影响,B 不得不和 C 结婚,这就意味着 A 在婚姻竞争中失败。同时，B的父母打着为女儿好的名义，并美其名曰"过日子不就是那么回事"，最后B也就逐步地接受了C。

所以，穷苦是导致光棍出现的原因之一。或许，当初生儿子的时候会很高兴，但下一秒就在愁苦娶媳妇的高额彩礼从哪儿来？

同时，城镇化所带来的农村女性资源短缺是另外一个原因。随着近些年城镇化的发展，女方进城打工并不愿意回到农村生活的日益增多，有的干脆在城里找个人嫁了，有的即便不和城里人结婚，也要求来自农村的男方及其父母在城里是否有房，是否付了房子的全款？如此，付了首付，一起按揭都不行。可见婚姻市场的条件变得越来越高。

有人谈到，这是女性逐步地趋于现实考虑，但在高额的房价和生活成本面前，作为"理性的小农"考虑这些也不足为过。毕竟还要"过日子"，毕竟"贫贱夫妻百事哀"，所以，为了日后自己的子女不再重复自己的穷苦和遭受的压力，一些女性也就不得不如此选择。加上，女性本来就在农村子女的性别比例中占劣势，男多女少，女性自然更加有资本来谈条件。这符合经济学原理。

以上是农村彩礼水涨船高的三个主要原因。要想改变这些，第一，穷者家庭改变观念，少生优生。第二，尽可能地用更多资金培养孩子读书，以"翻身"。在农村，对于子女而言，或许只能这般进行社会流动。否则，就无法在婚姻市场中占据优势。第三，社会风气应该净化一些，不能以彩礼的多少进行攀比。

2017年2月15日

农民的"奇特婚姻"及其被隐蔽的理性

——一个Z村的个案

在Z村有一户农民家庭的经历值得我们关注,而这样的家庭组成和很多新闻报道的却不尽相同,为什么? 我们先来看这个家庭,再来寻找原因。

家庭的主人是一个木工,经常会赚点钱回来补贴家用。同时,在农闲的时候还会出去装潢厂打工,以获得更多的收入。

然而,就是这样的一个男人,他的婚姻却十分曲折。

最初,他前妻的父母看上了他的手艺和为人(生性老实),所以千方百计地把女儿嫁给他。这种婚姻的组成背后却是父母的理性计算,从而导致在不顾女儿的意愿下达成一桩婚事,这个木工却没有什么反对意见。

在农村,一个农民家庭能讨到媳妇是比较欢喜的事情,反之,讨不到媳妇的主要原因就是对方嫌家里穷,怕女儿嫁过来吃苦,或者男方还好吃懒做,或者残疾等,或者无奈(不可言说的东西),等等。如果讨不到媳妇,不仅仅是面子上过不去,背后被指指点点,还可能导致孟子所说的"不孝有三,无后为大"。这样,作为繁衍后代的男性就罪恶深重,背负的东西太多。

然而,就是因为没有获得女性同意,安排婚事,导致婚姻中的女方对待男方却不从,比如,男性在外面"忙"(从事木工)了回来,有时候还要睡在草垛里。女性不希望木工碰她,她心里喜欢的就不是这个人,而是另外一个。所以她只能依靠这样的方式反抗。

多年以后,这桩婚事的结果,以离婚收场,因女性"不生育"。"强扭的瓜不甜",木工也就"随她去吧",选择了放手。这其中并没有打女性。

这个选择"不生育"的女性后来去了哪里呢?去了隔壁村,因她原先喜欢的那个人就在该村,她去做了后妈。因为她喜欢的这个男人的妻子因病而过早死了,所以才可以填房。据说,后来他们还生了个儿子。

木工呢?他依然一个人生活,农闲的时候早出晚归,周围人看在眼里,十分心疼。所以,一个好心人在一个恰当的时候给他介绍了另外一个女性。

这女性也是因为离了婚,从山区来到当地和一个男性在一起过日子,也不知道是什么原因,没过到一块,但有了孩子。

怀孕的女人,如果没有男人,这在农村没法想象,尤其会被骂成"不干净",鉴于此,好心人就把这个怀孕的女人和木工撮合在一起,组成了一个新家庭。木工依然没有什么意见,就这样和这个怀孕的女人在一起过,正式登记,名为夫妻。同时,该女性对木工管教严厉,但没有其前妻的那种"不让碰"。

不久,从山里来的这个女性就生了一个女婴,而后又给木工生了一个女婴,可谓欢喜。木工没有男尊女卑的思想,并且还把不是他的第一个女婴视如己出。可想而知,这是常人难以做到的,但木工做到了。

他为什么能够做到?他说,反正都是过日子,而且能讨到一个媳妇就不容易了,本来他已经是离过婚的人。这个话的背后,似乎又在

"理性计算"着什么？例如，如果找一个没结过婚，也没孩子，更爱他的女人有没有可能？有，但概率很小，而相对于这个离过婚的女人来说，二者反正都是二婚，所以你不嫌弃我，我不嫌弃你，搭伙过日子，实乃门当户对。有时候，婚姻的理性就在于此。

而把他人的孩子视如己出，甚至给其钱结婚，加上之前的养育，供养她读书，这些开销，木工之所以愿意出，其实是抱着一种感恩的心在做，是理性和非理性双重作用，他觉得这个女人愿意和他结婚并且还和他生孩子（虽然是女孩），他已经知足，为此，才能做到如此伟大，不同常人。

可以发现，理性与非理性交织在一起的这场农村婚姻，往往是存在的，也并不是说都是因为理性才组成家庭，也不都是非理性才能过下去，只不过理性有时候成分更多一些。

但过日子，终归二者都需要倾心，否则就没有了婚姻的温度。

如今，木工的第二个女儿也在说婆家。而他和前妻的联络早就中断，各过各的，这是否也是一种理性？还是留给读者自己想吧。

2017 年 8 月 17 日

乡村社会中的婚姻波乱与观念调和

几千前过来的中国社会,往往是在三个范式下进行运转,即"情""理""法",这三个范式无时无刻不在左右和影响,甚至支撑着中国社会的底层社会运转。

就"情"来说,主要是熟人社会的"人情",就"理"来说,主要是乡约、墨守成规的东西、习俗等,就"法"来说,主要是法律法规。

然而,对于乡村社会的婚姻来说,尤其是婚姻内的越轨行为而言,突破的主要是"理",也就是墨守成规的一套基于道德标准的秩序。道德秩序被突破以后所带来的后果是,要么因要脸而举家迁移;要么越轨的一方自杀而事件就此打住,从此不提;要么如以前一样,相安无事,各自安好。

但,据笔者在农村生活的经验来看,多半还是后者。例如某个案例是这样的,邻居之间,男方和女方因真爱而选择私奔,男方带着存款,连老婆孩子也不要了,女方也是。就这样,跑到一个没有人认识他们的地方生活。不料,出去没多久,钱就被挥霍一空,无奈之下,男方选择自己回村,而女方被其丈夫接回去,痛打一顿,最后他们居然还可以相安无事在一起生活。进一步说,被戴了"绿帽子"的丈夫为什么这样选择? 第一,为了孩子;第二,为了有一个健全的家;第三,为了不被别人说自己没老婆,没面子;第四,其他。这种事情调查起来,着实困难,也很难得到更为精确的答案,但大体上逃不出这些原因。

再举一个例子。同村之间,女方明知道自己丈夫出轨,背着自己和村里的一个女人偷情,但就是不说。不料,自己身上还被染得一身病。这种女人的心理如何理解?为何要受这么大的委屈?但话再说回来,这些农村的破事,没有一个不是违背"理"的,而法,自然是制约不了他们,认为这是他们的私生活,没有造成人员伤亡等。

还举一个例子,某村村民和自己的亲戚出轨,这里面复杂和变态地让人难以想象,但婚姻中的女方就是一直忍着,当没事一样。我们调查时,都难以置信,世界上还有这样的事情?但在农村却理所当然的发生着。女方为何不选择离开?是不是有受虐的倾向?(丈夫对妻子长期进行语言和肢体暴力)

以上是婚姻的波动和乱象,肯定还有比这些更加让人惊愕的。个个都是一本很不错的小说。

然而,在本文中我们关注的是上述案例中后面两种女人的心理,到底是什么原因在支撑着她选择继续生活下去?换句话说,她的内心又是怎么调和的?(其实,出轨的女性,而后再回到自己的地方继续生活,这种调和也值得关注)

第一,家丑不可外扬。我们观察农村的这种婚姻内的越轨乱象,着实有些匪夷所思,明明全村人差不多都知道了,但还是抱着"家丑不可外扬"的传统文化与心理去自欺欺人地与他者交往和日常生活。所以,出轨者的妻子与丈夫的情人可以相安无事地在一起生活,邻里之间,居然可以做到这种程度?

第二,心已死,只求丈夫赚钱养家,等孩子大了一切就解脱了。对于很多农村婚姻不幸的女人来说,都有这样的想法,因为要把希望寄托在孩子身上。可现实却相反,他们的孩子在畸形的环境下是很难成气候的。所以,本以为孩子长大后就可以解脱,不料,还是在原来的轨迹上继续生活,继续忍受折磨,一直到死(有一对老夫妻,因男方年轻时对不起女方,到处玩弄女人,而到其死的时候,女方也没有过去看男方一眼。两个老人分别跟着两个儿子在生活,心里不知道积累了多少恩怨与愤怒?)。当然,也有特殊的,他们因此而跟着自己的子女远走他乡,把老去的丈夫丢在家中,可谓悲惨,却怎么不是因果报应,自作自受?

第三,顾全大局。对于女性来说,本来就不公平,凭什么做错事的又不是她们,但代价却要让她们承担?为何越轨者当初不顾全大局?而因为这样的观念,导致她们往往忍气吞声,像没事一样地承受着痛苦。这公平吗?

第四,已经麻木与习惯。按照有第一次就有第二次逻辑,往往出轨者肯定不会就此收手。为此,他们抱着庆幸的心理去继续越轨,而婚姻中的女方怎么办?打?打不赢,责骂?家里又会被闹得鸡飞狗跳。所以,他们已经在长期被压抑的精神中丧失知觉。觉得,只要不出大乱子,就这样过下去吧。在农村,类似这样的,从中年到老年,都有真实的案例。有的老者,甚至还因此死在了女人的床上。(偷情时太激动,心脏病复发)

第五,其他原因。有时候,人的内心是很难去琢磨,很难去研究,他们在这样的问题面前可能不愿意真实地说出她们内心的答案。所以,这个其他原因或许也是最主要的原因。复杂性与隐蔽性,注定了我们的调查与观察往往很难去触摸到最本质的、缠绕在一起的因素。它是一个谜,逃不出人性的谜。

鉴于以上这些观念,婚姻中被伤害的一方,则选择了观念上的调和,也就是说,用某些观念来说服自己。这,是一种比苦难哲学更加残忍的某种生存策略,难道作恶的一方没有意识到吗?

所以,现实对女性,格外的残忍。一方面,世俗东西对她们本来就不公平,例如男人可以如何如何,女人就不能,凭什么?另外一方面,婚姻中,越轨者的代价太小,甚至乱伦的事情也有发生,这让女方如何承受更大程度的精神折磨？难道是女性，就该这样被折磨？

对女性来说，她们总是试图去以"理"对冲越轨，安抚自己的婚姻和心情，保全自己的不幸中的幸运。她们总是在退让、让步、妥协，她们总是在牺牲，她们总是在被伤害。她们也总是回答我们说："我又有什么办法呢？"这句没办法似乎是一种宿命的写照与挣扎，却投射出了一种万般的无奈与悲伤，是滴血式的沉默与就范，是对命运的双手投降？

现实社会并不是按照婚姻的契约精神与人性法则去运行，而是在万般复杂的状态下，选择对一些不幸个体的命运进行折磨，似乎非要过了这些"九九八十一难"才能圆满。可，为何那些伤害的制造者不去超度自己？还义正言辞。

所以，乡村社会的婚姻逻辑，就部分来说，是让人费解的，是每个不同的故事组合而成的一部"红楼梦"，人性的复杂看似很深奥，却无不是一些小伎俩作怪，导致了悲剧发生。例如，有的女人，选择以死来结束痛苦，而制造悲伤的人——越轨者还活得理所应当。一份值得被嘲笑的人性。

最后，我们如果用"理"来理解这部分乡村群体，我们也可以发现，乡约和习俗已成为被遗忘的对象，有些人的人性之恶暴露得很是体面和正当。且，农民们明知道这件事，但都是各过各的。见面了，也相安无事。

这种相安无事也是一个生存的策略。它不是理，也不是情，更不是法，是什么？我们将其称为"术"。这恰好可以囊括那些自我调和的观念，恰好可以概括处于婚姻风暴中的那种基于人本能的自洽。

2017 年 12 月 29 日

农村不该被污名化

——驳《残酷底层物语：一个视频软件的中国农村》①一文

是日，一位香港的朋友给我转发了这篇文章，他谈到的问题是，从快手这个APP的视频里看中国的农村。其实，之前是有看到这篇文章的，却没有细看。当很多人都在谈论和分享这篇文章的时候，我忍不住了，加上这个朋友这么一推，我仔细地看了看。发现问题还不少。

首先，对农村的误判。在城市里生活的人转发这篇文章的主要原因，我估计是对农村的这种自虐、玩得比较大等感到震惊和同情吧。但事实上，我们不能把这篇文章当成是真相，而应该将其看成是亚文化。所谓亚文化并不等于事实，它只是在农村的一种边缘文化，是那些调皮一点的孩子吸引眼球的文化。他们与农村主流文化是不同的，他们更加地大胆、无畏，并且还语不惊人死不休式地做一些事情，突破了很多人的想象。按理说，这是城市应具备的，却在网络化的今天，不排除他们通过网络、社会等模仿，学习到这些东西，并且再

① 见 http://club.kdnet.net/dispbbs.asp? boardid = 1&id = 11688090，上网时间：2016 - 9 - 12。

上传到网络中来吸引眼球。当我们从网络中看到这些调皮的孩子所做的东西之后，就会觉得不可思议。但这并不意味着所有的农村孩子都是这样的。比如我们调查的湖北省、甘肃省、安徽省、上海市等地，都未见到农村（或城中村）的孩子有如此自虐的。所以，其不具有代表性。

其次，网络的传播在污名化农村。这篇文章出来以后，很多人都提到了这一点，觉得是在污名化农村的社会，觉得现在的农村孩子都怎么成了那样？我也同意污名化的说法。从传播学的原理出发来看，就是不可思议的图片的冲击力加上网络上不加判断的思考方式，导致人们认为和想象农村是那样。可是看问题可以想象吗？还有，我们是否注意到，上传这些视频的孩子，也是通过网络，而对于那些没有这技术、不常去网吧的年轻人，他们是否也被注意了？显然不是。所以，我们从一个点来看到了一个面，进而把农村想成是溃烂的不可一世了。这是对农村孩子的污蔑。

再次，严谨性不足。对一个问题的判断，我们是否冷静地思考一下，他们所发布出来的信息是否严谨地考察过？难道从几个视频就可以下结论？如果可以这样，我们从秒拍、小咖秀里看到那么多年轻的女性露胸，是不是就可以说现在的女孩子已经要不成了呢？他们的动机是一样的，都是为了获取眼球、好玩、唯利是图等等。所以判断需要真正的实地调查和经验抽取，而不是靠几个视频就下结论。并且，学人应该注意这个问题，媒体更应该注意，要有底线和考证，而不是"见风就是雨"。

同时，我们还应思考的是，是什么造成了现在农村年轻人的这些让人错愕的举动，这些不可思议的文化和行为？从表面上看，似乎是留守、社会开放等原因，但是我们是否想到，是农村的发展得不到关切所致？具体而言：（1）资源的匮乏；（2）思维的固守；（3）制度安排的偏斜和政策引导的不足。这些问题，加上城市化的浪潮，导致农村现在问题越发严重。一方面,农村的发展如果取得进步,那么底层的孩子们的文明度是否更高? 如果留守可以得到解决,背后的户口问题和生活成本问题能够解决,那么他们是不是就不会在农村感染社会上的那些恶习,毕竟有自己的父母监督。同时,农村的政策照顾是否得到了实实在在的关切? 显然不足,这就会导致农村在城市化中进一步溃败,那么留在农村的孩子就会非文明化得更深,特别是在网络这个时代,他们想噱头地博取眼球、好玩、无知等。采取逆文明的态度,虽然可以获得粉丝、关注,但它反映的是如今农村孩子们的生活现状,有种被抛弃的感觉。进一步说,这篇文章起到的唯一价值就是引起我们农村这部分孩子的生活状况有了关注和担忧。

最后,笔者想说的是,关注农村没有错,但污名化农村却不能接受。一方面,我们对一个问题的判断,要有实证精神,要在调查的基础上去进行,而不是靠几个视频来判断;另外一方面,我们看到的只是文化上的问题,是属于亚文化,却不是全部。

（原载中国乡村发现网,2016 年 6 月 15 日）

巨变城乡中的"卖砖女"现象及其背后省思

——基于 S 市 L 镇的考察

一、"城乡社会"的巨变:翻转与再翻转

目前,我们在一些著作或者会议中经常会听到一个词"巨变"。巨变的意思是一种社会意义上的"革命",或者是一种复杂而又宏大的转折。的的确确,中国社会从传统农业社会走向了工业社会,我们的乡村在不断的发生抽离行为,包括对劳动力等在内,故而才有空巢之说。同样,这样的巨变,让人最大的一个感官上的体验就是建筑作为符号,其拔地而起,象征经济发展,也象征社会水平。

其实在 2014 年,李培林就出版了一本《中国社会的巨变和治理》,而在之前他对"巨变"一词也有相应的运用,比如 2012 年的论文《巨变:村落的终结》。他主要是对乡村社会的变化做出了如此描述,却"一发不可收拾",随后被我们广泛地接受、认同和运用。其实,"巨变"意味的是"大转型",它恰好是我们在这个时代最为关键的一个词,反之,我们很多对当代社会的理解就会出问题。

进而,这个词与全球化、城市化、工业化和现代化不可分割理解。

1978年以来,城乡之间发生了巨大的变化,李培林将其概括为"一是从单一公有制的计划经济体制,转变为以公有制为主体、多种经济成分并存的社会主义市场经济体制;二是从农民占人口绝大多数的农业社会,逐步转向工业化和现代化的社会。伴随着这两个巨大转变,原来由工人阶级、农民阶级和知识分子构成的相对简单的社会阶级阶层结构,现在越来越多样化、复杂化了,适应于中国特色社会主义制度和现代化要求的社会阶级阶层结构正在形成。"(原载《北京日报》)

("城市包围农村",作者摄于广东 S 市,2018 - 4 - 17)

也正是农民转移和城镇化对农村社会的劳动力抽取导致城镇、城市发展得到人力资源的补充,密集型手工业才有可能(比如东莞的轻纺)。同时,对于城市里生活的农村人而言,生活模式也发生了相当大的变化。一方面,从过去的农业社会的耕种转变为商贩、务工者的角色;另外一方面,外出打工成为农民提高年收入的一个方法,甚至曾经成为一种时髦的社会流动。尤其是基于社会网络的维度，"你带我，我带他"，这也就是为何冯军旗博士会好奇湖南怀化人都在开打印店的原因所在。

然而，近些年又呈现出返乡和逆城镇化的流动，主要是因为外出打工"赚不到钱了"，且原先留存的土地（使用权）刚好也有兜底的功能，还有就是他们或许更希望得到更好生活质量，为此形成了一股逆流。

同时，他们在务工期间看到和感受到了城市生活，所以现在我们在乡村社会调查时会发生，底层社会对中层社会/上层社会的模仿在不断加强，比如农民家里也有空调、WIFI、宽屏高清电视，地板砖等，甚至小洋楼也会看到一些。农村生活的确在改善。这就导致现在一些城里人比较羡慕，比如 2018 年 4 月 20 日，笔者在中国人民大学参加一个会议时和某著名教授交流，他也谈到了这一点："现在要是能去老家那边弄块地，养老就好了。城市里空气污染，喧嚣，不适合生活。"

总之，他们的这次生活模式的"巨变"从 1978 年以来经历了 2 次"翻转"，即：第一次是"外出务工"；第二次是"回家复制城市生活"，并且他们很可能不再重操旧业（务农），而是进行创业等。

当然，我们也并不说所有人都在逆流，也有一些人留守城市/落脚城市，或者继续着过去的城市生活模式。究其原因，主要是有利可图，或者回老家也未必会有更好的发展空间和资本，为此基于保守主义或其它原因而选择维持原貌。比如说，东莞和佛山的一些地方就是如此，还是有一些农村的打工者在从事体力型的劳动。

二、"流动"的卖砖女：一个现状的初步描述

我们调查的卖砖女群体也经历了"巨变"和"翻转"，尤其是谋

生方式的改变(他们的身份没有改变)。他们甚至成为一种有定点的无定点销售者。他们的丈夫和他们一起,但留下来做生意的却是她们。

此外,流动的商贩其实并不是真正的流动,不如乡村社会中的收垃圾等那种模式,而是把车停止路边,既不违反交通规则,成本又小,而且还可以做卖砖的生意。

在 S 市 L 镇,该地与广州市相距并不算远,距离大概 40 公里左右,而且,高速路和铁路都比较发达。L 镇原先并没有这么多小工厂,后来因为一系列的政策推动,导致该镇现在比以往的人多了起来,主要是工业汇聚在此(S 市为了经济发展,将一些工业集中安置在 L 镇),这样的情况在东莞、惠州也有。

既然有工业了,那么就需要劳动力,有了人则就会带来内需。房产作为一个经济发展的动力就在该地不断的拔起,截止 2018 年 4 月中旬,该地的一些楼盘已经飙升到上万元(L 镇所属的 S 区中心地段的楼盘在 2017 年底是 9000 左右/平,然而到 2018 年 5 月又涨了2000 元/平),但还是有人买得起(当地有钱人和外地人用于投资,甚至形成了一种结构性的购买模式,比如在 G 市买不起的去 S 市买,而当地买不起的去 Z 市买,将人一层层的朝外排挤)。

同时,当地的一些原住居民也在不断的修房子,一方面是出租(给外来务工人员),另外一方面希望在今后拆迁的时候得到更多的补偿,也就是种房。而建房就需要砖块,这就催生了卖砖的现象。值得注意的是,这些砖还是红砖,危害颇大。有研究谈到:"随着国家的发展,国家开始整顿红砖领域,最主要的原因就是应为实心红砖的制作材料,烧制实心红砖的过程是相当麻烦的,需要大量的黏土,会破坏农村耕地资源,消耗大量的不可再生资源煤炭,而且还会对环境造成一定的破坏。"(2018‐1‐15)

("流动的"卖砖群体,作者摄于 2018-4-17,地点:S 市 L 镇)

　　然而,在车上的这些砖块,用在大型的房地产开发(如商品房)是不可能的,但对于当地的一些民宅修建却有用。主要是因为它的价格低。也正是如此,才有了卖砖这个群体的存在。

　　进而,为何是女性在卖砖呢?这和一般的乡村中的小商铺经营模式也有类似的关系,比如,一个小商铺,多半守在店子里的是女性,而男性负责进货,运输等,男女分工明确。对于卖砖女来说,也是如此,他们守在车旁,没有主动搭讪,坐等市场需要。如果有生意,则会和对方谈价格,如果购买的数量比较少,大概是 5 毛钱一块,如果购买多,大概是 3.6 元一块。但最终价格还是需要和一家之主——男性商量。也就是说,多半是男性来决定。

　　更为具体地说,男性在这里面起着是一个决定者的角色,女性是辅助性的角色,而前者在交易的前期是隐蔽的,后者是显性的;男性只有在最终交易的时候"出场",女性是尽可能的来把生意谈成。他们之间是合作、分工的关系。

通过观察，我们还发现，女性的卖砖这个行为有一些比较有意思的地方，比如说，他们一般是提着一个茶杯（塑料的），而后坐在几块砖堆起来的凳子上，四处吆喝、张望，看到有潜在的购买者，她们就会问——是否要买砖？这种"守株待兔式"的生意，就这样日复一日的循环着。在觉得无聊的时候，她们会一起聊天（虽然他们是竞争关系），或者是打麻将，如果有人要买砖，是一种必要性的需求，则会去"打搅"她们打牌，然后就是生意地发生。

而到了傍晚的时候，更有趣的一个现象是，停在路边的车和砖则不会挪走，也不用其它的东西覆盖，就那样搁着。我很好奇的是，如果发生偷砖怎么办？一位卖家告诉我们："一般不会。因为砖本身也不值钱，愿意冒这样的道德、法律风险的人并不多。此外就是砖头的重量问题，如偷盗一两块砖比较容易拿走，但是数量多了，则就会成问题。这就好比偷涵管一样，需要一定的力气和成本。而没有什么用东西覆盖在砖头上面的原因是，砖并不害怕风吹日晒。"

于卖砖的人来说，他们主要靠这些作为日常收入，一般来说，如果有需要，大概一车砖很快就可以卖完，而按照 3.6 元的价格来计算，他们要么就没有收入，要么就一口气吃撑，这样的经营模式就像是赌博一样，赌到了就发财了，反之，则血本无归。问题是，我们通过多次的参与式观察发现，他们一直存在，这也就说明了，的确是有生意可做，且我们还参与式观察了周边的情况，几乎都在"建房子"，所以这种建房给了卖砖的可能性。

三、"后下手遭殃？"："卖砖—建房"背后的时代省思

"卖砖"和"建房"在 L 镇是不谋而合的，二者彼此都需要。之所以有这样的行为存在，用逐利可以解释。一是房子建好后可以出租

给附近的务工者租住,大概价格在几百元/月(民房内的小单间)。以 L 镇某户为例,他们从 2017 年 10 月份开始入住在此地,房租是 700/月,而 Z 市的 T 镇,大概是在 400 元/月,这和房屋的类型、大小、房东定价、地段等都有关系。

(在 L 镇某小工厂打工的女性们,他们在生产面包机的加热片。该厂的负责人告诉我们,他们总共有 100 多员工,基本上都是非本地人。她们租在附近的民房里,作者摄于 2018-4-17)

同时,我们谈到的城镇化和城市化问题。它们的推进导致了建房成为可能。而村民更加期许的是拆迁所带来的补偿,房子越多,越大,拆迁时获得的赔偿也就更多。这种经济理性决定了他们会先下手为强,所以,建房并不是为了自己住,也为了今后的巨大收益。有学者也反思过这个问题,比如:种房这一现象在全国很多城市存在,广州、武汉、南宁等城市近年来都出现了这股种房歪风。更有业内人士建议,应缩短查处拆除违法建筑的法定时限、加大对违法建设惩处力度、金融部门应加大对种房的资金的监控、进一步规范拆迁补偿工作机制,从而提高查处违法建筑的效率、提高违法建设的违法成本。(2014－7－16)这也就是说,相关对策虽然存在,但目前在一些地方,因利益熏心和违规成本太小,所以屡禁不止。而且,特别是在城中村这些地方,现象最为严重。

　　总之,从女性卖砖这个简单的外部现象我们看到了很多与此相关的背后东西,也感受到了在城镇化这种巨大推力下,背后所折射出来的乡村中的经济理性和逐利逻辑。问题是,在缺乏规划和监督的情况下,今后政府部门如果再想法设法拆掉,估计是一个巨大难题,例如钉子户问题,要价太高的问题等等。我们在 L 镇访谈时遇到了一位靠卖菜为生的奶奶,大概 50 多岁,她告诉我们:“每月靠卖菜有1000 多元的收入,儿子们都已经出来工作了,自己靠这些收入维持生计和日常开销”。她还说:“附近有些地方的房子都要拆,但是要价太高(坐地起价),一直没有动”。由此可见,L 镇在今后会不会遇到类似的问题?我想会遇到。鉴于此,我们认为:这种当地居民先下手为强的做法,相关的监管部门应该适当的引导和规范,否则就后下手遭殃——既不讨好,费力,还会花费相当多的治理成本和造成一定的干群冲突等问题(拆迁过程中或许会产生二者针锋相对)。

　　最后,本文需要强调的是,我们并不是说卖砖这个行为不可以,也不是说当地居民建房,租房不可以,它毕竟可以增加老百姓的日常收益。问题是,卖红砖会造成的土地和环境污染问题;随意建房、种房在今后会造成一系列的拆迁和城市发展等问题,这些本身不应该被放任,而在于引导性治理。

　　对中国而言,我们的这场“巨变”,是不可拒绝,也无法阻挡。一方面,每一个个体都在行动和被卷入,包括我们在文章中提到的卖砖女等。我们从低城镇化率到高城镇化率，从传统城镇化到新型城镇化，用着立体式、渐进式的方向在进行推进，成绩已经斐然，甚至为世界贡献"中国经验"。另外一方面，"斯蒂格利茨曾预言，中国的城镇化与美国的高科技发展将是深刻影响 21 世纪人类发展的两大课题。能否答好这道题，考验我们的智慧。"显然，我们需要思考的是，如何"既发展，又治理"，而不是"先发展，后治理"，否则后患无穷。

2018 年 5 月 10 日

嫉妒的农民女

（中国人民大学出版社，2006 年版）

《嫉妒的制陶女》是列维·斯特劳斯的一本人类学好书，但嫉妒的农民女是不是好文章，我就不知道了，我只知道，我希望把性别视角下的女农民的某种心理通过经验性来描述出来，以窥视人性。

下面，我将开始我的讲述。

在某个村庄，有一个女农民，生世并不好，从小就失去了母亲，其大约 19 岁左右嫁给了另外一个男农民。而男方这边，条件也不好。这就是农村人常说的门当户对。

二者结合以后，生儿育女，一朝一夕。其女儿可以说没什么太大的本事，上学各种逃学，最终留在了农村，而其儿子，靠自己的努力及其家人用钱买，打通关系，最终留在了城市。

和所有的农民一样，这个家庭没有什么波澜，一切顺理成章。在农民女心理，这就是所谓的正常生活吧，没有太多诉求，也没有太多思考,反正养儿育女,结婚生子,完成任务,一切心满意足。

农民如果长期生活在自己的熟人圈子或者封闭的圈子里,他们是没有什么太多想法的,怕就怕一些外部刺激。例如,以前和她一样穷的人,突然"翻身",而后脱离农村,而她还在摸泥巴,喂猪……甚至享受不到干净的城市生活与公共服务。她心理就有些不平衡。(当然,对于有些女农民来说,对这些并不太在意,因为她城市的没有概念。她或许也会觉得,我生活的也挺好,比你们城里人、有地位的人都好,我不愁吃不愁穿,儿女满堂,健健康康,就足够。这种朴实主义的生活太多,估计是很多农民女的心理写照。)

嫉妒的农民女会怎么做呢?

首先,各种风凉话。农民的话语体系中,要么冷嘲热讽,要么直接开口骂人。暗中使坏,比比皆是。

其次,暴力相向。因为嫉妒,所以会各种为难,心机重重,在此基础上,有的农民女之间会暴力,扯头发,骂街(语言暴力)等。她们不会顾及什么,觉得怎么爽怎么来,甚至撒泼都可以。

再次,伺机报复。比如,农民女会把自己没有承包下来的田地里的禾苗故意弄死,用农药,或者是用镰刀等,趁人不备,多半在夜晚进行。毒死人家鱼塘里的鱼,偷人家的菜、鸡鸭等。他们并不是缺菜吃,而是报复。

第四,背后使坏。农民女,也不是都是暴力,有的也会采取轻柔的政策,比如说假惺惺套近乎,她们嫉妒,但是她们也学会如何利用你的弱点。看你好欺负,就背后使坏。

第五,不理睬,架空你。所谓前后有别就是,之前和你还如何如何,但后来就各种回避,不理睬,架空你。比如,联合其它亲戚朋友或者村民,一边说你坏话,一边架空你。她们的目的就是怎么样踩你在她脚下,她们就怎么做。让你不得翻身。

第六，吃里扒外。有的农民，本来是一家人，但因嫉妒，她们就会不再和你是亲戚。且，很多矛盾都发生在家族内部，甚至六亲不认。反而，村民与村民之间，没有血缘却相处的比亲戚还亲。

总之，但凡有什么办法，她们都会采取。总的来说，有三点，即：第一，直接冲突；第二，冷暴力；第三，想法设法的架空你，在背后使坏，不发生正面冲突。

我记得，西方哲学家们曾有一句话，所谓"嫉妒让人产生邪恶"，这句话到底是有些意义的。而西方哲学对于人性的解析，也有道理。

如果不是嫉妒，我想很多事情就会好很多，正是因为嫉妒，所以人和人的相处，会多一些假惺惺。这是社会互动的一种技巧和原则，是人的社会化过程中必须学习的。但，嫉妒的产生又非常容易，千变万化，有时候人们把握不准，会引发一系列的事情。

嫉妒的农民女，又是在一个本身就比较狭小的空间，而且非常容易被其他人超越（体系中的最底层），所以更加容易产生嫉妒。

所以，把这种嫉妒放在大环境中去理解，一方面，这本不是农民女的错误，是外在的某些东西限制了她们，加上，其本身是在一种嫉妒心理比较多的环境下存在，所以就成为了如今的嫉妒女。另外一方面，社会阶层的流动，对农民女来说其主要是靠子女，而不是她们自己，因为她们的可能性已经在出生时就注定了。很多是无法改变自己身份的，何况还是出生在 20 世纪的农村女人。但，可怕的是，一些人却没有把心思用在正道，没有想法设法地去培养子女，而是嫉妒和陷害他者。

在坑人的同时，她们也学会了用自欺、虚荣等缓解嫉妒，所以，有些时候说起话来，夸张不已，生怕别人比她过得好。其实，这样的谎言只有有些农民相信，而真正步入到城市社会的人，谁都清楚。

一切，都是人性的问题，只不过，在农民和女性这两个范式下，会有更多的话题和更为深入的东西值得我们去思考。且，很多时候，矛盾也都是因为她们而起。至少我经历过的都是这般。

　　或许原因的源头是嫉妒吧，也或者是其它。

2018 年 2 月 17 日

修订于 2018 年 2 月 21 日

农民之所以是农民

农民在中国是一个比较特殊的群体,也是一个经常处于弱势,被动和无奈的群体,他们时而被赞美,如勤奋;时而被贬低,如愚昧。但每个人心中对农民的评议可以是不同的,主要是根据我们的经验、认知与想象。

我接触的农民比较多,因为我就是林贤治所说的"农民的儿子",在广袤的土地上,我见识了西北的农民,华中的农民,华北的农民,还有华南的农民,这些地方的农民,性格、脾性等都是有差异的。例如,西北的农民比较憨厚、朴素,有着热情与诚实的味道在其中;华中地区的农民,比较中规中矩,时而也有外出务农,不那么保守。对待客人,不那么热情,却也有自己的小算盘。我是见过太多这地区的农民,自认为最了解的还是华中地区的。

但就全国的农民来说,农民之所以是农民,也有共同的特点,在我看来,主要是以下几个方面:第一,保守主义;第二,务实主义;第三,比较老实,弱势;第四,生活艰辛。

前面两个是农民的性情特点,后面是农民的社会地位、社会阶层的属性,还有生活的状态。

首先是保守主义。农民比较保守,主要来自于以下几个方面的影响,例如认知的短浅、视野的不开阔、收入的低微等,这些原因促成了他们平常不敢做,也怕事,所以一日三餐,按部就班,"过一天算两个半天",为此就这样"完成任务"(帮儿女完成婚姻大事),终此一生,这类的农民太多,估计在全国农民中占据很大一部分比例,至于百分比是多少,我没做过调查,所以不敢说。

其次是务实主义。务实的农民,比较在意眼前的利益,觉得我看得见的才算数。同样,放在当下,也是如此。基层民主实践当中,农民把选票换成票子、袜子等物品的也有,他们觉得抽象的权力还不如钱来的实在,看得见,摸得着,所以这个特性困扰了基层的民主,同时也困扰了乡村社会的一些发展,如公益事业的建设等。

再次是农民比较老实,而且弱势。我们时常从微博社区中看到农民被欺负,房子被强拆的信息,这类农民还算是比较敢说话的。(很多都是忍气吞声)我们曾经调查了一个地方的农民,我说"你是想实名,还是用假名",他们的回答说"用真名"。我当时愣住了,为何这么勇敢? 但对于其他的农民而言,我们见过太多指望搭便车的,这是一种"不聪明的聪明"。可农民又能怎么办? 他们毕竟处在最底层,最弱势的一方。

第四是生活艰辛。我最近在读姜宗福的《官路》这本书,很高兴和作者联系上,其出生在湖北石首,他在书中也谈到了小时候家里拿不出钱,而被学校直接排除在教育之门的外面的场景。着实令人心痛,这给他造成的伤疤,并非是时间就能抹平的。同时,我们在诸多三农专家的一些文章或论文中看到,"叫天天不应,叫地地不灵"的场景,且收入低微,社会地位低下,利益表达又不通畅,医疗环境等公共服务又很差(山区的更是),这该怎么办? 生活在农村的农民,往往选择忍受,就像我当时经过甘肃的某个村庄时看到的一个场景一样,至今难以忘却——铁路边上有一户人家,他承受着噪音的干扰和出行的不便,却能一如既往地在那儿生活,真是叹服,为何他不搬家? 同样,在"愚公移山"当中,为何愚公不直接搬走算了,还要"无穷尽也"

地挖,子子孙孙都要挖,这有些不可思议。一方面,他们有毅力,另外一方面,可能有生活习惯了有关系,不愿意挪动。

总之,农民还有很多地方值得我们思考,不仅仅在这四个方面,可我们对农民关心的却越来越少。

为此,我们的政策对于农民来说,一方面要考虑实际,从上述的特点与状态,实事求是地从制度上"服务农民""实现惠农",另外一方面,也要从文化上改变他们的观念。有时候,观念的阻力太大。认清了这些,认清了农民的某些本质,我们再来"服务三农"也不迟。

2017 年 7 月 17 日

第三章　乡村发展

　　当前,确保农业农村不出大的闪失,十分关键和重要。我们要从讲政治的高度去理解和把握农业农村工作在全局中的地位,任何时候不能忽视农业、忘记农民、淡漠农村。抓"三农"的劲只能鼓不能松,坚决防止忽视和放松"三农"工作的倾向,坚决防止农业农村发展持续向好的形势出现逆转。

　　稳住农业农村发展好形势,要有战略定力。……要坚持把解决好"三农"问题作为全党工作重中之重,加大推进新形势下农村改革力度,加强城乡统筹,全面落实强农惠农富农政策,促进农业基础稳固、农村和谐稳定、农民安居乐业。

　　——《人民日报》,2016 年 5 月 24 日

农民为什么"死守"着农村不放

从 2014 年下半年到 2016 年上半年,我们对 H 省的某村进行了连续性的跟踪调查,发现该村的一个小组的农民,呈现出一种非常有意思的城镇化现象。我们暂且将其称为伪城镇化。

据调查,该组村民具备流入城市或城镇的能力大约有以下几种人群。第一,子女上学不多,学历不高,在本村所在的市区或者流动到全国其他城市打工的。(即便是流动到外地工作,日后也会回到家乡发展)这是我们看到的第一种城市化类型。第二种,因为结婚,女方要求在市区买套房,于是乎,举全家之力(甚至是贷款),在市区买房给儿子结婚,但生活上的那些柴米油盐等几乎都从农村"背"到城市里去。第三,跟随自己的子女外出生活。通常,这类都是因为子女因求学、读书等实现了大幅度的垂直型社会流动。作为农民,脱离他们生活了几十年的那个省,到外省和子女们一起生活。问题是,这种城市化的模式中,父母中的一方(父亲或者母亲),往往选择留守在农村。该村的情况,多半是作为婆婆的母亲去城市"带孩子",等日后孩子可以独立上学了,自主性更强了,再返回农村养老。从这三种伪城市化或伪城镇化的角度来看,其实真正在城市生活的农民并不多,而是作为农民的子女——"农二代"实现了城市化或城镇化。他们从农村和城市汲取双份的养料(家里给 + 自己赚),最终在城市挣扎地生存着。

按照常理，在城市可以生活，没有那么高强度的劳动，没有风吹日晒，有子女的劳动养着，甚至打打麻将、跳跳广场舞等，老年生活可以过得无比快乐。但农民为何选择回到农村？或者说，把子女"弄"到城市，自己却选择留在农村？我们为此陷入了深深的迷思，因为按照人趋利避害的天性，他们不应该这样选择，可是事实就是这样。

带着疑问，我们对该组这些具备流动到城市里生活的农村人进了分类调查。他们的回答，大致上可以分为以下几种类型：第一，因为土地；第二，因为怕和年轻人在一起生活不方便，毕竟生活方式不同；第三，与媳妇不和；第四，给子女结了婚，算是完成了任务，接下来想图个安逸；第五，农村有熟人，但是城市里没有；第六，怕自己没有一技之长，给子女增加生活负担。从这六种情况来看，他们更多地是站在他人的角度去考虑问题，呈现出中国农民的无私性，但这种无私却又同时伴随着另外一种农民的弱点——保守——而存在。他们怕这、怕那，总之，还没有去做，就已经缩手缩脚，想当然的"怕"，这也就增加了他们不流入到城市里生活的可能性。据调查，如此之做法，给他们的子女增加了不少的困扰。如果我们看第三种的"伪城镇化"便知：子女会担心作为老者的父母（一方）在家中怎么生活的问题，谁来照顾的问题。且又不是子女没有能力在城市里供养他们。这种情况，还造成了这类家庭的两个老人情感不和，因为长期分居两地。甚者制造出了留守男子的乡村婚外情，最后多半是女性忍气吞声，毕竟选择离婚对女方和子女来说，伤害名声。其实，对于乡村的留守妇女而言，也有这类的问题。因为男性长期打工在外，女性出轨，最后男性知道了，回来把女性暴打一顿，找女性的情夫赔钱了事，多则上万，少则上千。

话再说回来，在我们看来，农民之所以不愿意离开农村，根本还是在于两点（上文中已经有提及），一个是土地，一个是生活方式。土地,在贺雪峰等人看来,有社会保障的功能,也就是说,可以保障农民饿不死,也冻不着。因为土地可以生产出粮食或者蔬菜,可以卖钱,可以换取生活用品等。然而,土地在现在的农村,流转的形式更多是租赁,而不是买卖。农民毕竟没有像历史上的那种对土地的所有权,故而租赁出去的收入很低很低,且多半都是给亲戚,这样便于到时候拿回来。关键是,如果土地是保障,可以有饭吃,难道城镇里就没有了吗?在城市里当保安或许都比种地收入高。所以,把土地设置为有保障功能的说法,在笔者看来是半个假命题。有学者曾经指出过,农民之所以穷就是资源和机会不平等。他们看不到和得不到城市里的机会,而选择最保险的方式,在农村"窝"着,故而想赚更多的钱,也就只能种更多的地。关键是有的地方,根本没有那么多地,怎么办?

种地虽然可以解决温饱问题,但还有一种农民所希望得到的东西,那就是图个安逸。我们发现,农村人最喜欢的就是自在。他们告诉我们:"在城里打工会受气,他们不乐意。"自从家庭联产承包责任制从 1982 年开始以后,土地怎么种,是自己说了算。种得好与不好,是自己的事情。虽然,村庄内有人会闲话,在背后指指点点,但根本性的问题改变不了,庄稼种得不好,虽然收入低一点,那是我自己的事情,与他人何干?为此,农村的这种自在性就把农民养成了不能受气的品质。在城市,看脸色吃饭,的确是存在的,故而就不愿意到城里谋生,而且在他们看来,城里生活更辛苦——要起早贪黑,日以继夜,且什么都要拿钱去换取。还有,或许两代人的生活观念不同,生活方式也不同,容易产生家庭矛盾,这就让农民不太愿意到城市里随着子女生活,话说到底,还是图个自在。

所以,在笔者看来,农民为何死守着农村不放的原因,主要还是这两点。这对于城镇化率和城市化率而言,的确是个问题。据国家统计局消息:"到 2015 年年末,全国大陆总人口 137462 万人,比上年末增加 680 万人,其中城镇常住人口 77116 万人,占总人口比重(常住人口城镇化率)为 56.10％,比上年末提高 1.33 个百分点。"①然而,56.1％的城镇化率的背后,却呈现出"死守"的一种农民生活心态,它似乎更像是中国农村接下来发展(城市化)的巨大瓶颈,而且这并非是简单地做思想工作和群众动员就能解决的。

2016 年 8 月 16 日

(原载《中国乡村发现》2016 年第 6 期,此次发表时亦有删减)

---

① 见《国家统计局:2015 年中国城镇化率达到 56.10％》一文,原载中国经济网,http://www.ce.cn/xwzx/gnsz/gdxw/201602/29/t20160229_9163351.shtml,2016-2-29。

"逆城镇化"的现状、问题与对策

当前中国出现了逆城镇化的现象,比如说,"有调查发现,返乡农民工中,有意继续外出务工的 19 人,占 40.5％；希望在附近找工作的 5 人,占 10.6％；希望在家务农的 13 人,占 27.7％；希望自主创业的 10 人,占 21.3％。"[1]《法治日报》在 2014 年 8 月 20 日刊发了一篇《转变逆向城镇化要均衡城市发展》文章,其中谈道:"中国社科院的一项调查显示,'80 前'农民工不愿意转变为非农户口的达到 80％；而'80 后'不愿意转变为非农户口的达到 75％,而如果要交回承包地才能转户口,不愿意转变为非农户口的达到 90％。"这说明,对于这一批农民工而言,他们对土地的坚守往往胜过他们对于自我身份的改变,以及享受城市居民的待遇等。在 2016 年 4 月 18 日,《半月谈》杂志发表了一篇《返乡找地:农村上演一轮抢地大战》的文章,该文谈道:"去年底以来,受整体经济形势等因素影响,一些外出打工的农民有返乡势头,其中不少农民选择重操旧业——种地。但很多农民回乡后发现,自家田地或偏少不足以养活一家老小,或前些年就已被租出去,面临无地可种的尴尬。一轮'抢地'大战由此上演。"

笔者认为,对于农民工而言,他们之所以如此,主要有两个原因:

---

[1] 见 http://www.yuwenmi.com/fanwen/baogao/156591.html,上网时间:2016-9-13。

《焦作日报》在 2016 年 4 月 21 日报道了一则农民《返乡"找地"》消息,其中谈道:"去年年底以来,受整体经济形势等因素影响,一些外出打工的农民有返乡势头,其中不少农民选择重操旧业——种地。但很多农民回乡后发现,自家田地或偏少不足以养活一家老小,或前些年就已被租出去面临无地可种的尴尬。一轮'抢地'大战由此上演。"①

一个是户籍问题没有得到解决,所以农民不信任,即便是采取学界所提出的分类治理的方式,即对不同的人对城市的不同贡献进行分类,给予不同的"市民待遇",农民工也没有享受到,故而他们更加愿意相

① 见 http://epaper.jzrb.com/html/2016-04/21/content_401210.htm,上网时间:2016 - 9 - 13。

信靠自我的双手从土地中得来的保障。这样的保障包括"饿不死"、"自在"和"看天吃饭"背后的"稳定的收入"(波动不大的收入)等。第二个是土地问题。当前对于土地的争论,主要集中在私有化的问题上。2016 年 4 月,《红旗文稿》刊文表示:要继续优化"集体所有制",这也就意味着,当前中国的土地改革(土地流转)需要在 1982 年的《宪法》对土地归属的裁定基础上,继续与农民发生关系。① 国家对于农民的土地使用权如此之界定,意味着土地还不能流入市场,可是,在《半月谈》所刊发的湖北浠水县的"返乡抢地"的风波当中②,我们可以看到,土地虽然所有制不变,却呈现出交易和拍卖的情形,从侧面反映出农民对于土地处理的弹性。

正是在这两个方面,农民呈现出对农地的坚守。从国家的层面看,的确存在上述的这些问题与矛盾,而从他们个人看,主要在于,农民把农村当做了保险,土地虽然起到了保障的作用,但他们更愿意把土地看做是自己的归宿,自然,他们也就对农村有一种情结。在这样的情形下,农民更多是把农村当做了退守,等老了,干不动了,或者打工时遇到什么样的情况(比如 2008 年的全球经济危机),可以有一个"退"的空间。这恰好是农民"保守主义"在使然。

然而,从目前取得成绩和对城镇化的定位来看,熊剑锋在《警惕中国逆向城镇化风险》一文中表示,"从 1978 年开始计算,中国的城镇化进程迄今已经 35 年了,经历了人类历史上规模最大的人口迁移潮。到 2013 年,城镇常住人口从 1.7 亿人增加到 7.3 亿人,城镇化率从 17.9%提升到 53.7%,城市数量从 193 个增加到 658 个。"③中共中央政治局常委、国务院总理李克强在 2016 年 2 月也作出批示,

① 载《红旗文稿》,2016 年第 7 期。
② 半月谈网:《返乡"找地":农村上演一轮"抢地"大战》,http://www.banyuetan.org/chcontent/jrt/2016415/191671.shtml,2016-4-18。
③ 载《凤凰周刊》,2014-4-12。3

"城镇化是现代化的必由之路,是我国最大的内需潜力和发展动能所在。"①故此我们就可以发现,现在整个中国面临着城市化理论当中的"推—拉"矛盾,即"农民返乡"与"国家推进"存在一种张力,如何调和?进一步追问,农民该不该被"赶上楼"或者"怎么样上楼"?因为城镇化的战略毕竟是正确的,谁也无法阻挡和否定,但农民对于乡村的坚守和退回,让国家的这一战略如何实施?3亿农民工的部分回流又该如何有效地遏制?这是我们不得不面对的难题。

有问题就要想办法,正如前文所说,把户籍问题与土地问题解决后,可能农民进城的意愿会增加,采取的行动会增多,而那些老农民又该怎么办?那些贫困的农民又该怎么办?这又是问题。诚然,城镇化,绝非是一蹴而就的事情,关键是怎么样去一步步地、渐进式地推进?怎么样顺着农民的意愿去改革?

笔者认为,需要整体性治理。一方面,正如学者所说,"农民工市民化不仅仅是农民工取得城镇户籍,它还要求其在政治权利、劳动就业、社会保障、公共服务等方面享受城镇居民(市民)同等待遇,并在思想观念、社会认同、生活方式等方面逐步融入城市。中国城镇化建设具有自身独特性,在探寻农民工的市民化路径时,必须要以人为本,充分尊重人口转移规律,顺应人口转移特点,真正实现'流得动'并'留得住'。"另外一方面,如要想办法去改变农民的观念,特别是农民工的观念。比如采取电视下乡中的宣传标语等方式,让农民认识到国家的政策和意志,让农民能理解新型城镇化的战略意义。

同时,国家需要切实地履行新型城镇化的内涵和要义,"因为'新'主要在于,'由过去片面注重追求城市规模扩大、空间扩张,改变为以提升城市的文化、公共服务等内涵为中心,真正使城镇成为具有

---

① 转自中华人民共和国交通部官网:http://www.moc.gov.cn/guowuyuanxinxi/201602/t20160224_1992185.html,2016 - 2 - 24。

较高品质的宜居之所。城镇化的核心是农村人口转移到城镇,完成农民到市民的转变,而不仅仅是城镇建设'"①。故而在这样的基础上,首先精准地对农民工进行城镇化,再一步步地采取上述的方式,照顾全面,从而将其他农民群体纳入到城市当中来。否则,逆城镇化的发展,会直接拉低中国城镇化率,直接影响《国家新型城镇化规划(2014—2020 年)》所提出的"以人的城镇化为核心,到 2020 年常住人口城镇化率达 60%左右"②的目标,进而还可能从负面影响中国的经济发展。

2016 年 4 月 24 日

---

① 见 http://www.1010jiajiao.com/gzzz/shiti_id_3858ede0d06680d7fcabb8e098e41f1b,上网时间:2016-9-13。
② 载《中国经济周刊》,2014 年第 14 期。

转变"老农民"的生活观念
以助推新型城镇化

"党的十八大提出'新型城镇化',指出城镇化不是简单的城市人口比例增加和规模扩张,而是强调在产业支撑、人居环境、社会保障、生活方式等方面实现由'乡'到"城"的转变,实现城乡统筹和可持续发展。"(赵晔琴,2014)

就目前而言,研究新型城镇化与农民生活方式主要集中在以下几个方面:第一,以王桂兰(2014)为代表的"农民地位转变"研究,他们主要讨论的是基于西方经验来反思中国农民的弱势地位,而城镇化恰好让他们能够上升在社会分层中的地位,毕竟农民可以"市民化",而市民化恰好又是身份的一种象征。第二,以施国庆、胡倩(2013)为代表的"农民市民化"要求及其演变研究。他们从公共服务、社会保障、生活空间等要点着手,重点在于讨论农民进城以后的"市民待遇问题"。第三,以古小波、唐小凤(2014)为代表的"农民进城意愿"的影响因素研究。他们主要强调的是,要以人为本,以人为核心的城镇化,并且在这个过程当中,应该尊重农民的利益主体,比如保障房、赔偿与安置等,从而探索农民进城的"促进因素"。第四,杨全花等人从生活方式变迁的角度来阐释了新型城镇化的"山东经验"。从这四个方面出发,可以发现,农民生活方式或模式的转型,与农民自身的利益考虑是密不可分的,比如,社会保障、社会地位、城市生活的融合,还有身份的转型等,这些都是影响农民的进城因素。

然而,当人们太过于注意农民工和新一代农民工的城镇化时,我们又是否注意到一个特殊的群体——老农民?他们为何不愿意进城?他们进城的意义是什么?

首先,老农民,从年龄来看,主要是指出生于上个世纪60年代—70年代的一群人。他们的子女,多出生在上个世纪80年代或90年代初。伴随着社会的垂直流动,导致子女与作为农民的父母脱节,一个在城,一个在村,而作为农民与城市的市民又脱节,一个是农业户口,一个是城镇户口。

其次,老农民已经形成的农村生活的路径依赖,故而不愿意离开土地,尤其表现在观念上。第一,老农民觉得生活在农村比较自在,而在城市里"吐痰"、"上厕所"等都要讲究。第二,老农民觉得城市是陌生人社会(Stranger society),平常说话、交流等都不方便,尤其是陌生人社会中的语言陌生,导致他们精神会紧张。第三,老农民觉得城市里生活,尤其是和子女们生活在一起可能会因为一些事情而受气。对于农民而言,他们一方面不希望给子女增加负担,另外一方面,如婆媳关系、公媳关系等如处理不好,不但会给子女增加困难,他们也会憋得难受。然而,在农村里,只要自己可以劳动和种地,吃、住、用都比在城市里靠子女给要"大方"一些。

为此,"老农民"就不太愿意进城,而子女又不忍心把父母放在农村继续用苦力干活,继续没有子女陪伴,二者就此形成了一种张力,最后的解决办法是,有的农民到城市生活一段时间,再回到农村去。例如山西阳泉的农民就是这样。或者,随着子女到城市里生活和落户,等子女的子女成长到可以上学以后,再回到农村,在湖北荆门的一些农村地区就是如此。总而言之,他们就是不愿意离开农村,这无疑会影响到新型城镇化率,而城镇化率是检验一个国家发展水平的指标,同时也标志着我国开始由乡村中国向城市中国转变。

所以,解决老农民的观念问题显得尤为迫切。具体措施上,我们认为可以从以下几个方面进行:第一,加强宣传力度,尤其是提高老农民的认识,让他们知道他们进城对于城镇化的意义和国家发展的价值;第二,进行逐个说服和突破,树立出榜样和典型,从而让老农民看得见摸得着新型城镇化带来的好处;第三,在进行新型城镇化过程中,要注意消除老农民的后顾之忧,尤其是在城市的生存问题,这就需要社会保障给点力,尤其是在吃、住和医疗方面。

通过转变老农民的观念,让他们进城的意义在于:不仅仅可以推动我国的城乡转型,还可以"把城镇化的最大内需动力和改革的最大红利释放结合起来"。具体而言,一方面,老农民进城以后,土地可以集合起来再生产,这对我国的农业现代化与规模化有极大意义;另外一方面,老农民到城市以后的生活模式会变,或是上班、下班,以提供廉价的劳动力弥补市场的需求,或是增加城市的购买力,以拉动内需等。所以,老农民的生活方式的改变,与自身利益与国家利益是一种高度的有机统一,是一种正面的、积极的城镇化。

2016 年 12 月 15 日

城镇化与老农民的"空虚"

"近年来,中国发展迅速,经济规模越来越大,建筑也越来越高,世界在感受着中国发展的奇迹。……城镇化作为中国现代化的主旋律,其推进进程一直受到广泛的关注。"①而在这一过程中,我们面临着诸多问题,如农民返乡抢地、不愿意城镇化等,甚至在前些年,还出现了赶上楼、农民自动回迁的场景,可谓是有点让人匪夷所思。按理说,在城市里生活肯定比在农村生活得更加体面和方便,如城市里可以有更健全的公共服务,也无需高强度的体力劳动,但为何农民还是愿意生活在农村而不愿意进城呢?

通过调查我们发现:城镇化所面临的这些难题,其实与农民的一种心理是分不开的,即:城市里生活比较空虚。正如湖北省 H 市的一个农民跟我们说的那样,至少在农村生活都是熟人,平常可以走动走动,而在城里,一个人都不认识,说话的人都没有。

在我们看来,解决农民在城市里的空虚主要从两个方面入手:第一,在城市里的工作问题,也即是谋生问题;第二,如何打发他们的城市时间,而不至于无聊。

---

① 见 http://news. xinhuanet. com/forum/2016-12/27/c _ 129422488. htm? from = singlemessage&isappinstalled＝0,2016－12－27,上网时间:2016－12－27。

首先,农民不愿意进城的一个主要因素就是担心给子女添负担,或者没法在城里生活。我们曾经调查得出,农民最大的担忧就是在城市里的生活成本,农民在农村可以靠种地就可以解决自己的吃饭问题,而不至于饿死。为此,富含保守主义的农民,就更愿意在农村种着一亩三分地,而不愿意在城里"讨吃的"(而且还受气)。同理,随着子女进城的农民,往往害怕给子女增加负担,而他们又没有太多的时间和机会出去工作,一方面,有可能要帮助子女照看孩子,另外一方面,他们也没有技术来获得在城里的收入,何况子女也不缺他们如果出去工作所获的那点工资,为此,最后父母都是以妥协来收场,不然能怎么办?

其次,在城市里最害怕的是无聊而导致空虚。这里面所说的空虚,主要是说精神空虚,如从早到晚都找不到一个人说话,而电视又不是人,看再多也没有面对面的人与人交流来得舒服和痛快。在农村,可以吃完早饭去村里转悠,找几个同龄人一起拉拉家常,喝喝茶,再舒服不过,甚至到茶馆去和熟人一起打打麻将,这样一天就过去了,而不至于无聊。这是农民的一种生活模式。

要解决这些问题,就需要去想方设法地让他们在城市里生活得更忙碌。第一,要制造一些类似农村的"熟人社区"来创造他们的沟通;第二,要制造一些业余生活,而不能整天闷在家中;第三,子女要适当地给予他们价值感、参与感和存在感,而不是一瞬间让他们感受到"只吃饭不干活",那样他们心里会有更大的愧疚感,而不愿意在城市里生活;第四,要多与老人们沟通,不是说没有挣钱就如何如何,转变他们之前的那种"一辈子为子女服务的观念",适当地适应城市里的生活模式,如城里养老,虽然还是居家养老,但中国传统美德是孝敬,而不是继续让父辈们付出;第五,解决他们的其他后顾之忧,例如和子女的相处是否合得来,等等。从一些具体的、细节的地方去改变他们的生活,或许就可以减缓城镇化的农民心理阻力,从而让他们在城市里安心养老和生活。

众所周知,城镇化率的多少是一个国家的发展水平的体现,而就目前而言,在中国最不愿意城镇化的一批人可能就是上个世纪 60 年代到 70 年代的那辈人,这是最主要的阻力群体。所以,解决好这部分群体的心理担忧和在城市里所遇到的种种问题,那么就需要从以上几个方面去进行解决,否则城镇化就可能进展得不那么顺利。

2016 年 12 月 27 日

城镇化一定要彻底消灭农村吗

2014 年我国常住人口城镇化率已经达到了 55％,但户籍人口城镇化率水平还比较低,目前大概只有 37％。[①]

这并不是说我国的城镇化就此截止,而是随着工业化、现代化和城市化的进程进一步在加剧,仅仅从十六大以来的数据就可以看到。"2011 年城镇化率达 51.27％,2012 年城镇化率为 52.57％。并且,随着逐年的城镇人口增加,我国城镇化出现了三个特点:起步晚,水平中等和速度快。"[②]

不可否认,城镇化必然会将农村一部分吸引出来,而掏空农村,比如近些年学界常说的"农村空心化"和"空巢化"就是很好的佐证。并且城镇化所带来的农村变迁(李培林将其比喻为"巨变")不仅仅是人口的流动,还有乡村的落败。主要体现在以下几个方面:第一,农村的公共事业瘫痪。这一点,在乡村治理研究中已经有很多成果,特别是 2006 年的税收(例如"提留"等)改革以后,呈现出村委会与村民脱节的现象,加上村财政后来又由乡镇负责和统筹,故而加剧了村委

---

① 见蔡昉:《城镇化必须同农业现代化同步》,载《北京日报》,2016 年 2 月 17 日。
② 见人民网:http://politics.people.com.cn/n/2013/0706/c1001-22099856.html,2013 - 7 - 6。

沦为"传声筒"的单一功能。第二,乡村家庭的变化。随着子女凭借教育的垂直流动,导致户口原本在乡村的城里读书人进而变成了真正的城里人,而一个有千年父权制的乡村社会,变成了一家只有2个人的核心家庭(原先是扩展家庭,如四世同堂等)。只有逢年过节的时候,这个家庭才会重新回到扩展家庭的模样,但事实上,家庭的人口总数的确是在减少,活力也在减少。第三,当官捞钱的现象比较严重。学界现在提出了"警惕谋利型村委",也就是说,有的地方的村干部当官,就是为了谋利,而不是为了造福百姓。他们心里非常清楚,当了官(利用贿选,拉帮结派,或者借助黑势力等)以后,把之前花费的成本想方设法地捞回来,甚至变本加厉地从村民的口袋里强制收取。还有的村干部甚至直接变卖公共资产等。只要是能够被拿走的钱(如一些农业补助等),他们可以毫无底线和法治意识、规则意识地去做,这就是我们常说的"乱作为"。第四,农村的弱势群体没有得到照顾。弱势群体作为社会的一员,在农村几乎到了无人问津的地步。与以往相比,邻里之间或者乡亲们还会予以帮助,而今弱势群体的低保不但领不到(主要是被村干部拿去冒领),而且还更加地贫困。第五,村委的选举陷入瘫痪。乡村自治在如今的乡村当中几乎沦为了形式主义。都不太愿意去当干部,而村民的权利("可以当饭吃吗"[1]),比起他们的生存问题,显得微不足道。很多时候,他们更加愿意出去打工,也不愿意在农村里呆着。这就构成了监督中没有年轻人的现象,而让村干部更加轻易地胡作非为。因为在空巢化的农村,老人和小孩,如何能斗[2]得过一个村干部?

　　从以上五个方面(当然是不全面的),我们大概能想象到如今农

---

[1] 我们在调查中有村民反驳时,如此问到。
[2] 更多可以参见许纪霖《许纪霖:何种文明——十字路口的抉择》。转引自 http://www.21ccom.net/articles/sxwh/shsc/article_2013082990878.html,2013-8-29。

村的凋敝现状,甚至有的农村连乡村公路都修不起。无人管理,无人停留,在农村的老人们看来,这是与过去非常不同的。身处在局外,我们或许能够从历史的维度来发觉,这的确是一场巨变,甚至可以借用李鸿章的那句"三千年未有之大变局"[①]来形容。因过去的乡绅社会,及1840年近代以来的中国农村,从未如此。以往的男耕女织的作业传统,以往的年味等等,都已消亡或者减少。虽说,我们的确是挡不住这场城镇化的浪潮(《国家新型城镇化规划(2014—2020年)》提出,按照走中国特色新型城镇化道路、全面提高城镇化质量的新要求,明确未来城镇化的发展路径、主要目标和战略任务,统筹相关领域制度和政策创新,是指导全国城镇化健康发展的宏观性、战略性、基础性规划[②]),但就一定要彻底地消灭农村吗?

从日本的经验来看,虽然城镇化率已经非常高,但依然还是有农村。他们的农民,甚至不需要去上访,不需要用手工去大规模地割麦子等。他们的农业机械化已经代替了过去传统的手工劳动。

反观中国,2014年最热闹的就是"回不去的故乡",这个主题的背后所折射出来的恰好是"故乡"不在了。故乡的什么不在了?那份童趣,那份交情,还有故乡的一山一水,一草一木,有的是自然的凋敝,有的则被城市吞噬。当然,怎么回去,也都不再是记忆里的那个样子。2015年,关于农村最多的话题是"农村孩子的婚姻问题"。有媒体发表评论说,这是城乡差距的一种体现。笔者比较认同这一提法,因城市里的农村孩子,虽然靠着勤奋和上进进入了

---

① "同治十一年五月,李鸿章在复议制造轮船未裁撤折中称:'臣窃惟欧洲诸国,百十年来,由印度而南洋,由南洋而中国,闯入边界腹地,凡前史所未载,亘古所未通,无不款关而求互市。我皇上如天之度,概与立约通商,以牢笼之,合地球东西南朔九万里之遥,胥聚于中国,此三千余年一大变局也。'"转引自 http://blog. sina. com. cn/s/blog_5095946201008kgh. html,上网时间:2016-9-12。

② 见中国政府网 http://www. gov. cn/zhuanti/xxczh/,上网时间:2016年2月18日。

城市的生活圈子,但身上依然没有脱掉农村的印记。结婚的时候,经济能力往往跟不上,固然才有上海孔雀女分手江西凤凰男的故事。

也就是在这样一次次的话题当中。其实,农村没有必要完全消失,但我们也没有必要过分地哀嚎,因为城镇化是一个趋势,是一个必然,谁也挡不住。在笔者看来,如果说这场巨变所带来的农村变化是旅游之地增加的话,那么我们的城市化是失败的。我们并非是要以农村作为空气安全、食品安全的后备军,而是希望牺牲我们的农村能进行更好地工业化、现代化和城市化。

问题也就出现在这里,往往农民现在的收入并不是在这"三化"的进程中增加,但生活的开支在增加。甚至有些政策就是让农民以低价格让出土地而再以高价格的房价捆住和困住农民及其子弟。如此的城镇化,往往不是在帮助农民,而是被赶上楼的农民,受到了可怕的欺负。所以,不免一问:这到底是谁的城镇化?

在追问之余,我们回到本文的主要问题上来,如何"留住"农村?在笔者看来,至少要做到以下几点:第一,让农民自愿"上楼",这绝非是观念的改变问题,更是用什么去城市生存的问题。第二,农村可以有步骤地规划,把权力进一步上移,而不至于落到村干部手里继续乱作为,并且合并村落,这样有利于村庄的土地整合和人员管理。第三,在现在的农村土地上做文章,规模化地生产农产品。(其实,这也是一种建设农村的举措)第四,让农民能够回去。如此,有步骤地、有计划地、有条件地进行新农村建设,那么,我们至少还可以回忆,可以回味那个建设过的村庄。反之,破坏了农村也不建设,那么农村的那个味道自然荡然无存,而更可怕的是,伴随着资本的进入,还有城市化、城镇化所带来的"人的变化",农村恐怕会变得越来越陌生。

正因如此,所以有学者谏言:"城镇化要'以人为本'。更要知道,城镇化是一个整体联动的系统工作,要以一个系统的方式来推进。"①

2016 年 2 月 18 日

---

① 见《中国经济报》2016 年 2 月 18 日。

生存压力和生活观念困扰着农民进城

随着城镇化的深入，当前我国的城镇化取得了傲人的成绩，"在国务院新闻办举行的国务院政策例行吹风会上，国家发改委副主任胡祖才介绍日前国务院审议通过的《关于深入推进新型城镇化建设的若干意见》有关情况时表示，2015 年，我国城镇化率达到 56.1％，城镇常住人口达到了 7.7 亿，但农业转移人口市民化进展比较缓慢，户籍人口城镇化率还比较低。"①那么，为何进展比较缓慢呢？

有的学者从当前城市生存的角度出发，认为农民之所以不愿意进城的原因是没有技能，所以在城市很难生活下去，尤其是对于那些老一代的农民而言；有的学者认为，主要是观念困扰着农民进城，认为农村生活便利，还是熟人社会，自己种地，不怕饿死，而城市，非得要买菜，才能生活，为此，一系列的观念阻碍了他们的城镇化；有学者认为是生活成本，包括教育成本在内的一系列开销，在户籍等问题的影响下，导致在城市里的开销比在农村大，所以农民不愿意进城。即便是进城了，最后自己又返乡；有学者认为，农村之所以比较吸引农民留守，主要在于生活得更为自在，无论是换鞋、吐痰，还是丢垃圾等。他们认为，这样不用太守规矩，而自小养成的这些习惯可以在农

① 见《人民日报》，2016 年 2 月 2 日。

村无所顾忌。

这些方面都似乎是影响农民进城的原因,而根据我们在乡村调查的经验,判断出农民之所以不愿意进城的主要原因是:第一,生活压力;第二,观念。前者很好理解,比如,在城市或城镇买套房需要的开销比在农村要大得多,生活上的开支呢? 农民可以自己种地,无需去买菜、买米、买油等,同时子女在农村的生活开支比在城里上学要小很多。故而他们在这种理性的支配下,愿意留在农村。而后者,笔者在《农民返乡抢地:新型城镇化的困境及其战略调整》①一文中也曾谈道:

> 返乡之所以发生,在于"乡土情结",更在于他们的观念,从某种意义上说,他们觉得乡村更富有人情味,更有利于养老,活得自在。

所以,农民不愿意放弃他们口中的"根据地"——家乡,即便是出来打工,最后在经济形势不景气等诸多因素的影响下,也会回到农村重操旧业——种地或者创业、养殖等。

城镇化,由此变得格外困难。

笔者曾说,对于有些村民而言,我们真的是几乎没有办法去改变他们的观念,何况他们又非常保守和顽固。所以,只能等,否则强制性地去搬迁农户,就会引发冲突。在等的过程中,我们又需要尽可能地做到一些方面的改变,要以"吸"大于"推"的城镇化做法去推动我国的城镇化率。

具体而言:第一,让一部分有能力和有意愿的人先进城;第二,那些不愿进城的、依恋农村的农民,自愿进城或留守;第三,宣传进城

---

① 原载《四川理工学院学报》,2016 年第 6 期。

的好处,用典型来改变农民对城镇的新认识;第四,营造社区,重塑在城市里的乡村生活;第五,增加就业机会,让农民能够安定下来,并且适当提供住房、生活的专项补贴;第六,改变户籍制度和社会保障制度,让农民的子女上得起学、看得起病;第七,把土地流转制度优化,让他们不再担忧自己的土地问题,例如"以地入市"再分红,增加他们的收入。

由此,城镇化的阻力也就会小很多,而进城和留城的农民也就会多很多。问题的关键还是要解决我们在上述中提到的两点:一个是"怎么生活",另外一个是"怎么活"。

2017 年 2 月 1 日

农民为什么不想在城里买房？

——对广西桂林和湖北麻城的调查

　　农民在城市里买房，其实是个很容易的事情，但又是一个比较困难的事情，为什么说它容易呢？我们在桂林Y村调查发现，建一栋房子需要20万人民币左右，但在桂林市区买一套房子，首付的钱和这也差不多（首套是"三成"），这么一比较，你会发现，农民是傻子吗？完全可以把建房子的钱在城市里买一套房子了，但他们却选择在农村修房子，也不在城里买房子。为什么？修房子的主人反问我们——我们去城市吃什么。他们告诉我，起初在广东打工，而后回来把原来的房子拆了，在原址上修建一栋房子（积蓄＋借钱），如此就可以让孩子们在外面"流浪"之后，至少还有一个窝可以回。这个想法很朴实，表达了作为父母的一种观念和预期。他们认为，孩子们在城市"流浪"，但要在城市落脚却不容易，所以实在不行，还可以回来种地。

　　我们又打听到，这栋房子的主人，其实地并不多（2亩左右）。我们一眼望去，有很多地可以种，问题是，当地村民太多，"人均下来就不多了"，所以，这里面又出现了一个悖论——假如孩子们回来种地，

（广西桂林 GY 县 Y 村，作者拍摄于 2017 - 11 - 12）

有地吗？没有，怎么办？——继续出去打工，继续复制他们父辈的生活。

我们曾反问过一句，为什么不把钱留着让孩子们在城里买房呢？这样不就把子女送出去了？或者说，你们去城市里买了房子，直接在城里打工，岂不是更好吗？做保安，家政服务等都可以……但他们还是愿意"留"在农村。这给我们的城市化，给广西的城镇化留下了一个难题。

同样，在湖北麻城，我们也看到，修房子也多，为什么？——攀比。当地居民也是去武汉打工或者南下广州打工，然后把钱拿回去在农村修房子，"看谁家的房子修得气派"，那么就有面子。在外人看来莫名其妙，但他们却对此很认真——和城里人没法比，但和周围人要比一比。

　　我们暂且不说攀比这回事,至少我们调查的 Y 村没有这个现象,或者说他们没有告诉我们更多的真实信息(也可能是不愿意说)。此处,仅就吃什么来说,其背后直接指涉的是职业问题,我们在研究城镇化的过程中三番五次强调,要想农民留在城镇,首先要解决他们的就业问题,其次要解决他们的户籍问题,再就是要解决他们的土地问题,最后要解决他们的融入等问题,包括熟人社会的再造、社区融入、生活习惯的融入等。

　　问题是,如今我们并没有去解决他们的职业,而是很大程度在赶农民进城,以为买了房、安了家就算是农民进城了,不是这样。我们在湖北调查发现,很多当地的农民之所以省吃俭用在市区买房主要是为了给儿子结婚,因女方要求要在市区有一套房子。而这些农民呢,并不居住在市区,子女有柴米油盐的需要就回老家拿。这是一个很有意思的现象,即——居住在城市,但生活在农村。这是生活成本的问题。

　　所以,买房子是一个表面的现象,背后涉及到的问题有很多。采取激进的城镇化,反而不利于农民的生活,他们图的是自在,图的是心安。

　　我们能猜测到的是,桂林 Y 村的农民也希望去城市,只不过对他这辈人来说,有点困难,所以他们是打算长期坚守在农村,至少他们自己感觉到这是一个不陌生的农村小社区、心里踏实。他们的子女会在城镇,如这位村民的女儿在县城的电信公司上班,念了大专依然还是打工,所以女村民说,"读书有个屁用!还是打工,花了我 10 多万,考试过线了(好几次过线),还是被刷下来,没关系,没后台,哎……农民的子女还是农民啊!"(调查时间:2017 年 11 月 12 日),这决定了不可能再找个农民子弟一起回老家种地吧?同样,他们的儿子也在外面打工。而笔者所看到的湖北荆门某村的子弟在外地打工的,几乎是一个都没回农村继续种地。所以,这么一看,城镇化其实需要代际,说白了——它需要时间。有时候,农民的观念真的是很难一时半会改变。这就好比为何花几十万在农村盖房子而不在城市里买房子。

　　总之,我觉得,观念进城,在观念上买房子,才是对农民城镇化最需要进行的。一方面,在城市里买房可以减轻他们子女的负担,不用再让子女再掏钱买,且子女又在城市里打工,本来做的就是低端技术活,在任何地方都一样,只是一个收入多少的区别,而在自己的家乡(市区)里,岂不是更好?距离老家又近,又在市区有房子,小孩又可以落户在城市,读书也不是问题。只不过,成本有点大。另外一方面,当做投资也是一笔财富,因农村的房子流通是很难的,而城市里的房子买卖更为容易。随着房价的上涨,即便子女到时候不要这房子,也可以拿出去卖,还可以赚点钱。而农村的房子,再怎么涨价也比不上城市。这是一个很实在的问题。可是农民的观念又考虑不过来,花了20万,重建一栋房子,交通、通讯又不方便等,这是何苦呢?在与他们交流过后,你能感到最能说服自己的理由是,他们不愿意放弃"根",希望在老家有个最后的退守之地。无论是对于他们自己还是对于他们的子女,这或许是他们不在城市里买房的最主要原因,是文化的原因,是观念的原因。还有其它制度的原因。

　　但,这样的观念又没有"错"。

2017 年 11 月 13 日

"城市的来访者"与"被上楼"的农民

    中国的新型城镇化所面向两个主要的群体,即农民工与农民(特别是城市郊区)。这两个群体从身份上说存在一定的关联性,即都是农民的身份,但他们又面临着一样的问题:如何融入城市?我们这里所谈到的融入在很大程度上是指,农民没有办法获得城市居民所能享受到的福利待遇,所以,在"本体性安全"上,他们就是一个被规划在城市边缘的群体。

    斯科特在《国家的视角》中分析巴西利亚这座城市时,用到了"城市的来访者"这一称谓。从历史的眼光来看,斯科特分析的巴西,在过去的经济发展中也同样面临了当代中国的某些情况,所以,惊人相似的是,当代中国社会也出现了这样一个社会发展的现象,例如农民的城市化问题。我们要说的是,无论是农民工还是城郊农民,都面临着来访这一困局,他们被规划在一个生活的场域(住所)里面,成为了被绑架的一个社会成员。家庭已经不再那么地重要,而这个时候土地面对的不再是农民而是国家,农民也只能在来访的过程中,用苦力寻求生存的可能,而不是技术。

    事实上,农民是否愿意来访城市,在很大程度上,他们是被迫于城镇化。正如上海交通大学城市与区域经济研究所所长高汝熹所说："不能为了城镇化而城镇化,城镇化的发展要遵循客观经济规律。"①另外,当城镇化成为一种政治话语的主旋律时,城镇化所裹挟的不再是经济发展本身,也有可能成为县级、镇级、村级之间的某种地方竞争,也就是官员的"GDP 政治"②。这不仅仅是农民失去土地的问题,且不得不让农民重新适应周遭的环境、生活习惯,以及日常生活中的一些事务处理。加之,可以供给来访者(农民)的就业岗位也不多,所以作为失业的农民,他们也只能是无所适从。我们忽略农民的主体创造性同时,太过于重视土地利益,最终农民失去的是农民性,却也得不到市民性。他们的身份,也就什么都不是。

正如前文所说,被规划的居住与生活,往往把农民"赶上楼",而放弃农民所拥有的土地使用权。被"赶上楼"的农民,往往并不太适应城镇化的日常生活(新型城镇化强调有质量的城镇化,其目的是实现收入翻番,核心是从土地城镇化向人口城镇化过渡,理念是"集约、智能、绿色和低碳",抓手是农业转移人口的城镇化,支撑是农业现代化,手段是围绕市场机制深化改革,前提是工业化,而约束则是"美丽中国")③,他们对于土地的放弃,往往就决定了土地与农民构成了一种脱离的关系,回归到"乡土中国"已经不太可能。

无论是成为"城市的来访者",还是被"赶上楼"的农民,他们在面对国家权力的号召时,往往不得不又面对一场"囚徒困境",也同样面临着"如果大部分同意了,那么少部分也就不得不放弃反抗的机会"。但这不代表现在不反抗而将来也不反抗,因为我们要理解,作为小农理性的一员,农民往往在算计过后,会表现出不同寻常的抗争形式,这会给社会与政治增加很大一部分压力,在失业的农民还未认识到

① 载《国际金融报》,2013 - 7 - 12。
② 有学者把中国过去三十年的改革开放所取得的成就归因于中国地方政府相互之间的经济竞赛。
③ 按照官方的说法。

这些的时候。我想说的是,城镇化是符合时代要求的,而我们现在是否有些操之过急? 是否真正地做到赵树凯教授所说的尊重农民? 农民处于弱势地位的时候,他们的反抗,不会因为在"楼上"就不"下楼",往往他们会因为利益的不被尊重,反抗表现得可能越发明显。村庄政治中所包含的"自治"未必靠国家权威依然奏效,可能他们会采用更为巧妙的方式来表达利益诉求。

转移农村多余劳动力,农业经济规模化与建设社会主义新农村生态安全,都是城镇化所表现出来的希望。可能我们在过分注重强化农村社会转型,提高农村生活水平的时候,我们忽视了农民的本性,他们应该在这个时候去面对土地,或者自愿性地转租土地,而不是被强制性地安排在一个地域生活,继而失业,又不得不靠苦力在城市中挣扎求生,何况还有可能被城市的房产绑架。所以,无论是农民工还是城郊农民,或多或少,都会有一丝隐忧,也多多少少都想回到"回不去的农地"中生存。他们现在所面临的困境可能就是"进也不是,退也不是"。

2013 年 8 月 4 日

新型城镇化：既要
以人为本又要分类进行

当前，我国的新型城镇化正在进行得如火如荼，各种不同的视角下的新型城镇化战略研究也是众说纷纭，例如从金融的角度，从户籍、土地的角度，从生态文明的角度等。窃以为，对于这一国家战略来说，未搞清楚的一个重点内容是"谁可以流动"的问题。为什么说这个问题很重要？首先，城镇化重点在于城镇，落脚点在于化，就是一个把农村居民引向城市市民的过程，而这里面最重要的一点就是李克强总理所说的"以人为本"，如何尊重人，最关键的是要考虑到人。其次，有能力流动和没有能力流动的人，应该加以分类。因为，对于老农民来说，他们未必希望到城市里生活，而对于老农民的子女，才是流动的关键群体，他们才是城镇化的重点对象。例如，笔者在湖北省A市调研时发现，老农民的子女们，无论是通过读书还是工作流动到附近城市还是偏远城市，其实都实现了城镇化，而把重点放在这一部分人身上远比把老农民"赶上楼"要强得多。同时，一般来说，老农民的子女是不会再回农村种地的，所以，他们的城镇化成功率要更高。具体来说：

第一，怎么样实现"以人为本"的城镇化。尊重农民的最大体现在于尊重他们的意愿和选择,对于老农民来说,他们更愿意生活在农村,尤其是农村的生活模式他们更为熟悉,生存问题容易解决,心理上更为自在,有熟人社会的存在,甚者,他们在农村可以更加能够找到自己的存在感。而对于老农民的子女而言,他们的意愿可能希望通过教育来实现阶层流动,从而在城市买房生活,图的是城市的就业机会、生活空间、公共服务、医疗服务等。对于那些未能以教育来实现流动的老农民子女来说,多半会要求父母出资加上自己的工资积蓄在城市买房,从而实现"翻身";即便不这样,结婚时女方的要求也会要求(湖北省 H 市 Z 镇就是如此,几乎形成了一种在 H 市买房的风气),所以两种实现城镇化的人群意愿是不同的。对于老农民来说,尊重他们的意愿在于不要去赶他们进城,即便给他们就业机会(如保安、装修工等)他们也未必愿意做。守着自己的"一亩三分地",图个肚子饱,活得自在,这是多舒服的老年生活!何必要去受那个罪?而对于他们的子女而言,城市要创造接纳他们的空间,其中,就业和社会保障是关键。诚然,现如今只要在城市买房,即可以获得落户的资格,从而子女的教育就可以在城市进行,这一点对于他们来说的确是好事,但工资低和消费高的不对称性正在困扰着他们,"人"活在一种拉扯之中,显得非常被动。如果我们不尊重和不考虑这些"人的因素",则他们就会选择回流,尤其是入城的老农民,城市对于他们的吸引力则没有那么强烈。他们最大目的就是把子女送到城市,不再种地则心安。这一点,我们在 H 市调查时,几乎都这样认为。

第二,怎么样实现"分类城镇化"。对可以进行城镇化的人进行分类是当前我们所要做的一项非常重要的识别工作,即可以分为"有能力实现城镇化"和"没有能力实现城镇化"。对于前者而言,基本上不用我们采取什么方式来帮助他们进行城镇化,甚至他们可以主动进城。在湖北省 B 市某村,3 户人家就是通过做生意实现的城镇化,他们是乡村精英,所以才会如此。那些不是乡村精英,又没有什么资本进城的人,则一辈子留在了农村,且是绝大多数。对于后者而言,就是这些没有资本进城,且子女也没能依靠教育来实现流动的人群(读书可能是农村子女"翻身"的唯一方式),他们怎么实现城镇化?难道仅仅是一套房子就可以了? 未必。在我们的调查中,有的人为了结婚在 H 市买一套房子放在那儿,但夫妻却一直在外地工作(春节时才回来居住一段时间)。他们认为,有一个窝就是生活的保障,不至于流落街头,不至于没有一个后方的保障,所以房子在某种意义上是象征性的东西,更是一个没有人居住的商品。这类人的城镇化多半是依靠农民工的形式来实现,微薄的收入或背井离乡的打工,实现了他们脱离农村,在城市生活,却很多时候还不如农民生活得安逸。问题是,他们回不去,一个是农村虽然有地,但面子上过不去;二个是农村的就业机会和收入怎么样都没有城市多。而要解决他们的长期、稳定的城市生活,则城镇就需要发力,在社会保障和就业工资待遇上做文章,否则他们只是把城市当做落脚的地方("落脚型城市"),归属感、融入感、存在感则没有在农村那么强烈。他们生活在一种城市和农村的推拉之间,心理世界的疾苦是很难形容的。

的确,我们真的处在中国社科院李培林研究员所说的"巨变"的时代当中,几千年的农业社会正在向工业社会和城市社会迈进,很多方面都需要重新适应和调适,尤其是农村到了城市里的人,无论是在就业、社会保障、医疗服务、生活模式等各个方面,农村人都要适应城市,而城市又没有给予农村人更多的关怀,而仅仅是给了一个空间让他们急迫地在城市谋生,这不利于城镇化。与此同时,正如一位 C 村的老农民所说的,"我在城市里一天不干活我就要饿死,但在农村我不会。"这句话背后所折射的恰好是他们最担忧的生存问题。所以,首当其冲的是,要解决就业,并尊重他们的生活模式,不要去"赶上楼",否则物极必反,然后再对那些没有能力实现真正城镇化的人进行帮助,如建立过渡型社区等,让他们能够在城市里不至于活得那么辛苦,活的也是"人"。还有,正如笔者给 S 省的一位基层公务员谈到的那样,要耐心等,因为不是所有的老农民都愿意城镇化,我们需要给他们一点时间,给城镇化率的提高一点时间,给我们所设想的现代化一点时间,否则就会伤害到他们,就会伤害到"以人为本"。

2017 年 10 月 5 日

(原载《中国乡村发现》2018 年第 3 期)

"逆城镇化"的原因与对策

就全国而言(2016),"目前我国有 13 个省份的城镇化率超过了全国平均水平(57.35%),有 10 个省份超过 60%,主要分布在沿海发达地区,其中上海、北京和天津均超过 80%,达到了发达国家的水平。"但与发达国家相比,我们的平均水准还不够高,从上面一组数据可以发现,主要是中西部地区的城镇化还做得不足。一方面,这是当地的资源限制、经济发展所限制,另外一方面,可能与地方干部的执行思维、方式有关系。

就在我们为城镇化率而担忧的时候,有的地方却出现了逆城镇化现象,具体表现在农民回流。例如有的地方的农民返乡抢地,进行创业或者重新种地;有的地方的大学生毕业以后把户口直接迁回农村,认为农村户口将来更加值钱;有的地方的市民(以前是农民)把户口迁回农村,认为农村更加适合休闲与生活。种种现象都导致了城镇化率被拉低,与国家的战略背道而驰。

有学者谈到(2016):"趋利避害是人的自然选择。出现'逆城镇化'现象,显然是理性选择的结果。"笔者大致同意这样的说法,我们都知道 S. Popkin 曾提出过"理性小农"的概念,其背后主要是说农民会根据算计来选择。同样,对于那些逆城镇化的农民来说,他们之所以选择回到乡村也是计算后的选择。

他们在计算什么？笔者认为，主要有以下三个方面的因素：

第一，经济利益。正如《中国城镇化尚未成功，"逆城镇化"却悄然涌现》一文所指出的那样："出现逆城市化现象的一部分原因是因为农民身份获得的利益愈来愈多。不过，并非所有'逆城镇化'现象背后都是巨大的利益诱惑。事实上，不少人选择离开大城市，与无法支付高额的生活成本有关。逆城市化的根本原因在于农村与农民牵动的利益链条愈来愈长，可进入城市后的获益却不多。"所以，在利益面前，他们选择成本更低的农村进行生活。同时，因为城市里的就业、医疗、户籍、子女入学等与自身利益密切相关的问题得不到解决，也是导致他们选择回到农村的理由。

第二，生活环境。正如有的研究所指出的那样，农民之所以"逆城镇化"，主要在于以下三点："第一，追求宁静的田园生活；第二，人口高度密集，房价过高；第三，城市交通拥挤，工业污染严重。"的确，这些问题是当前我国城市的弊病，尤其是高额的房价与污染的食品与空气，导致农民选择（也有机会选择）回流。同时，我们在山西调查时也发现了类似的情况，有的人在夏季在村里住2个多月，等冬季再回到太原居住（跟随子女住），因为有暖气供应（有的因冬季雾霾太严重而继续选择在农村生活），而他们的户籍自始至终不离开村庄。他们追求的就是一种生活环境。

第三，农民心态。农民的心态主要有两点，一个是保守主义，一个是实用主义。正如我在《农民的"逆城镇化"：原因与对策》一文（原载《新型城镇化建设研究：多维视角》一书，暂未出版）所说的："保守主义是农民的一种心态，尤其表现在'怕'上面，农民不敢进城，有的人说'怕饿死了'，这种怕是基于'无工作''无就业技能'的体现。但这的确是一个问题。"所以，他们不敢迈出进城的第一步。同样，实用主义也制约着农民的进城与留城，如果看不到眼前的好处，则拒绝配合国家战略的执行，即便城镇化有相当的好处也会选择路径依赖，以最安全和最熟悉的生活模式留在农村,留在"熟人社会"(在 20 世纪 40 年代,费孝通先生在《乡土中国》一书中,以经验事实为基础,提出"熟人社会"概念,以分析中国社会人际关系结构特征。其旨趣在于,为理解和说明乡土社会特征建构起一个精确而有效的"观念中的类型"或"理想型"。它不是对现实的构造和描述,而是为这种构造和描述提供明确的表达手段。)①或"半熟人社会"之中。如此,"逆城镇化"就会发生。

虽然说,农村的收入的确在日益提高,例如"十二五"期间,"农民收入增幅连续 6 年高于 GDP 和城镇居民收入增幅",但发展的目的并不是说为了农民继续留在农村,而是希望农民有更多的收入能生活得更好,甚至有资本进城。具体来说,主要有以下三个方面的措施:

(1)经济利益的满足。需要从制度的层面去改善,首先就是户籍制度与土地制度,如果不改变农民的身份与土地流转的方式,则农民会选择"逆"向行动。因为,他们享受不到市民同等的、公平的医疗、社保、教育资源等方面的待遇,同时还要承担高额的房价压力与生活成本,理性的农民自然是会选择在农村。

(2)生活环境的改善。"人"的城镇化不仅仅是把身体放置在城市,还要有一定的环境保障,可以长期生活在城市。所以,对于城市而言,既要提供一定的生活保障,也要提供生活环境安全上的保障。现如今,雾霾、食品安全等的确威胁着人们的生活健康,而加强法制建设与可持续发展战略势必能化解这类难题。如此,才能为进城和留城提供可能性。

(3)动员和改变农民心态。我们可以看到,动员农民的方法有很多,而如今我们的动员技术依然充分,既要对符合条件的农民做思

---

① 见夏玉珍:《费孝通与"熟人社会"》,原载《中国社会科学报》,2011 年 12 月 22 日。

想工作,又要让一部分农民先进城,"树立典型"以示众人。当农民看到甜头以后就会动摇之前的固执和保守。

其实,这三种破解问题的路数彼此都有关联,例如(1)和(3)就是,如果解决了农民的后顾之忧(如住房、就业等),我想农民可能不会那么"怕","谁不想过好日子""谁不想生活得方便一些"?(如交通、通讯、购物等)再例如(1)和(2)也是,住房是农民的一笔大开销,利益可谓重大,而解决好住房这个生活的刚需,则利益问题也就迎刃而解。

所以,我们要有一个顶层的、整体性的战略设计与政策安排,便于我们更好地突围"逆城镇化"的困局。同时,根据调查经验来看,不同地区的城镇化可以在方法上不同。全国不能搞"一刀切",也要有地方经验,大胆突破。

2017-6-18

电商与中国农村的经济发展

  在经济学中,讲究的是供给与需求的关系,也就是说,有需求才有供给。然而,在中国的农村地区,往往需求的是如城市里的医疗、教育、交通等。同时,他们还需求的是每年的"好年成",也就是说希望老天爷能让今年风调雨顺,能够有一个好的收成,至于说靠种地能够发大财,在1982年人民公社解体以后的家庭联产承包责任制中,是不太可能的。如今,大部分农村地区几乎都是单兵作战(家庭生产),在非规模式的经济形态,能够说一年忙到头,有所结余,就很不错了。同时,他们还希望,不要生大病,孩子的教育费用能够少一点,以让家庭能够有较小的负担。

  然而,这些需求并不是城市所能保障的,不是城市反哺农村能够达到的,有的却是国家和政府可以做到的,比如出台政策以减轻农民负担等等。同时,政府也在想方设法地增加农民收入,比如说保证粮食价格稳定性,以非市场的做法来维护农民利益。因农民在粮食市场化中或许多半都是弱势的,受到的冲击会更大,同时,国家也需要保障粮食安全的国家战略。

  进一步说,农民除了与粮食打交道以外,再就是蔬菜或特产等。往往在这些方面,国家需要调控经济发展模式,以帮助农民增收。比如,如火如荼地发展农村电商,就是在经济出现"常态"以后的一种国家策略。其目的在于,对位农民的农产品与城市的生存消费。进而,诸如此类的消费行为,就可以帮助农户把大米卖出去,而城市居民又可以享用到非打蜡的大米,图的是个食品安全。可谓互利互惠。

为此,我自己亲自尝试了在网络上购买农产口,问题也就出现在这里。当我们打开大米看到其色泽不如城市超市所兜售的大米之后,还没有太介意,认为农产品吃的就是这个"土"气,质量也的确没有城市的超市卖的好。一方面,大米中有沙子;另外一方面,口感并不好。

为什么?我们就得反思一下农民自身的问题。首先,农民有没有信心,有没有信誉把农产品做好?这是城市居民是否消费农产品的关键。可想而知,下次,我们或许就不会再购买他们家的大米,或许也会失望于这次购物,以后不再在网上买农户的产品。其次,农民有无条件以规模经济的形式生产并在网上出售?这就需要在加强网络硬件建设和提高农民在网上卖东西的技术,农户应该更加做好农产品的质量把关,并且售后服务到位,而不是当买家与你交涉的时候,不理睬或者着急了骂人。如此,才会有回头客,才会有好评,才会有更多的客户,才会有更加优质的产品向全国各地的消费者出售。而形成规模生产有一个条件,即土地流转问题。这是我们至今都很难解决的,原因在于,有的农民还不想离开土地,觉得种点地,自己吃点,再卖一点,这样的生活挺好。有的则不太相信他者,不愿意把土地拿去参与分红,租给承包户。有的则人在外地打工,土地租给亲朋好友种,而每年过年的时候再回家收租金,觉得这样也挺好。总之,这就像做菜一样,众口难调。各有各的想法,所以很难整合在一起,加上农民的抗争意识和乡土情结,都在左右着规模经济的形成,这就需要当地的政府去想办法解决了。显然,当规模经济难以形成的时候,就无形中加大了农产品质量提高的困难。再次,政府扶持的力度不够。这个扶持有两个方面,一个是帮助农民去生产、种植和网上销售,特别是安排专家在技术上帮扶农民。另外一个就是,农民的原始资金不够,贷款也成问题,有的甚至因为保守而不愿意去尝试,也没有这个意识去做网购。觉得这是年轻人的事情,不太愿意尝鲜。他们认为,一日三餐,种点田,干点活挺好。所以这就加剧了农民与城市消费者的供给矛盾。

以上这些问题都是应该注意的。其实,做电商,需要了解的不仅仅是 B2C 或者 C2C 如何对位的问题,还是政府如何整合农民的资源,如何优化农民的意识,如何增加农民的原始资本,如何帮扶农民把农产品的质量提高,等等。做到这些,农村的电商才可能发展起来,不然城市居民不会买这个账,甚至可能出现农民自己也不买国家发展农村经济的这个账。他们是 S. Popkin 所说的"理性的小农"。所以,我们得了解农村和了解农民,才可以进而采取以电商的形式撬动农村经济发展,并拉动有 9 亿农民的国家的经济发展。

2016 年 1 月 22 日

"互联网+ 农业"的方法应该慎用

——以湖北的乡村为例

2015年5月31日,新华社发表了一篇《互联网＋农业大潮来袭》的文章,该文谈道:"'互联网＋'开创了大众参与的'众筹'模式,对于我国农业现代化影响深远。'中国农业科学院农业信息研究所研究员、博士生导师王文生说,'互联网＋'促进专业化分工、提高组织化程度、降低交易成本、优化资源配置、提高劳动生产率。另一方面,'互联网＋'通过便利化、实时化、感知化、物联化、智能化等手段,为农地确权、农技推广、农村金融、农村管理等提供精确、动态、科学的全方位信息服务,正成为现代农业跨越式发展的新引擎。"而就在20多天以前,即5月8日,国务院刚刚出台了"电商国八条",提出加强互联网与农业农村融合发展,中央财政将拿出20亿元专项资金用于农村电商基础设施建设。同样,和讯网也刊发了一篇《"互联网＋农业"大潮已起,布局智慧农业主题资金》》①,其中谈道,"李克强总理在政府工作报告中提出制定'互联网＋'行动计划,2015年将是'互联网＋农业'高速发展之年。农业部长在记者见面会上也提出鼓励电

---

① 见和讯网:http://funds. hexun. com/2015/cxzt01hlwjny/index. html,上网时间:
2016－9－13。

商推动农产品流通。我们认为,破解中国农业粮食安全和食品安全两大困局,将主要依靠'智慧农业'和'生物农业'。农业新一轮改革浪潮即将来临,'互联网＋农业'在其中大有可为。"类似这样的报道和新闻,可谓是非常多了。在此不再一一列出。

就当"互联网＋农业"的模式被反复提及时,笔者不得不对此泼点冷水,一方面,意在表明有些地区开展"互联网＋农业"为时尚早,有"炒"的嫌疑,瞎跟风。另外一方面,笔者并不是反对这种模式,且这样的模式,必须要有充分的硬件保障,安全保障和农业生产规模化的保障,如果继续是散户的状态,那么"互联网＋农业",肯定是不可能在农村地区得到顺利开展的,更直接说,"互联网＋农业"会失败。笔者之所以这么说,是根据充分的生活经验和调查经验所得,比如那些纯粹种植水稻、油菜和小麦的湖北农村地区就暂时还开展不了"互联网＋农业"的模式。对于他们而言,甚至农业都还"谈不上",何况还谈"互联网＋"?

接下来,笔者就湖北地区的农业主要产品进行更为具体的论述。大致情况如下:水稻,顾名思义就是我们平常吃的大米来源,它在湖北地区,每年种植差不多只有1季。油菜,每年1季,小麦和油菜是配合的种植,几乎是5月份收割油菜(或还有小麦)之后种植稻谷,9月份再收割稻谷种植油菜(或还有小麦),这样反反复复地种植。进一步说,农民不是不愿意种植更多的油菜(油菜比小麦值钱),而是因为人手不够(劳动力匮乏),为了省力省时省事,而采取把那些不好的田地(比如土质不好的地),种植大约少量的小麦。且他们平常吃小麦(面粉)的次数不多,主食差不多都是米饭,有时候早晨会吃面(比如襄阳、十堰地区等)。所以,在湖北的大多数地方,都是以米饭为主,而农民种植的水稻,更多的又不是自己吃,而是卖掉。然后,再用钱去购买比种植的水稻要好一点品质的米回来吃,之所以如此,是因为他们追求的是亩产高水稻品种,可以卖更多的钱,而吃什么样的米,又是选择的非亩产高的,而是品质好的。品质好与亩产高,其实是存在悖论的。二者很难两全。

正是因为如此,我们可以看到,仅仅拿米来说,如何"互联网+"?首先,农民生产的水稻(水稻是被卖出去之后经过打磨才能成为食品——米),主要是小规模的经营。从1982年的联产承包责任制以后,农民大多是自己管自己,一定意义上说,很大程度地刺激了农民种田的积极性,但土地资源有限,故而每户拥有使用权的土地资源其实并不多,进而谈及规模经济就不太可能。在市场当中,这样的不规模经济,就成为弱势群体。而加入互联网,他们就更加可能成为弱势群体。自己本身种植的粮食,并非取决于质,而是量,故而用什么去互联网的市场里竞争,这就是一个难题和困境。其次,农民使用互联网的水平有限。比如,我们在乡村调查中可以发现,很多农民的家中并没有"网",而了解信息,主要是通过电视和收音机,手机只是发挥着联络的作用,而不是用来上网的。这样的技术不对等,让农民如何在互联网的世界里获取一杯羹,或者是取得相对优势,可谓非常难。且趋于保守主义和实用主义的农民,如何让其接受新事物,这又是一个难题。虽然,卡斯特说"网络社会"已经崛起,但中国的部分农民依然处在一个与外界隔阂很深的境地当中,特别是一些湖北的山区。在那些山区的农村,有一个例子可以佐证农民的保守,比如他们现在至今还拿着存折,而不是银行卡去存钱和汇钱,而如今支付宝等快捷支付方式等,他们更是陌生,故而与时代的脱节,不敢融入。他们觉得,存折上有数字,可以看到觉得心里踏实,且有个本本要比一张卡要好。如此,如何突破保守性,又是一个大难题。再次,互联网的世界里的风险性,对农民而言,非常不利。他们一方面不懂这些网络安全的知识和技术(虽然政府可以保障),另外一方面,又没有人去帮助他们。对于散户而言,如何集中化和组织化他们进行网络风险的避免,也是一个难题。第四,村委对于"互联网+"接受程度如何会自己决定本村的互联网普及程度,特别是电脑入村,是否有一定的困难,农民是否愿意花费成本买电脑和牵网线,都是问题。他们或许会觉得"多一事不如少一事","我现在这样也挺好"。第五,物流的跟进是否存在? 在湖北农村的某些地区,一个偌大的乡镇,或许只有一个物流快递,而其他的还没有进驻。故而物流跟进不了,这就导致农产品即便是在互联网中也很难"走出去"。第六,乡镇公路,其实并非是所有的村子都已经修建得非常好。从2006年的税费改革以后,一事一议的村集体事业陷入瘫痪的境地,而修建乡村公路,主要是靠上级政府拨款。有的村级公路,依然还是土路,且下雨的时候非常泥泞,何况村里的村民即便是有新农村的项目,可以到公路边上居住,他们也不愿意。"守根"或许是这个不愿意搬迁的一个原因,更大一部分原因是他们不愿意居住在离他们的房子非常远的地方,这样从事农活就不太方便。集中解决农民的散居,是一个解决公路问题与规模经济(土地流转等)的难题和困境。

其实,如果真正地开展"互联网＋农业",问题还会有很多,困境也还会有很多,上面我们分析到的,可能是一些比较主要的细节性原因。对于湖北的农村而言,尚且如此,那西部地区的农村,更是如此。笔者也到甘肃、青海的农村调查过,比起中部地区的农村,生活得要更为艰辛。在地理优势和地域经济中,唯独沿海地区的农村可能会比较方便加入互联网进行农业生产与销售。将农产品与市场需求对接,以刺激中国的经济增长。同样,农村地区,都可以走这条路,因为市场对于农村而言,是未来的一个趋势,不可避免。关键是,如何破解上述难题,或许沿海地区的经验值得学习。最为关键的是,经济发展要到这一步,土地流转要有规模经济的可能性,如此,便会把大蒜、洋葱、蔬菜等农产品,通过互联网进行销售,增加农民收入的同时惠及了需要这些农产品的人,可谓是一举两得。

通过分析,可以看到,C2C、C2B或者B2B的"互联网＋农业"的模式,对于湖北农村而言,还为时尚早,特别是一些还没有这个条件或者意识的农民而言。而如果一味地跟风或"跃进"性质地进行农产品销售转型,就会带来意想不到的后果。比如,农民可能会发挥自主策略进行抵抗和破坏,这就是斯科特所说的"弱者的武器"。他们有行动的逻辑,而外部的因素植入,应该考虑农民的意愿,应该因地制宜。而类似"我国农业生产的不断规模化为农业现代化打下基础。同时我们又身处'互联网+'的全新时代,农业现代化和'互联网+'不期而遇。现代农业是'互联网+'的生存土壤,'互联网+'会使现代农业更加精彩纷呈。'互联网+'是一个全新的时代,它是对于现有行业信息化的继承,更是对于行业信息化延伸或者说是浴火重生,农业在奔向 3.0 时代的路上风景会更加精彩"的言论,地方政府应该警惕,不要随风追浪,很可能伤害农民的同时,引起他们的反抗,进而会伤害到自己的政绩。

2015 年 8 月 1 日

精准扶贫搞不得"一刀切"

在我们的一次田野调查中，偶然间询问到家庭年收入的问题，进而讨论到扶贫这个话题，他们觉得，"不应该扶贫"，"让他穷，活该"。为此我们就产生了疑问，为什么他们觉得不应该扶贫呢？

循着这个问题，我们继续和被访谈者聊了起来，她说："如今的一些人，其实并不是真的贫困，而是好吃懒做。正是因为好吃懒做，无所事事，所以才贫困。"她的意思就是说，不劳动，何以有财富呢？何况，年纪也不小，应该好好地干活，让自己有生活的资本，有点积蓄。

另外一个被访者告诉我们，"如今的一些贫困户，真是好咧，越穷貌似越光荣。自己没能耐，国家来照顾，这样的日子，我也想过。"她的意思是，不是因为身体残疾等因素所造成的贫困，却依然被重视，受到国家政策的照顾，她觉得有些不对。所以，扶贫，应该精准到什么程度？——分类扶贫。不同原因的贫困，应该有不同的处理办法，否则，会助长"坐等扶贫"的风气。

如何分类？如何扶贫？

首先，对于农村的那些老年人，没有生活自理能力的，无儿无女的，应该扶贫。因为这是一个非常明显的贫困群体。最主要的是，他们没有生活来源,没有收入,只能靠接济,或低保,但有的乡村干部直接冒领这群人的低保,实在是让人不好理解。贪污居然可以贪到这个份上?

其次,对于年轻却有残疾的农村人而言,他们种地不多,又不能外出打工,所以导致自己贫困。在卢梭所说的那种"自然不平等"的情况下,这部分群体应该受到扶贫,应该帮助他们获得最基本的生活保障。并且,如果在农村,男性是残疾,往往弄的媳妇很可能也是残疾,但生的小孩未必(有的也是,因为是遗传疾病等),所以,两口子都是残疾,何以致富?

在农村,如果真的贫困,主要是这两个群体,其他的人,其实都可以通过自己的双手,种地或者外出打工来解决基本的生活问题,有条件的还外出做生意等。比如我们先前遇到的一户四川农民家庭,生了两个男孩子,他们靠着亲戚在上海卖鱼,结果两个孩子都养活了,还有一些积蓄。再比如,笔者所调查的一些人,趁着孩子还小,外出到工地上打工,或者到石灰厂、粮油厂等扛包,以此来赚些小钱。这些都是摆脱贫困的方法。

所以,7000万贫困户,到底该怎么扶贫?笔者觉得,还是应该将其分类,正如我们上文所言,北方的农村与南方的是否一样呢?明显不是。我们在甘肃调查的时候,明显收入低于南方的一般农村。所以,扶贫应该有重心,扶贫应该有区别,扶贫应该有筛选。特别是对于那些好吃懒做的人,不应该扶贫,因为这会导致其懒汉作风的膨胀,也会导致村庄的其他农民的不理解。要知道,农民对于国家政策的感受是很直接的,他们不会想那么多复杂的原因。同时他们不认为懒汉也可以得到扶贫。这不利于勤劳致富的风气在村庄养成。

所以说,农民口中的"该穷"背后所折射出的政策操作问题,是需要我们基层干部们反思的。一方面,如果执行偏差,那么农民虽说

(可能)不会抗议,但心里不好想;另外一方面,如果把扶贫当做作秀,或者是政治筹码,那么还不如不扶贫。真正需要帮助的,我们得弄清楚再做,不能"一刀切"。否则,后患无穷。

2016 年 3 月 24 日

精准扶贫怎么就越扶越贫？

"对农村采取精准扶贫，于农民而言，特别是贫困的农民群体来说是一个莫大的好事，也历来被政府所重视。比如说在宋代，政府除了在自然灾害之后开展临时性救助，还从百姓日常生产生活实际出发，制定系统性扶持办法，从财政、民政乃至军政多个层面对贫困人口进行帮扶。"①可见，扶贫并非是一个小事，乃至动用军政的力量。

我国从 2014 年起，中央财政安排专项扶贫资金 433 亿元，28 个省份省级财政预算安排扶贫资金 265 亿元。② 并采取了十项措施来进行精准扶贫，分别为：干部驻村帮扶、职业教育培训、扶贫小额信贷、易地扶贫搬迁、电商扶贫、旅游扶贫、光伏扶贫、植树扶贫、致富带头人创业培训、龙头企业带动。从这些方面来看，基本上都找准了脱贫的路径。

问题也就接踵而至，这么多好措施、好政策，农村贫困人口真的脱贫了吗？他们在基层又面临着什么样的遭遇？据《半月谈》报道，"近年来，产业扶贫在一些地方被大力推进，扶贫项目产业化已成为不少扶贫干部的共识。但由于未摸清市场规律，没有突出地域性、特色性，导致一些地方扶贫产业趋同严重，一些农产品、畜产品价格出

---

① 原载《人民日报》，2016 年 2 月 25 日。
② 见《找准"穷根"精准扶贫》，载《光明日报》，2015 - 1 - 30。

现波浪式变化,有的甚至严重滞销、烂在地里,贫困户损失惨重。"①如此,不但没有致富,却陷入了更加贫困的境地。我们就要问,为什么基层干部会好心办坏事?怎么就越扶越贫了呢?

在笔者看来,有以下几个方面的原因:

第一,为了政绩与迎合上级的意思。众所周知,我们是指派性政治,故而对上负责的政治往往就以听话、执行等作为基层干部的考核方式。拿扶贫来说,上级安排下来的政治任务,要帮助农民去脱贫,那么就大张旗鼓地去做。往往形式主义与口头主义的做派惯性就会导致"喊的多,做的少",故而拍马屁,迎合上级较多,甚至用一些形式去对付上级的检查也罢,最终(被迫)参与表演的群众,往往成了主要的受害者。

第二,基层干部摸不清市场方向,不认清现实。很多基层干部,每天都是开会,却少了一些调研和交流,特别是与农民的交流。会议上能听得到农民的心声吗?不能。所以,当执行任务的时候,往往"瞎指挥"。在摸不清本土的优势与困境所在,摸不清市场的时候,就盲目地下结论,最终导致上文所说的,不但没有致富,却反而让农村人口更加贫困。这怪谁?是国家的政策不好?非也,而是基层干部没有搞清楚市场,没有搞清楚自己的特色,没有搞清楚什么是扶贫。好心办坏事,往往就造成农民很可能下一次就不再相信扶贫,继而再去动员他们去种植或者养殖一些东西的时候,往往怎么都"喊不动"。

第三,要发挥农民的主观能动性。正如现在学界常说的,富人/能人治村。它背后的含义在于,能人要带头,要带领其他人一起富裕。关键是,这样的能人,基层政治是否给予了空间和机遇,让其出现。而一味地跟着干部走,如果他错了,农民就一下子全完蛋了,所

---

① 见《扶贫谨防产业趋同,切忌瞎指挥》,http://www. banyuetan. org/chcontent/jrt/2016429/193073. shtml,2016－5－3。

以要搭配进行。在笔者看来,农民要发挥自己的主观能动性,发挥小岗村的精神,要敢于探索和突破,政府再在政策和资金上进行扶持,或许这样的扶贫更加有效果。不能光想着干部去带动,这样的依赖心理不好。

"浮夸风,瞎指挥",还有形式主义是当前农村精准扶贫越扶越贫的主要原因,一些基层干部为了自己的政绩,鼓吹一些口号,浮于表面,不做实事,最后把贫困人口带得更加贫困,应该受到追责。想杜绝这样的现象发生,就需要发挥实证调查和打通市场的精神,去摸清自己的特色在何处,优势在何处,再去寻找销路,甚至要善用"互联网+"的思维,这样更加有利于联动"产-销"的两端,让农民的荷包能够真正地鼓起来。农民自身也要敢于寻找出路,而不能依赖村干部的带头,他们毕竟有很多束缚,故而,在这样的情况下,农民要主动地扮演主角,让政府来扶持,这样更有利于扶贫。同时,扶贫本身是"扶",而不是其他,所以,在角色扮演上,政府干部应该认准自己的定位,不能喧宾夺主。

张文在《人民日报》[①]刊文谈道:"精准扶贫的前提在于对贫困人口的生活状况、致贫原因等因素进行深入了解与分析,进而因地制宜、因户施策、分类扶持,提高扶贫的针对性与实效性。"这在我看来,恰好是消除越扶越贫的主要办法,要实证调查,再做决断,不要盲目跟风。要因地制宜,而不能看到什么赚钱就种什么,要知道市场的规律。精细化操作,更要落实到每一户贫困家庭之中,让能人治村,用资本、技术等去带动他们致富。

2016 年 5 月 4 日

[①] 2016 年 2 月 25 日。

关于农村精准扶贫的一点思考

对农民的精准扶贫,并非从近些时候才开始的,有学者研究,从上世纪90年代,就已经有精准扶贫这么一说,然而它并未在上个世纪受到如此之规模的重视。时至今日,当我们再次关注精准扶贫时,笔者觉得有必要谈论两个问题。

第一个问题是,贫困到底是该政府帮助还是自谋生路? 2016年2月份,笔者在返乡途中时常看到类似的标语——"致富首先得立志",大意是说,要致富先得自己有致富的决心。然而,我们依稀记得以前有很多这样的宣传口号——"要致富,先修路"、"要致富,多种树"等。从不同的政治引导来看,到底是先立志,还是多修路,多种树? 比较而言,前者是一种形而上层面的精神勉励,后者是形而下层面的资源配置。比如,某村以生产橘子为主,但因交通不便,村民要运输橘子到外地去卖就成了大问题,即便有商人进村来规模收购,交通依然成问题。这么一看,"致富靠交通"还是很有道理。同理,种植树木可以卖钱,鼓励当地村民因地制宜种植树木或花卉,同样可以获得较大收益,实在不行,还可以利用"互联网+"思维,到网上去卖,不是也能致富? 问题就出现在这里,致富明显要靠资源、交通、技术等,为何先要靠心态? 甚至在背后,不免让人怀疑,某些部门是否是在推卸责任呢? 干部们应该拿出更多诚意,引导农民种植有市场销路的产品,以及去外地市场更多地推介本地特色产品,而不是简单地说让农民有立志致富决心在先。农民朋友当然是想发财的,如向农民做调查,估计很多人会说,"谁嫌弃钱多?"故此,农民致富靠先立志,某种程度上是一个假命题。他们顶多是不敢去拼,这才是真问题。何况,对于有些农村而言,又有什么特色资源去拼呢? 农户个体谁又承受得起市场风险呢? 如我们曾调查的 Z 村,一户农家因其女婿介绍,开始种植草莓,本以为会大赚一笔,不料大棚搭建、种苗等都弄好以后,没做好经营管理,未抓住市场行情,投入了几万不说,最后收获时却"亏死了"。如此情况,你让一个农民怎么可能还有信心去继续种草莓? 他立志了,但没用。或有人说这是个案,其实不然,该村还有人种植了洋葱,同样也因种种原因亏得血本无归。

第二个问题是,扶贫到底要怎么扶? 笔者在山西农村调查时,当地一位在基层工作的朋友告诉我们,他所负责的扶贫对象共 5 家,自己每个月收入(他有事业编制)共 2000 多元。如果单纯支持每户每个月 400 元,那么自己基本上一个月等于白干。在收入一定,被安排为 5 个不能变动对象的情况下,他如何去完成精准扶贫? 这就涉及到一个问题,当旧有的输血式扶贫撤走以后,农民依然是贫困的。何况,此类平均主义思维和一对一帮扶思维的扶贫方式,很可能导致的不是贫困的减少,而是增加。中国有句古话,"穷则思变",如果一味用钱去解决问题,那么贫困农户就可能会形成依赖感,甚至觉得"不劳动,反正每个月都有 400 元拿"等。这类心理一旦形成,很可能导致其好吃懒做,贫困继续。进一步说,那个负责对这 5 户人家进行扶贫的人,每个月工资基本上都搭进去了,又不能有更多的收入,他自己的生活怎么办? 他不去做,又完不成相应的指标任务,故而就可能造成新的贫困发生。笔者并非说不该帮扶,如同我们以往上学一样,一对一地帮助学习,的确有可能增加考试分数,提高学习成绩。关键是,精准扶贫得量力而行,不能简单作为政治任务摊派下去,不能为了完成任务而把具体任务执行者弄得"饭都没得吃了",这主要是某些地方在执行政策时思路有问题,具体操作也有些欠妥。

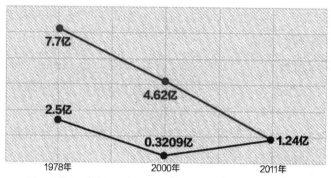

李小云教授认为:"由于贫困线的大幅提高,贫困人口数量猛增到1.24亿。这就是大家为什么会疑惑上个世纪贫困没了,如今又出来了1.24亿贫困人口的原因。可见,公众的不解来源于不同时间贫困数字的变动,而非贫困人口实际增减的真实情况。"图文来自于《为什么扶贫几十年穷人反倒越来越多》。转引自 http://finance.ifeng.com/a/20160616/14492984_0.shtml,2016-6-26。

其实,二者可以结合起来加以优化处理。如帮扶单位或基层干部将其所拥有的资源对位具体帮扶乡村,引导外部可利用资金资源进入,寻找地方性特色发展之路,进而以农民自我创富方式来实现扶贫。或者说,政府在城镇化方面努力做得更加完善,让农民有意愿而且能够进城打工,通过一定的技能培训,可以成为从事城市相应缺乏的结构性劳动力,如环卫工、家政服务等,把人口红利和城市劳动力缺口对位起来,从而使得进城农民可以相对过得好些,达到双赢结局。

从本质上说,关于社会资源再分配,这是从1978年改革开放以来就一直存在的问题。而如何减少城乡差距,不仅仅是一对多的帮扶问题,更应从结构和制度上去考虑问题。我国农村人口基数大,因为资源匮乏、信息不对称等多重因素,农村的发展被现代化、工业化和信息化远远抛在了后面,农民从原来的当家人逐渐变成了边缘人。农村的贫困,不仅仅是需要工业反哺乡村的问题(现在环境受到污染的乡村很多),而且更是乡村如何寻找属于自己的一条发展道路,尤其是发展特色农业。

湖北省荆门市的"中国农谷"就是"农业生态 + 旅游 + 种植农产品"一体发展模式。当地人居住的房子由政府出资改成徽派建筑样式,政府主导加强宣传吸引城市市民来体验农业农村,发展农业观光休闲旅游等,农民因此逐步走向致富之路。当地每年举办的油菜花节,带动旅游文化消费,周边村民可获利上万。在蓬蓬勃勃的美丽乡村建设过程中,如何整合资源,做好一二三产业有机融合,最终实现农业农村大发展,让广大农民共同致富奔小康生活,这不失为一种有益的实践探索。

(原载《湖北社会科学报》2016 年第 8 期,第 2 版)

再议精准扶贫的现状、问题与对策

从 2013 年开始,笔者陆陆续续撰写了一些关于扶贫的问题及其分析,从调研和阅读文献的基础上,对扶贫工程的"好"和"不足"给予了一定的判断和研究。比如《关于扶贫问题的一点思考》《扶贫不能搞一刀切》等。而今,再次从精准扶贫这一问题上,重新和全面的思考扶贫问题,从现状、问题、对策来加以论述,从而系统性地展示目前我们扶贫取得的成绩、存在的问题与需要的对策。

现状:扶贫的成绩和对策

中共"十八大"以来,中国共产党和中国政府提出了"确保到 2020 年,中国现行标准下农村贫困人口全部实现脱贫"的目标。在如此的目标指引下,当前精准扶贫进行的可谓是如火如荼,成绩也很斐然。比如,从 2013 年至今,中国共有 5564 万人摆脱贫困,这个数字超过法国人口的 80%。(数据截止 2017 年 6 月)

取得这样的成绩,与一些原因有关,比如基层政府为了取得更加傲人的成绩,纷纷动员地方干部进行精准扶贫,并采取各种措施,正如某日报所报道的:"要精心制订方案,以目标和问题为导向,拿出细致有效措施,以连平干部的精气神全力冲刺,确保顺利完成年初既定各项目标任务;要认真做好沟通对接工作,做到上下沟通、左右联动,形成强大工作合力,确保政策贯彻到位、工作做出实效;要切实加强领导,县扶贫办要加强业务指导,各镇各部门负责人要切实落实责任,确保尽职尽责;要树立用结果说话、以成败论英雄的工作导向,倒逼工作落实,确保精准扶贫工作取得实实在在的效果。"(2017-11-9)从这样的一段叙述中我们大致可以看到,扶贫既要有地方干部的全心全意的投入,也要有千方百计的对策,从而才能形成上下联动,体现出对中央政策和精神的消化性理解和落实。

当然,从学界的角度来说,对精准扶贫的措施,自然是有一个归纳,大体上可以分为以下几类:第一,结对帮扶。所谓结对帮扶就是"一对一"或"一对多"来进行帮扶,实则是一种能力原则下的输血与造血性帮扶,希望借助资源对接从而达到脱贫。第二,产业扶贫。所谓产业扶贫是指为贫困户提供技术、信息和服务等内容,比如养殖业等,让农户能够有更多收入的可能,或者直接转换到"另外一个行业"中来实现收入翻倍,从而脱贫。第三,移民搬迁脱贫。所谓移民搬迁是指当地的资源匮乏,交通不便,生存环境恶劣,这并不利于贫困户的生活和发展,所以搬迁不仅可以对环境加以改善,还可以遏制扶贫后"再贫"的发生。第四,技能扶贫。所谓技能扶贫是指帮助贫困户有一门手艺,能够靠手艺吃饭而不是苦力,尤其是对残疾人家庭来说,尤其需要一门技术来实现脱贫,而靠苦力,他们永远没有"翻身"的可能性。第五,基础设施扶贫。所谓基础设施扶贫是指,将当地的水、电、路等基础设施落后的地方进行改善,改善农田水利设施,实现村容改变。第六,合作社扶贫。所谓合作社扶贫是指通过组织村民参与合作社运动,实现与家庭农场、龙头企业等一并发展,实现脱贫。第七,保障扶贫。所谓保障扶贫是指"对帮扶对象中符合农村低保、医疗救助、临时救助、住房救助、教育救助等条件的,及时落实相关政策,给予相应救助。"改善他们的住房,医疗,教育等方面,实现保障性的安抚对策。

通过上述措施,我们的扶贫迈上新台阶。过去 5 年时间,"累计减贫 6853 万人,消除绝对贫困人口 2/3 以上,年均减少 1300 万以上,贫困发生率从 2012 年的 10.2％下降至 3.1‰。"(2018-2-22)这说明了我们的扶贫政策是见效的。也显示出了中国共产党对于解决 7000 万贫困人口的决心,从而兑现 2020 年全部贫困人口脱贫的政治承诺。同时,中国作为发展中国家,对于化解贫困人口及其带来的一系列问题,表达了我们在行动,并将继续强有力的行动。

问题:精准扶贫中的困境

但并不是说我们的扶贫政策和做法就没有一些问题。恰好是这些问题,阻碍了扶贫成效的表现,阻挡了贫困人口的脱贫。这并非是中央政策的不对位,而是地方干部在运作过程中出现一系列的不足。

首先,扶贫中的监管不够。比如,权力滥用,存在造假和贪污现象。随州市审计局的李蕾等人就指出(2018):"一些贫困村村委会伙同相关合作社,打着产业扶贫旗号,口头承诺让贫困户入股分红,并申报套取产业扶贫奖补资金,实际却未让任何贫困村民正式签约入股,给予收益或分红。"这说明了什么问题? 搞所谓的合作社扶贫,贫困户进去了,活也干了,但拿不到钱? 这到底是扶贫还是造贫? 除了如此,某些地方在数字上也造假,搞所谓的形式主义和"数字扶贫",比如我个人在调研沿海地区的时候,有的地方干部把所谓的贫困人口和低保户拿掉,就实现了全面脱贫的成绩,再用这个成绩去邀功,实现政治升迁。类似这样的造假、浮夸风的做法,要是主政者上去了,可见今后的危害可谓无穷。同样,挪动、贪污扶贫资金的现象也屡见不鲜。比如:"淮北市杜集区纪委监委把查处扶贫领域不正之风和腐败问题作为监督执纪重点,以铁的纪律、严的要求、实的作风推动精准扶贫各项任务落到实处,上半年累计处置扶贫领域腐败问题线索 6 件,立案审查 5 人。"(2017)而这只是冰山一角。实际上,把贫苦户抛在脑后而想方设法地套钱,实则是违背一个共产党员的基本素养,毫无地方干部造福一方的责任感和大局意识。在法律和政策的边缘上带着侥幸的心理跳舞,最终肯定会被关进铁笼。

其次,扶贫思路不对。我们常常听到这样的说法,即:扶贫工作长效机制有待健全、返贫现象较为突出、群众自我发展能力弱、部门资金整合难等。我个人认为,这里面最大的问题是思路不对。说的更为直接一些,即"没有对症下药",一方面,照搬照抄别的地方的扶贫经验,但对于本地的贫困原因认识不清。另外一方面,没有下功夫琢磨,所以力度自然上不去,也无法对准贫困。所以,导致最后没有用对的对策来对贫困进行化解。事实上,我们无法回避有的地方的确是因为资源问题、环境问题、贫困人口自身的问题导致扶贫比较困难,但也不是说没有方法加以改善。做工作,既要有耐心,也要有策略,而因为遇到不愿意搬迁的贫困户就放弃劝说、晓之以情的讲道理,那自然无法达到满意的扶贫效果。同样,我个人还认为,在扶贫思路上尤其需要讲究的是"需求在先原则",就是说,扶贫工作组首先要去问问贫苦户需要什么,然后估算总体情况,讲解扶贫的政策和意义所在,那么老百姓肯定会配合工作,而不讲究方法,一股脑儿的把小鸡、龙虾养殖等弄到贫困户家中,不但不是扶贫,而是制造新的贫困。他们如何养殖?难道靠几只鸡就可以脱贫致富?就可以实现收入翻番?难说。所以,产业扶贫也好,移民扶贫也罢,都需要先问问贫苦户需要什么,再结合条件给他们以帮助。李硕等人也指出了这一点(2018):"因为不同贫困户的致贫原因、贫困表现、贫困特点各有不同,致贫原因如因病,因残,因自然灾害,因父母离异、单亲家庭等,致贫表现为生活条件差、劳动力匮乏、留守儿童、举目无亲等。因此,针对这些贫困因素、表现或特点需要对贫困户的扶贫工作区别对待,根据贫困户的家庭具体情况,采取针对性的扶贫措施,不仅让他们在物质生活上感到富足,同时也应该让他们在精神上感到充实和温暖,提供他们真正需要的关爱。"

再次,贫困鉴别不足。其实贫困人口之所以成为贫困,除了那些真正的贫困者需要鉴别并加以"扶贫"之外,更需要鉴别的是非贫困者。这些人大多数是属于好吃懒做类型,他们仗着自己是"贫困者",为难扶贫人员。这就导致基层的扶贫工作人员在开展工作时制造了麻烦,甚至打消了他们的积极性。为此,重庆市专门出台《严格政策,把握关键,精准识别扶贫对象》的对策(2015),从而最大力度的防止老赖的骗取国家扶贫款。同时,2014 年的《国家将制定扶贫对象识别办法,精准识别贫困户》一文也指出:"中共中央办公厅、国务院办公厅印发了《关于创新机制扎实推进农村扶贫开发工作的意见》,并发出通知,要求各地区各部门结合实际认真贯彻执行。《意见》提出的改进贫困县考核机制、建立精准扶贫工作机制、改革财政专项扶贫资金管理机制三大看点尤为引人注目。"由此可见,鉴别真正的贫困户对于提高扶贫精准度,降低贫困率是多么的重要。

对策:科学化和透明化的扶贫

就目前而言,扶贫最需要做到的两个关键点是科学化和透明化。

首先,科学化。科学化的扶贫需要有科学的方针和对策来作为指引,而不是输血式的扶贫,为了满足一时半会的政绩来扶贫,为了应付上级的检查扶贫,要真正的按照科学的对策,对贫困有一个系统的认识,从而在中央方针的指引下做到扶贫有力度,工作有效度。范笑天也谈到(2016):"在以往的扶贫工作中,我们注意到许多扶贫项目资金投入不少、人力投入不少,但呈现出粗放的特征,一些项目满足于一般的'漫灌'方式,缺少针对性,也缺少对扶贫项目业绩的客观精确的评估,从而造成不小的资源浪费。"所以,用最小的成本来实现最大的扶贫效果对于扶贫而言就显得难能可贵。同时,用最科学化的方法去鉴别贫困线,去按照当地的收入程度和因地制宜地进行"造血",则显得更加珍贵。如果说只是注重短期的"狂轰滥炸"式的投入,而不计较和衡量成本,则就显得有些浪费国家资源,没有把扶贫做到实处,缺乏一种长期性的科学性思维。

其次,透明化。扶贫最大的一个问题之一就是扶贫款被地方干部吞噬,选出来被扶贫的对象是干部的亲友,而不是真正的贫困者。比如,在浙江,"在贫困户的精准识别阶段,可以实现扶贫信息公示、评选结果反馈、建立贫困户档案和数据库等功能,在帮扶阶段,可为精准扶贫、精准管理提供信息化手段支撑,包括贫困户信息管理、阳光操作管理、扶贫事权管理等。"(2017)这就意味着,用"互联网+"的思维让扶贫工程"触网",最大限度地使得扶贫成为一个透明化的过程,且群众有监督扶贫的工具和渠道,否则就就是相对而言的"扶富"。同时,杜婷(2015)也强调:"作为为民利民的扶贫工作,必须要公开透明进行,保障大众的知情权。从前期的准备工作、摸底工作、贫困户标准、脱贫标准等等条件都应该让大众知晓明了。被列入扶贫范围的贫困户还应该在村里进行公示,让大家举报监督,积极查出瞒报、谎报现象,打击霸占扶贫资源的富户、关系户。扶贫工作帮扶的是广大的贫困人口,要近民、亲民、便民、利民,一切工作都要在在群众的眼皮子底下进行,杜绝暗度陈仓。"只有这般,扶贫款才不会落入不该落入的手中。进而,为什么要在此处反复地强调透明度,其实我们从未开始扶贫工程的国家战略就可以看出,比如说低保,有的乡镇干部,自己本身就很富裕,却把自己的儿子、妻子、八十多岁的母亲都弄成吃低保,何况在扶贫过程中呢? 他们会不会徇私枉法,胡作非为? 不好说。类似这样的腐败分子被抓的还少吗? 案例还少吗? 不少。所以,把透明化说的再直接一点就是一切按照法律来办,一切按照规章制度来办,从而杜绝老百姓连"汤"都喝不到,就别说"吃肉"了。为此,我们扶贫的目的岂不是就走反了?

总之,没有科学化和透明化的扶贫,则很可能导致的是扶贫流于表面,而缺乏监督,为此百姓的利益不但得不到中央政府的保护,还会被"硕鼠"侵吞,则导致百姓产生怨气,又被地方干部"压住",这势必会给社会稳定增加麻烦。

总结与反思

扶贫工程所带来的扶贫效果意味着什么?意味着我们人均生活质量的改善,意味着国家和社会的稳定,意味着我们国家现代化的水准,意味着中央对贫困户的关切和关怀。

当下扶贫工程中出现这样或那样的问题,也属于正常,但,杜绝一些不该发生的问题,避免一些致命的问题,比如腐败,要对扶贫中的"苍蝇"打击力度加大,甚至比一般的腐败给予的处罚要力度更大,更严。否则,扶贫的成效就会功亏一篑。

最后,扶贫依然"任重道远",要尽可能避免走形式主义。一些地方干部本着"不出事的逻辑"(贺雪峰,2017),抱着只要自己"下去乡下了","去送了几只鸡就完事"的心态,抱着干活但是不是真正干活的态度在做事,最终扶贫人员一走,贫困者也就继续贫困,甚至返贫。所以,兜底扶贫、产业扶贫、教育扶贫、一户一个账本,不断夯实和强化、不断回访和支持贫困人口脱贫是当务之急。只有这样,才能做到习近平总书记在《在河北省阜平县考察扶贫开发工作时的讲话》(2012年12月29日、30日)里所说的:"全面建成小康社会,最艰巨最繁重的任务在农村、特别是在贫困地区。没有农村的小康,特别是没有贫困地区的小康,就没有全面建成小康社会。大家要深刻理解这句话的含义。因此,要提高对做好扶贫开发工作重要性的认识,增强做好扶贫开发工作的责任感和使命感。"如此，2020 年的梦想也就不再是梦，而是活生生的中国经验。

2018 年 7 月 18 日

扶贫中的"数字作假"与"羞辱贫困"

——基于 X 市的街道调查

  2014 年 12 月 11 日闭幕的中国中央经济工作会议谈到:"在扶贫方面,要求实现精准脱贫,防止平均数掩盖大多数,要求更加注重保障基本民生,更加关注低收入群众生活。""2017 年 10 月 18 日,习近平同志在十九大报告中指出,要坚持精准脱贫。"其还谈到:"精准扶贫是为了精准脱贫。要设定时间表,实现有序退出,既要防止拖延病,又要防止急躁症。要留出缓冲期,在一定时间内实行摘帽不摘政策。要实行严格评估,按照摘帽标准验收。要实行逐户销号,做到脱贫到人,脱没脱贫要同群众一起算账,要群众认账。"

  然而,在基层的扶贫工作中,不仅出现一些背道而驰的情况,且工作方法上比较欠缺,严重影响了中央扶贫工作在基层社会的贯彻和落实。具体来说,有两个方面,一个是扶贫数据和方式的造假,另外一个是"贫困羞辱"。后者在目前的研究中比较少见,我们通个田野调查,得到了一些相关情况。

一 扶贫中的"数字作假"

  如今的扶贫工作中,出现一种新做法,即"数字脱贫"——贫困户没有脱贫,但在上报的文件当中让其脱贫。为此,2017年3月,《人民日报》发表了一篇文章《对"数字脱贫"要严肃问责》,其中谈到:"从过去扶贫工作暴露出的问题看,假脱贫等问题不时发生,这些从官员政绩出发的脱贫思维、工作方式,必然被广大群众所唾弃,也很难得到民众的认可。从这个意义上说,防止脱贫工作弄虚作假、华而不实、搞数字游戏,不仅与中央倡导的务实、实干的工作作风格格不入,也会对扶贫工作的健康发展带来严重危害。"

为什么数字脱贫搞不得?其不仅危害作为群众的贫困户利益,反而显得为官者自私自利,不按照中央的要求来办事,背道而驰。习总书记强调,不能得急躁症,但一些地方干部却为了政绩而越轨。

同时,除了"数字脱贫"以外,一些地方的干部还将取消贫困户的低保数量变为脱贫政绩。比如,原先是贫困人口和贫困家庭,但为了让其脱贫,在数字和比例上完成任务,而取消他们的低保,从而变成不贫困的阶层。一位基层干部对我们如此谈到:

> "原来每个社区有300户享受低保,现在只有50户不到,他们就是这样让贫困人口脱贫的。"他还反问说:"就是这样脱贫的?"(访谈时间:2018-3-24,地点:X市某街道)

我们哑口无言。诚然,有没有脱贫,并不是数字能够完全说了算(何况还是造假的数字(其实,在本文看来,数字造假也是一种对贫困者的羞辱)),而是真正按照规定来判断。

二　扶贫中的"羞辱贫困"

其实,低保户也未必愿意拿低保,因拿了以后在人格和尊严上很受伤。一方面,会受到一些工作人员的呵斥。毕竟"拿了人家的手软",为此,他们不愿意接受并不太多的低保金额,望自食其力而有尊严。另外一位基层工作人员告诉我们:

> "其实不享受低保也算是一种解脱,你不知道,享受低保的人,简直是受社区工作人员的羞辱,只要社区有事情,就叫他们来做,比如打扫社区卫生。我亲眼见到过一次,这些低保户和拿了'人家钱'的人就像一群奴隶被人家呵来呵去。"(访谈时间:2018-3-25,地点:X市某街道)

另外一方面,拿了低保,成为贫困户的一种行政性定格后,被贴上这个标签后,他们的人格比其他人似乎下降一等,被邻居、乡亲、亲朋、周围的人群等变相看待,觉得他们是"低等"、"无能"的"象征"(符号)。这会造成他们自身的"身份焦虑"(Identity anxiety)。所以,对于真正的贫困人口来说,他们没有在尊严与人格上得到扶贫方法地保障,从而不再愿意被扶贫。

进而,我们是否需要反思——在扶贫工作方法上是否应该改进?是否可以更加尊重贫困户一些? 徐贲在《正派社会和不羞辱》一文中谈到:"贫困和极端的物质匮乏可以使某些贫困者感觉麻木,不在乎以自尊换取施舍,但社会其他成员仍有理由捍卫这些贫困者的自尊。决定一个社会贫困共识的不是最低收入标准或者物质满足方式(如社会救济、慈善帮助、乞讨等等),而是如何设想一个起码的做人条件。马格利特就此写道,'贫困并不是以收入分配来定义的,贫困是一个社会关于人最低生存条件的概念。最低生存条件指的是起码要满足哪些需要才能过上一种算是人的生活。一个社会把这个标准订得越低，把人也就看得越低。"①

　　所以，有时候一些人对贫困者的看法和观念没有因为自身是工作人员而改变，而是变本加厉地从身份和交换上进行人格低贱或不自觉的采取某种心态对对贫苦者，这本不应该，他们缺乏基本的工作素养，甚至可能是其自身人格扭曲所致。他们没有认识到贫困户也是人，而且还抱着施舍心态去对待贫苦者。如此，只会加重贫困对扶贫的抵触，让中央的扶贫工作和目标更难完成。

　　总之，无论扶贫中的两种"造假"行为，还是扶贫中工作人员的不当做法，都值得我们深思和反问自我。诚然，一个社会不可能没有高低之分和贫贱之分，如果没有，那么这个社会是不正常的。而如何对待弱者（包括真正的利益）及其他们的尊严，显示出一个社会的文明程度。

2018 年 3 月 26 日

---

① 关于马格利特的这番话，请见 Avishai Margalit, *The Decent Society*. *Trans*. *Naomi Goldblum*. Cambridge, MA: Harvard University Press, 1996, p. 229.

扶贫中遇到"老赖"该怎么办？

当前，我国的扶贫工作进入到了一个攻坚时期，尤其是要完成在 2020 年全面迈入小康社会，就必须解决贫困问题。面对 7000 万的贫困人口，我们的扶贫工作由原先的产业扶贫（乡镇发展中小企业，创造就业机会，增加农民收入）、低保扶贫变成了"精准扶贫"、精细化的扶贫。众所周知，在有的地方，采取一帮一的扶贫，给老百姓买果树、买鸡鸭以养殖等，确实给农民带来了新的机遇和帮助，让他们更有信心脱贫致富。

但在不久前，一份来自乡镇干部的牢骚，让人不得不重新思考一些地方的扶贫工作，即：有的农民觉得干部欠他们的，所以就等着政府给，自己又不想办法去突破，把基层干部弄得很被动。由此基层干部处在夹心层，很难办。因为上级有任务，所以有的农民不怕这些干部不扶贫，尤其是一些"老赖"式的农民。他们心里想的是，地方干部不完成任务，估计也难办，所以伸手要，且多要，不给还不行。

为何有这样的扶贫怪象？在我看来，主要还是两点：第一，把扶贫纳入到了绩效考核之中，导致干部不得不去扶，且只要是贫困就必须扶，这违背了一些规律，窃以为要分类后再去扶贫，才能起到更好的效果。进一步说，虽然扶贫是好事，但农民的贫困根源并非是需要输血式的扶贫而是缺乏资源去自谋发展，这才是关键。第二，农民抓住了干部们的这一要害，认为这是我应该得到的，基层干部怎么都应该对我们进行服务，否则就可以告发他们，不关心群众。如此，基层干部也就两难了。

事到如今，扶贫出现了这一现象，又需要去解决，到底该如何处理这类的扶贫怪象？群众中出现此类人，又该如何扶贫？第一，应该出台相应的规章制度，按照制度去扶贫，防止老赖耍赖以要挟地方干部。第二，对于老赖，应该讲理，做工作，而不能因为一个人或几个人而影响扶贫工作的开展。第三，要主动地去和这类人协商，转"等"变"找"，做到逐个击破。第四，反思地方干部自己的做法是否到位，事先有没有对贫困者进行分类，有没有摸清——到底是什么原因造成了他们的贫困。

综上，扶贫工作中必然会遇到各种各样的农民，但做工作要讲方法，讲策略，而不能过分地依据"会哭的孩子有奶吃"的原则，因为"老赖"最会这一套，所以要尽可能地维持公平性的精准扶贫，从而让扶贫工作开展得更为顺利。

2017 年 2 月 1 日

农民的心态与土地的流转

近来,安徽省提出了一种新的做法,农民如主动退出自留地、宅基地等,可以获得补偿。之前的土地流转政策之中,却没有这一做法。用奖赏的办法来实现因为土地整合而引发的农民与政府的冲突,此是一种比较好的做法。此外,还可以引导农民进城,从而提高城镇化率。

实然,这几千年未变的农村,就在城市化与城镇化的拉扯中,呈现出一种原教旨主义的乡愁。特别是逢年过节,各种"哭诉"、"挽留"和"记忆"。然而,农村的根本问题土地问题如今棘手地摆在我们面前,它的出路可以理解为农村未来的出路。换句话说,土地朝着何处去,农村就朝着相反的方向走。

所以,前些年,各路专家对土地问题的研究又重新开始,有的反对私有化,有的提倡私有化。前者以贺雪峰为代表。他认为,私有化会导致农民没有退路,而土地恰好起着一种稳定农村的作用和保障农民的角色。他反对激进的城市化,反对对土地私有化以后的非集体所有的形式。后者以周其仁为代表,提倡土地私有化可以让农民以变卖土地换取进城的资金。于是,包括"澎湃新闻"等媒体在内,掀起了一股热议土地是否该私有化的问题。

窃以为,理解这一问题,并非是核心,而是农村是否到了迈入土地流转的时代,或许,我们判断得有些过早。比如,在 H 省中部、东部等地区,即便是实现土地私有化,有的农民未必愿意。所以,这就涉及到了一个最基本和最核心的问题——农民的心态。关于农民的心态,理解这一问题要从调查农村开始。他们认为,"我现在生活得好好的,不愁吃,不愁穿,而且不用买菜,自己田地里种……"等。类似这种超现实主义、实用主义和安稳主义的心态在农民心中很有分量。他们不挪动的主要原因,也正如此。

或许有人会反对笔者对农民的这一判断,但我可以举例来说明,比如,农民家庭的子女靠读书,"跳出农门",而后接父母进城(这也是一种城市化),但父母却不愿意,即便是去了一阵子,也会跑回去,为何?他们图的还是一个自在。我们不仅仅三番五次地去问那些跑回来的父母,他们大约都如此回答。可见,要想把农民"赶进城",不是容易的事情。

那又该怎么办呢?

转变农民的理念是关键。基于保守主义,他们往往很难主动地去转变,甚至他们不太愿意尝新,比如,我们调查的过程中发现,农民用微信、用网络的群体,多半是在外面见过世面(如打工等)或者当兵回来务农,或者以前的教师,或者是读过一点书的人。尽管他们已经被理解为如今乡村的精英群体、带头人,或是能人,但基数毕竟是少,所以,绝大多数农民,还是一日三餐,还是"日出而作,日落而息"。循规蹈矩的生活是农民本质的心态而非方式。

综上,可以发现这么一个逻辑,农村问题的根本是土地问题,出让土地与否是农民的心态问题,转变农民心态是实现土地流转和城镇化的关键。

然而,学界对农民心态的研究并不多见,主要集中在乡村治理模式、乡村选举、村民自治、乡村经济(包括林业经济等)、乡村社会的性质等。换句话说,关于乡村的政治、经济的研究比较多,而文化较少。

农民心态归属于农村文化。

以往,梁漱溟、晏阳初等都在这一块做过文章,似乎收效至今都没有见到多大的转变。或许,这样的心态转变实在是难。

农民到底是怎么想的?我们曾经又做过几次半结构式的访谈。他们觉得,如今的土地流转应该推一推,与其说霸王硬上弓,不如顺其自然。其实,这番话也的确有道理。为什么这样说呢?第一,让农民主动地进城,不容易。即便是有小孩在城市安家,他们也不希望长期地生活在城市,顶多帮忙带外孙女,等其稍微长大一些,就主动地要求回村。第二,强制性地逼走农民,反而会加剧上访激进行为的发生,因为土地被侵占而发生的悲剧已经很多。第三,利用奖励来引诱农民进城,或许是一个比较妥当的做法,但当农民发现城里没有农村好,他们想回去又回不去的时候,他们会认为欺骗了他们。所以,自然而然最好。对于农民而言,他们最大的希望就是把子女"弄出去",但子女往往又不会太在乎自己家的那点土地,届时政府用少许的资金就可以解决土地出让的困难。而这个"自然而然",最本质的一个问题就是时间,等这一辈人"走了",那么土地自然就遗留下来,再去整合,或许是一个更好的,不那么激进的方法。现在,农村有类似的情况发生了,他们采取的办法是抛弃田地或者租给邻居,或者相好的种。且抛荒的土地也不会被荒太久,有农民会捡起来种。由此慢慢地,就形成了大户农民,他们自觉地把土地整合在一起。到时候,政府也就不会那么困难地去收土地的使用权了。如此,既避免了冲突,又节约了政府成本。

2016 年 3 月 1 日

休闲农业中的四个问题

——以"中国农谷"为例

在乡村社会和经济转型的过程中,随着大量的劳动力外移和空巢化、老龄化的加重,学界现在发出"农村谁来种田"的问题,其实这个问题的背后所要追问的无非是两点:第一,土地转给谁? 第二,农村的经济怎么办?

记得在 2006 年之前,农村曾经出现过抛荒的现象,我们曾经下到农村里做过访谈,得知当初之所以出现这样的情况的原因在于:农药、肥料和沉重的农业税导致入不敷出,故而农民选择当"理性的小农"。随后,中央对农业的问题进行了调整,一个是采取"直补"的方式,让农民获益,有积极性地去种地;另外一个就是废除两千多年来的农业税。这一废除不得了,农民可谓是被免除了一大笔生产成本,且种地还有补偿,何乐而不为? 于是,有的大户就承包很多土地,既可以生产,还可以白白地赚到一笔不小的"直补"。农村就此又盘活。

近来,随着上文所说的城市化和市民化的进展,农村开始空心化,缺乏劳动力,经济开始式微。如何转型农村经济发展是一个比较头疼的问题。

显然,若在农村内置一些外部的资源,引入外部的项目,往往容易成本过大,并且水土不服。根据这一现实的困境,在农村地区,提出按照当地的特色开发出符合当地韵味的旅游项目,也就是我们现在看到的那些热火朝天的休闲农业是比较合适的。所谓休闲农业,其实通俗的理解就是让城里人去体验农村的生活,并且把农村改造成旅游所需要的那种模样,却不能失去农村的味道。

在湖北省 J 市的"中国农谷",我们大约可以看到若干大小的,集约化开发出来的一些旅游项目。不仅仅在屈家岭,还在 Z 村、C 村等地,都形成连片的农业拓展成旅游＋生产的二元体系。在外人看来,无论是"推广"(广告)还是"开发"都可谓是下足了功夫。比如,在市区,我们在公交车、路牌等都可以看到推广农谷的一些标语等。还有,车体广告把农庄画得"非常美",如世外桃源一般,一看就是城市工作者休闲度假的好地方。他们还建立了专门的网站(http://www.zgng.gov.cn/)以让更多的人来了解这个地方。再比如,在开发方面,政府出资把马路重新修整,路边种上花花草草,把农田改造,且还把过去的田埂拓宽,铺上水泥,修建水车,甚至设置专门为城市人体验耕地的农地,把秧苗种出各式各样的颜色(种子不同)和形状(万马奔腾等),把马路边的房子外部都重新粉刷,还给房屋的顶部弄成徽派建筑的模式,可谓是特别符合建设社会主义新农村。从这些大大小小的努力也可以看出,当地政府和市、县、镇政府是下定决心要把这个项目做下去,并且做好。这一点值得肯定。

但是不是说弄成上述那样就没有问题了呢? 笔者的老家就在农谷之中,每次回家都可以听闻、参加、观摩"中国农谷"的休闲农业。发现这里面至少有以下几个方面的问题值得准备做或正在做休闲农业的村庄反思与注意。

其一,农谷的休闲农业怎么增收于农民?

其二,休闲农业开发该惠及哪些农户?

其三,为何开发出来的旅游资源差不多十个多月是荒废的?

其四,政府又该如何扶持农村开办休闲农业? 是不是每个村庄都合适?

接下来,我们做更为详细地分析。首先,农谷的休闲农业之所以休闲,是可以让城里人来度假的,但从 C 镇、L 村等情况来看,缺乏配套的措施。村庄内部就没有多少宾馆可以住,而且村民家中更是不能住,这就会导致市民或者旅游团只能用一天的时间来往农谷,并不利于发挥旅游项目的长效功能和机制,而这个农庄是有这个长效接待能力的。同样,一个村庄的旅客容积率完全可以以一个星期来计算,或者三天左右的时间来计算。如果留不住游客,那么农民去赚谁的钱? 休闲农业难道只是服务市民而不增收于农民吗? 这是政府在运作这个项目时需要注意的地方。其次,休闲农业开发过程中,我们还看到有很多农户是"靠边站"的,因为他们的房子不在马路边上,故而不在改造范围内。他们是看客,与市民一样,也是油菜花节的参加者,而不是休闲农业的主人。之所以如此,原因在于以每一家作为单元的开发,或者每一个"湾"(大约十几户)作为单元的开发,惠及面积甚微。再者,我们还看到,每当油菜花节开办之前,路边的花花草草可谓是又美又绿,但是"这阵风"一过,该枯萎的枯萎,该死的死,下次再重新种植和培育,这样是不是一种浪费? 到底是作秀,还是在做旅游项目? 同样,水车每当油菜花节开办时,也是转得哗啦哗啦响;但节日过后,几乎搁在那儿无人管理。类似这样的,真的是非常多。我们不仅要问,为何如此实用地去对待一个项目的开办,还耗费了那么大的成本去把农田改为小型水库,把道路铺成水泥路,建观光亭等,甚至路上还弄一个那么宏伟和气派的、类似牌坊的门楼。有农民对我们说:"一年到头,只用一个多月,甚至还不到,其余的时间就被荒废着,实为可惜。"第四,L 村的这些项目之所以能够快速地建立起来并运作,都与政府在背后推动有关。一方面,政府希望农民得到好处,也希望自己得到一些政治资本。另外一方面,政府、市场和农户之间的相互配合和塑造,才能成功地让休闲农业得以健康运转,否则很可能是一年到头都无人问津。然而,开发 L 村的项目,还有一个非常特殊的原因就是它本身的土质非常适合种油菜,且油菜花开得特别漂亮。故就地取材,才能顺势而为,进而做出类似这样的一个休闲农业的农庄出来。但不是每个地方的农地都如此。又该怎么办?

所以,我们要看为何要办休闲农业? 到底是为了村民增加收入,还是为了城市里的人缓解疲劳,还是为了别的什么? 总之,笔者通过亲自的生活体验和参与式观察休闲农业,外加少许的访谈所得所感,得出了以上有待解答的疑问,却非常值得反思。到底休闲农业该怎么办? 其实,规划和发展农村,要科学化和理性化。多看农民怎么说,多听农民有什么建议,多关切农民的共同富裕。

当然,对 L 村的村民而言,那些没有惠及到的村民,他们本身也因为这个项目而得到了一点好处,比如公路的修建让出行更为便利等。他们是希望有"搭便车"的机会的。所以,我们如何做得更好?

2016 年 7 月 8 日

修订于 2016 年 11 月 4 日

知识分子与乡村建设

——从费孝通的"乡土中国"到
华中学派的"黄梅实验"

我们在从事学术研究的时候,都会首先提及"问题意识"(Problem consciousness),然而在问题意识的更下一层,但凡有学术敏感性的研究人员就会追问"这个问题到底是真问题还是假问题"。比如说,乡村是一个真问题还是假问题?

同时,乡村建设是不是真问题? 乡村建设又是如何成为社会问题的呢?

追问下去,可能很多研究人员会提出类似梁漱溟的"乡村建设理论"和晏阳初的"平民教育与乡村建设",在国共内战之时,乡村遭受到的渗透,导致乡村社会秩序失范,乡村社会陷入到一片狼藉的状态。这与传统乡村社会的形象是不可比较的。作为有乡村建设情怀的学者,包括千家驹等人在内,无论是实践也好,评论也罢,都用行动和笔头关怀着乡村建设的一点一滴。在笔者所了解的情况当中,《独立评论》作为一份时事评论的刊物,也加入到了乡村建设的争论当中,为乡村社会的建设建言献策。有文献证明,刘荣争经过研究后得出:《独立评论》作为载体和平台,将很多具有代表性的知识分子,如胡适、吴景超、陈序经等对中国乡村问题进行评论,他们理性地看待当时正在进行的乡村建设运动,并积极探讨中国乡村经济发展之路,并引发关于乡村建设的论争,在社会上引起了很大的反响。而面对批评与指责,他们通过宣传乡村建设的理论与成就,反驳外界的批评,为乡村建设运动进行辩护,知识界兴起了以农立国和以工立国的再次争论。这就说明了,知识分子作为一个群体,在民国时期就已经非常注意乡村建设这个问题了。

如果再放在实践上来看,仔细地回味一下,从费孝通先生的江苏江村的田野调查,以《乡土中国》作为调查分析的结果面世以后,整个乡村建设就滑入到了当代中国的"村治实验"的氛围和惯性中。正如晏阳初所说,要深入农村,把自己当做农民一样去了解农民,才可能得出更适合农村建设的策略。基于这样的号召,华中学派的"黄梅实验"把"村治实验"进一步深入到了农村社会。还有于建嵘教授的"青县实验"和温铁军研究员的"梁漱溟乡村建设研究中心"的一些努力,这都在表明,乡村建设作为一个真问题,被费老以后的学者不断地在开拓、创新、实验、试错、总结、再实验,从而达到建设好乡村的目的。

我相信很多研究人员已经非常了解费孝通教授的"乡土中国",但对于"黄梅实验"有所了解的人并不太多。因为前者已经成为采用人类学的田野调查去做研究的一种范式,且袭用"以小见大"研究,其构成了一场村治实验性质的学术运动。

首先,对费老所从事的江村调查进行一个简短地概括。本身,江村在之前一直是一个默默无闻的小村庄,因为费孝通的原因,其后来成为社会学、人类学的一个丰碑和符号。1936年,费孝通谈道,"我们商议要自己深入到社会里去做调查",也在1938年出版了《江村经济》(英文名叫《中国农民的生活》),也就是他的博士论文。

其次,比起费孝通的"江村调查","黄梅实验"其实可以查询到的资料并不太多(可能也是我所搜寻的方式不对),从两篇文章中可以窥探一二。其大致由1990年崛起的"华中学派"及其一群知识分子在黄梅的乡村实践而得名。陈柏峰在《华中村治研究：问题与方法》中说道："世纪之交，华中村治研究的论域发生了变化，其间大体形成两个既有联系又存在张力的路向：一是由湖北'黄梅实验'给吴毅等人的刺激而引发他们研究方向的转移，二是贺雪峰等人通过村委选举观察而开始的对转型期乡村社会性质方向的整体自觉。然而，'黄梅实验'并未达到预期目标，却给每个亲历实验的人以深刻启发。"从这段叙述中可以窥见，黄梅县的这场乡村实验/建设所导致的后果不仅仅是知识分子群体的研究变向，更直接影响了"华中学派"的学术兴趣的分化。这一点从刘燕舞的《农民自杀研究》①就可以发现。但这都不是关键，更为重要的问题是，"黄梅实验"究竟是什么？同样基于上述中的这篇文章，可以从上文中得到："黄梅实验"是在湖北省政府支持下在湖北黄梅县小池镇水月庵村进行的一场村治改革的社会实验，其目的是力图将当时关于村民自治的知识和理论运用于实际，以实践由张厚安所倡导的"三个面向，理论务农"的主张，实验持续了两年之久（1996—1998）。如此，我们又可以从这一段表述当中发现这场乡村建设的实验的目的、性质及其内容，但是对于"过程"却不得而知，查询资料，也少之又少。

　　如回到我们开篇所叙述的主题当中来，理解为何知识分子参与的这场乡村建设运动，就非常容易了。作为真问题的乡村建设，知识分子所注入的心血和所运用的方法，是基于"深描"或"理解"乡村社会。这就意味着乡村建设首先需要被理解为"是什么"，而"怎么做"又是另外一回事。由此，多年的乡村治理研究，知识分子们在追寻乡村之道的道路上，不断试错与尝试，不断体验与实践，最后徘徊到了新农村建设的道路上。当然，新时代的农村社会建设与本文所叙述的主题并无太大关系，但不可否认的是，其依然需要我们去理解这场浩

----

① 北京：社会科学文献出版社，2014 年版。

浩荡荡的乡村建设实验。由此才可能找到一个更好的范本,为这个时代的乡村建设提供一个可能性的参考系。

我们改变了多少? 我们是不是该停下来,静静地思考一下其他的一些我们还没有注意到的因素呢? 这也是知识分子应该关心的一个真问题。

乡村正在迈向"原子化社会"

　　时下,对于乡村传统文化的复兴遇到的最大困境就是去组织化、去合作化和去邻里化,乡村社会伴随着人口流动与新型城镇化(制度性推动)的推力而变得越来越城市化生活模式,尤其是从过去的熟人社会已经变成了"半熟人社会"。农民,虽然彼此之间认识,但是除了血缘关系和亲朋好友的因素之外,几乎很好进行互助和互访。

　　与此同时,乡村社会的价值变迁也导致了这一结果。价值,在过去的传统社会中是邻里友好,彼此是一个生活在共同体内部的高度团结。并且,这样的团结,似乎是墨守成规的一种价值偏向,否则就是边缘人,会被村庄隔离和孤立。

　　正是在制度与价值的双重合力下,乡村变迁发生了变化,尤其是农民彼此之间的关联性弱化,呈现出原子化的特征。

　　最早在学界提出这一问题并随后引起热议的学者当属阎云翔,他在《中国个体化社会》(*The Individualization of Chinese Society*)①中着重论述了整个社会的"个体化"倾向,这种新的社会形态对中国意味着什么? 是"私人生活的变革"? 还是"现代性的个体主义"? 如何理解和对待?

---

① 上海:上海译文出版社,2012年版。

如果把这样的个体主义放在农村社会，再结合我们对农村生活状态的考察，我们认为，最为准确的一种表述，即农民的原子化。之所以提出这个表述的原因有两点：第一，描述农民的生活状态；第二，与过去的传统社会而言，从"团结性"走向"分散性"。

具体来说，比如：在过去，如果禾场上的谷子没有收完，却又遇到了大暴雨，那么邻里之间会来帮忙，现在则很少见

The Individualization of Chinese Society

中国社会的个体化

阎云翔 著 陆洋 等译

上海译文出版社

到这样的情况。农民为了答谢其他来帮忙的乡亲，有时候会请到家中以饭菜和好酒犒劳。或者，如对方有困难，则也会义无反顾地去帮助。大家的"私"因为"价值"和"还人情"而变成了一种狭小范围内的"公"，仿佛这种的"公"在长期的农村内部中形成一种定律。但是，一旦外部人口渗入进来或者因为某些矛盾，以及价值的变化与生产的变迁，这种内部的定律就会撕裂。加上，外力作用和社会转型，撕裂也会发生。为此，现在再去看乡村，小农生产时就"各搞各的"。

同时，在农闲时，走动的概率也比以往少了很多。以往都会在杀猪或者过生日等，一些朋友会不邀自来参加乡村的聚会，但现在却很少。很多"亲得很"、"关系好"逐步凋敝、冷落，最后"各忙各的"。

这种"休管他人瓦上霜"的做法，以往农村社会是很少见的，但在现在的农村，却比较繁多，尤其是没有血缘、宗族、亲友关系层面的农民彼此，可谓是"老死不相往来"。认识倒是认识，毕竟生活圈就那么大，但要说能形成互助等状态，抑或是达到以往的那种高度团结，则

不再可能。

为此，我们把这样的一种情况界定为"迈入原子化的乡村社会"。

这样的情况在城市却比较常见，甚至比农村的还要浓烈，陌生人社会的城市生活，往往连邻里之间都不认识。我们的邻居到底是做什么的？不清楚；住了几口人，不清楚；有几个子女，不清楚……

这种"似城市生活状态"用社会学的一种理论可以加以理解，即底层社会模仿上层社会，农村在"模仿"城市。这种"模仿"却是因为各种原因导致，比如：第一，城镇化的推力；第二，生产的变革；第三，价值的变化；第四，文化的凋敝；第五，社会的转型。

如此，我们又该如何去治理这样的乡村？在笔者看来，重新组织农民，已经不太可能，恢复乡村文化，也不太可能。而是应该依据市场来推动乡村发展，尤其是农业生产，恰当地处置和规划土地问题，才是乡村的一个出路。而过分地强调回到以往的乡村社会状态，我觉得在市场改革与新型城镇化（其需要很长时间）的外力下，无异于螳臂当车，最后会把乡村弄得"进退两难"。

（原载中国乡村发现网，2018 年 2 月 2 日）

被扯动的农村：
桂林市 B 村的调研

在上个世纪80年代、90年代，城镇的企业化与工业化发展作为经济发展的一种新模式在全国可谓是偏低开花。但，我们也看到了，这样一种发展模式因资源困境、运输困境等原因而无疾而终。又，伴随着1978年改革开放的浪潮，最终市场引导的资源再配置将城镇企业无情抛弃。故此，市场的力量不能小觑。

事实上，正是这样的市场化又催生出一种新的城乡经济发展模式，尤其是在城郊地区。而另外一种富有内生性的经济发展模式，也因此而催生，并出现了凋敝的状态。这些都是基于我们实地调查的结果。前者，以桂林市B村为例，后者以安徽省D县为例。而本文主要讨论的是前者，它是一种多元化的农村发展模式。其特点在于，B村是被桂林市扯动的，而不是主动融入。

从地理位置来看，B村处于桂林市区二环以内，至今可以看到非常明显的城乡差异，一方面，伴随着城市的发展，乡村的道路硬化，而且厂房较多，另外一方面，又有一部分农田依然在种植，包括水稻、蔬菜棚等。

这个与市区只有大概30多分钟路程的村庄，似乎受到城市发展的经济辐射并不是太大，却又隐约可以在村庄内部看到厂房出租的消息。同时,还有一些腻子粉厂等在经营。从外部观察,他们的生意并不算太好。

且,这些厂房还给当地的环境带来一定的污染,比如说灰尘等,以及在此务工的农民,往往因为防护措施比较差,而导致工人的疾病发生。

相反,这些企业之所以在此能够存在的原因,并非是当地的招商引资等,而是因此地和市区比较近,在运输材料和输出产品方面比较便捷。

当地的村干部告诉我们:"这些场子存在一定时间了,基本上是小作坊之类的形式存在。"他还说:"在经济效益上,其实腻子粉厂都不算太高的。"那么,什么是比较赚钱的场子?从外部观察和当地的村民口中得知,主要是厂房出租。不难发现,出租厂房是当地的一个特色,沿着北二环路可以发现很多这样的案例。也就是说,地理位置造成了土地效应增值,而与市区距离较远的地方,则没有这样的收入机会,只能依靠外出打工,或是靠种地来谋生。

的确,当地居民之所以打工正是因为土地资源匮乏,而人口又较多,这种资源与人口之间的矛盾和冲突就促使了当地农民外流,而且农民将打工所得收入,基于观念的原因,再投入到房屋的建设上,从而赢得"当地人的尊重"。说到底,就是"面子"。这样的面子,在外人看来却很奇怪。为何不去市区直接买房?

还发现,在当地厂房里打工的本地人并不多,一方面是因为场子太小,不存在如广东东莞之类的作坊;另外一方面,距离市区比较近,则就业机会更多。

在 B 村,还有一种非常有意思的经济体,即农庄。这种农庄平日里没有多少人去,主要是预定。而且,经验模式上完全是一体化的,有养鸡,养鸭,养鱼,同时,养猪。此外,还有大棚蔬菜等,甚至将苗圃等也纳入在内。之所以就这样的休闲农庄产生,无疑还是市场化的需要,但与佛山等地的农庄比较起来还是比较欠缺,尤其是在硬件方面。但,反过来说,正是硬件欠缺,你可以发现,真是原汁原味的"农家饭",甚至用柴火煮饭、煮菜,可谓是逆市场化、效率化而行。

所以,通过以上分析可见:第一,B村的发展,主要时出租土地,而后让企业在此建设库房。而且,周边还有一条高速公路。说到底,是运输的便捷性和地理位置的特殊性,造就了B村的今天。第二,B村的村民外出打工较多,因为土地资源有限,B村的场子缺乏就业机会,农民被迫外移。第三,B村的生产作坊给当地的环境带来了问题,但因为不是特别规模化,加上还可以缴纳税费等,所以这些场子并没有因为外部环境的约束力(比如旅游景区的一些规定)而关停,而是继续在此生产与存在。第四,城郊地区的经济发展其实与城镇化是存在一定悖论的,为什么?他们可以住在自己的农村家中,而工作事可以直接骑电瓶车去市区上班。所以,如何城镇化?这是经济理性决定的。第五,农庄是该地区的一个特色,包括野猪林等旅游、餐饮、苗圃等一体化模式。

笔者认为,B村之所以如此发展,主要还是在城郊,是城市在扯动农村发展。与安徽D县等不同的是,前者是依靠城市辐射所构建出来的一种农村发展、生活模式,而后者完全是自谋型发展。基于此,要想农村发展的较为完善,就要在两个方面来做文章:第一,把握当地的资源特色和地理位置优势;第二,多元化的发展农村经济。

（原载中国乡村发现网,2019 年 10 月 17 日）

第四章　乡村治理

乡村治理现代化是推进国家治理体系和治理能力现代化的重要内容。在现有条件下,推进广大无特殊优势的乡村治理现代化,是亟待破解的重大课题。

——《人民日报》,2015 年 3 月 19 日

乡村振兴关键在于实现
乡村治理现代化

2017年10月18日,习近平总书记在十九大报告中指出,实施乡村振兴战略。并且,要培养造就一支懂农业、爱农村、爱农民的"三农"工作队伍。由此,对乡村在未来三十年的发展,指明了方向,尤其是土地的流转问题、粮食生产问题、农业发展与生态环境问题等,应该被我们更加加以重视。

其实,弄懂农业,关键在于弄懂农业技术,知道农业的科学发展;爱农村,关键在于对农村发展的奉献精神,如"耶鲁哥"和他的"黑土麦田"这样的组织一样,能够把毕生的精力投入到农村社会;爱农民,关键在于尊重农民利益,不做伤害农民的苍蝇。综合来看,农村发展的好不好,一个是农业经济,一个是农民利益,在科学发展观的指导下,相信中国的农村会发展得越来越好。

有一个问题我们无法忽略,即乡村治理在"十九大报告"下的走向如何理解?窃以为,无论是爱农民还是爱农村,其实重中之重在于农民的利益问题。这个问题关系到农村社会的稳定。

农村社会的稳定和发展,我们需要加强乡村治理,实现乡村治理现代化,尤其是在国家治理现代化的情景之下。于底层和基层来说,实现现代化的农业、农村和农民,才能更好地做到爱农民和爱农村,才能切实保障农民的利益。

具体来说:第一,在农业生产方面,加强技术务农,理论支农的服务,把现代化的生产技术运用在农业生产当中,由此回避农村劳动力结构不足的问题。第二,在农村治理方面,农民如何更好地保护好自己的利益,主要是要赋予他们一定的权利(徐勇,张英洪,2014),这个权利可以直接监督乡村干部的腐败。我们通过调查发现,农村诸多问题,最终都会反映在村干部腐败上面(刘晨,2016),而这样的腐败,一方面危害农民,另外一方面危害党和国家的形象,因为农民会认为,作为杜赞奇所说的乡村政治代理人(杜赞奇,2013)的干部们背后是国家的身影,为此,尤其需要防治"苍蝇"的搅局,严惩不贷。第三,在土地流转方面,加快李克强总理所说的新型城镇化建设的步伐,也不能过分地采取激进的城镇化战略,要给农民留后路,不能把农民"赶上楼",也要适当引导农民进入新农村,进入城镇,用现代化的信息技术服务他们的生活(刘志鹏,2017)。在衢州,利用微信群进行乡村治理就值得我们学习和借鉴。在农村社会保障和农民养老上,实现土地养老、房屋养老、居家养老、社会养老的并重,进行混合模式的养老服务而单靠子女养老已经不适合城镇化的社会。毕竟他们的子女会因为这样的一个战略而自觉地抽离农村,留守老人如何照顾,窃以为混合模式是一个不二选择。

这些问题,窃以为是当前乡村治理最为重要的几个问题,涉及到乡村的土地、城镇化、农业发展、乡村政治、农村社会保障等诸多方面。归根到底,还是农民的利益问题,只有实现现代化的乡村治理才能更好地保障农民利益,实现农村在稳定的格局下迈向下一个辉煌。

总之,乡村治理现代化于我们而言,需要抓住时代的机遇进行整体性的治理(郎友兴,2014),排除万难,力争前行。在十九大所提出的社会建设的视域之下,把乡村建设得更好和美丽,治理的更好和和谐,从根本上实现乡村的现代化,从而振兴我们的农业、农村。

2017 年 10 月 25 日

国家治理现代化视域下的
乡村治理现代化

随着新型城镇化的推进和城乡统筹发展的力度加大,中国的农村社会出现了各式各样的问题,如乡村混混危害基层政权和农民利益受害的问题,劳动力总量下降、农村呈现出"空心化"的问题,土地流转与农业规模经济式生产的推广和试验,因为一些村干部利用手中权力承包土地侵害农民利益,导致农民上访,群体性事件和农民自杀抗议的种种问题。这些问题对政府的合法性、动员能力与治权失灵等造成了严重的后果。[1](贺雪峰,2007)

我们该如何解决这些问题?窃以为,应该在治理思路上进行转变,也就是说,应该放在一个总体性的社会事实范畴[2](郭伟和,2014)内进行考察,而不是继续采取"打地鼠"式或选择性的治理。因为只有顶层设计指引下的"整体性治理"才会有破解这些问题的可能性。

无疑,国家治理现代化背景下的乡村治理现代化的被提出就是一个很好的"整体性治理"范式。

所谓乡村治理现代化,"就是指坚持乡村制度建设,运用法治的

---

[1] 见《乡村治理研究的进展》,原载《贵州社会科学》,2007年第6期。

[2] 见《作为总体性社会事实的农村社会上访研究》,原载《思想战线》,2014年第3期。

力量和引入市场的力量,社会的力量和乡土本色具有的内生性资源,把乡村事务实践到程序化制度化和民主化的程度。"①其比起"压力型"和"维控型"治理,要显得更加的科学、进步和文明。

回溯乡村治理的流变或变迁,大致有以下几个阶段:

首先,乡村治理自 1990 年代中后期以来,从范式转换到治理转型,主要有以下四个特点:"(1)历史性的维度;(2)整体性的维度;(3)本土性维度"②;(4)试错性的维度。然而这些维度,在"十八大"以后所提出的"国家治理能力与体系现代化"(国家治理现代化)的指导下,就需要我们重视"乡村治理现代化"的实践可能。而后者是前者的一种具体性、实践性和面向农村问题的现代化治理之需要。

其次,就目前所存在的"非现代化治理"③视角来看,不同的研究进路对于乡村治理和解决机制的对策各有不同。如:第一,在治理视角方面。韦加庆等人认为(2012):"农村社会的治理需要有整体性的视角,构建一体化的治理模式是建设新型农村社区的必要选择。"④申端锋却认为(2012):"不需要整体性的考量,而是把乡村问题分类治理。"同时,他还指出,"有分类无治理"是当前基层政权应该进一步明确的问题。"⑤第二,在治理的方式方面。张康之认为(2012),应该采取"合作治理",因为从现实来看,后工业化已经造就了新的社会形态,在社会治理的意义上,已经呈现给我们多元主体并存的居民,从

---

① 见吴林秀:《欠发达地区乡村治理面临的困境与对策分析——以贵州省铜仁市思南县三道水乡为例》,贵州财经大学毕业论文,2011。

② 见曹锦清:《如何研究中国》,上海:上海人民出版社,2010 年版。

③ 所谓非现代化的治理是与现代化治理相对立的,即非民主化、非制度化、非程序化等。

④ 见韦加庆:《整体治理理论视野下构建农村社区治理机制的思考》,原载《行政与法》,2012 年第 12 期。

⑤ 申端锋:《乡村治权与分类治理:农民上访研究的范式转换》,原载《开放时代》,2010 年第 6 期。

这样的一个现实情况出发,我们需要构建一种合作治理的模式。[①] 而孔凡义却认为(2012),中国社会变迁导致了"双重流动"和"分离流动",所以对传统的社会管理模式形成了挑战,这就意味着"国家—社会"的关系呈现出一种新状态,故此流动的社会需要流动治理。[②] 刘紫凌、张先国等人认为(2005),中国乡村治理可以尝试社区化的方式。他们以湖北秭归杨林桥镇为例,进行了相关阐述。[③] 卢福音认为(2011),构建一种派系的村庄公共权力机制和配置,是化解当前乡村问题的关键。可以让不同的派系进行竞争,并把派系嵌入乡村发展之中,以让农民获得权益。还有学者建议从政治学的绩效管理出发,或者转变"驻村"制度,实现"坐班"等方式来化解农村问题。[④] 第三,在治理模式方面。李金红等人(2008)从税费改革方面,比较了英国、法国、韩国和印度,指出了国外的治理机制和不同策略,提供给中国加以借鉴。[⑤] 王培刚、庞荣等(2005)从国际乡村治理模式的视野,强调充权的乡村治理方案,为中国的乡村治理问题提供建议。他们的努力意在从"外围"来抽取经验和策略,供中国借鉴以化解"三农"问题。[⑥]

　　通过文献梳理,可以发现,在看待"三农"问题的视角、解决"三农"问题的方式等方面,学界可谓是下足功夫,从不同的维度和方式

---

① 见《合作治理是社会治理变革的归宿》,原载《社会科学研究》,2012 年第 3 期。
② 见《流动社会的流动治理:国家和社会关系的视角——基于川中 S 市的实证研究》,原载《经济社会体制比较》,2012 年第 4 期。
③ 见董磊明等《中国乡村治理:结构与类型》,原载《经济社会体制比较》,2005 年第 3 期。
④ 见《派系竞争:村庄治理的隐秘机制——浙江省 C 市农村调查》,华中师范大学博士学位论文,2008 年。
⑤ 见《国外农村税费与乡村治理研究——以英国、法国、韩国和印度为例》,原载《美中公共管理》,2005 年第 1 期。
⑥ 见《国际乡村治理模式视野下的中国乡村治理问题研究》,原载《中国软科学》,2005 年第 6 期。

上既强调本土的内生性资源(孔飞力,2007)[①]的重要性,又吸纳西方的治理模式。

可是,却很少有学者注意到,在"十八大"以后的治理现代化于国家和底层社会的重要性。我们强调要加强底层社会整体性治理现代化的实践在于,要在一个总体性的框架内把"三农"问题纳入到乡村治理的范畴中加以解决,而不是分散化治理。且,乡村治理现代化的意义不仅在于可以与国家治理现代化有互动及继承合理性来源,还可以用治理能力现代化的方式,把底层社会的正式制度和非正式制度加以利用,实现乡村治理现代化的软着陆,以破解农地流转中的农民上访、群体性事件、农民自杀抗争、税费改革时期的乡村治权失灵、国家动员能力被弱化等一系列问题。

为此,我们认为,应该从过去的"三农问题"的各种不同治理视角、方式和模式中跳出来,从整体性与现代性上进行一个把握,从而突破乡村治理面临的困境。

2014 年 11 月 26 日

(原载中国乡村发现网,2014 年 12 月 1 日)

[①] 见孔飞力:《中国现代国家的起源》(*Origins of the Modern Chinese State*),北京生活·读书·新知三联书店,2013 年版。

网络时代大学生村官与乡村治理

——对《用微信创新乡村治理》一文的补充

2016年4月29日,《衢州日报》发表了一篇名为《用微信创新乡村治理》①的文章,该文主要谈到当地的基层政府利用了"互联网+"思维来进行乡村建设,改善了群众与村干部之间的关系和联系,让大家能够时刻掌控基层干部的动态,让大家有地方可以表达诉求,并且他们还将建成村村一个微信群。这与过去比较而言,乡村干部的治理成本将降低一部分,且提高了办事效率。

当通读完整篇文章以后,我发现,衢州所采取的这个办法,在其他地方复制和运作,往往还存在一定的困难。主要的困境在于:当地的村民未必就会使用微信,而且这样的技术,谁来教?怎么解决农民对通讯费的担忧?

首先,我们并不担心的是微信不被群众所接受,反而担心的是这样的技术如何普遍地使用?在当前,最有力的一个突破点在于村官,特别是大学生村官可以帮助农民来正确地使用微信。且大学生村官的作用,往往不仅仅是协助村委来开展工作,更需要"技术务农",而

---

① 见 http://news.qz828.com/system/2016/04/29/011124071.shtml,上网时间:2016 - 8 - 18。

图片来源:《"互联网+"如何让农民真正"+"进去》,原载 http://
www. zyny. gov. cn/zyny/nyzx/fztl/2015‐12‐22/24059. html,2015
年12月22日,上网时间:2017年8月23日。

这一点,恰好是青年人所擅长的。关键是要让老百姓和年轻人一样,
将微信和手机(智能手机)学会、玩会,这样才方便大家在微信里交
流,才方便村干部在网络社区中开展工作。① 窃以为,可以开办一个
微信使用培训班,教会他们如何玩微信和设置流量套餐。且,家庭中
"那个说话算话"的人,应该学会使用微信。

　　其次,我们通过调研发现,当前乡村治理的一个症结在于2006

---

① 据《领导干部要学会通过网络走群众路线》一文,习近平提出:"要建设网络良好生态,发
挥网络引导舆论、反映民意的作用。……网民来自老百姓,老百姓上了网,民意也就上
了网。群众在哪儿,我们的领导干部就要到哪儿去。各级党政机关和领导干部要学会
通过网络走群众路线,经常上网看看,了解群众所思所愿,收集好想法好建议,积极回应
网民关切、解疑释惑。对广大网民,要多一些包容和耐心,对建设性意见要及时吸纳,对
困难要及时帮助,对不了解情况的要及时宣介,对模糊认识要及时廓清,对怨气怨言要
及时化解,对错误看法要及时引导和纠正,让互联网成为了解群众、贴近群众、为群众排
忧解难的新途径,成为发扬人民民主、接受人民监督的新渠道。对网上那些出于善意的
批评,对互联网监督,不论是对党和政府工作提的还是对领导干部个人提的,不论是和
风细雨的还是忠言逆耳的,我们不仅要欢迎,而且要认真研究和吸取。"见 http://
www. chinanews. com/gn/2016/04‐20/7840816. shtml,2016‐4‐26。

年税费改革以后,干群关系出现了分散化。这就导致有的地方农村干部变成了通讯员的角色,或是信息员的角色(如湖北省 Z 村就是这样的)。而如何加深干群关系,是回到以往的办法——重新组织群众和动员群众,还是沿着网络时代,再想想别的办法呢? 无疑,网络是改善干群关系的一个新工具。

具体而言,第一,微信可以随时将干群联系起来,这得益于网络的便利性和快捷性。当村民有问题时,可以通过微信找到村干部,也可以通过电话。关键是,当有微信群以后,村干部可以把信息以点到面的方式,迅速地传递给村民们,这与以往的"大喇叭时代"有异曲同工之妙,却比起喇叭还要管用(如可以查看聊天记录等)。第二,微信可以缓解干群关系的紧张。习近平总书记曾言——"要走网络群众路线"。通过微信的互动,通过朋友圈地互动,我们可以把村干部与村民之间的联系结合得更为紧密。这与 2006 年农业税改革以后出现的境况恰好相反。

然而,微信固然是好东西,村民不会用也不行,这就涉及到上文提到的,要让大学生村官去帮助他们使用。① 同时,大学生村官可以作为新乡贤的角色存在,这对于乡村治理来说,也是好事。

当然,有人会说,微信的使用,往往并不是那么地受到村民的重视,有一些村民考虑到流量费用问题而不用微信。这个方面,其实很好解决,比如,报销一部分流量费用,或者有条件的地方可以安装WIFI 装置,这样可以化解农民对通讯费的担忧。

总之,本文从微信自身、大学生村官和乡村治理转型的角度来分析了这里面的一些比较重要的问题,当然还有一些没有涉及到。总

---

① 具体而言:一方面,这些人也可以协助大学生村官来做这个事情,或者说互相帮扶;另外一方面,大学生村官也需要自觉地意识到这个问题。关键是,大学生村官需要把技术带入到每家每户,而在硬件方面(比如智能手机等),村民和村干部需要一起再想想办法。

的来说,我们可以看到,网络时代的村委运作,需要考虑"借东风之力"来走好"网络群众路线",让彼此都受益于网络时代。

2016 年 5 月 18 日

为什么农村不容易搞法治

"送法下乡"①是迄今为止一直在贯彻执行的一个基层治理方案，为了让基层的百姓更清楚地认识到法的意义与工具价值，遇到纠纷与冲突的时候，以法律来作为解决问题的"出发点"，那么就必然会带来两个层面的结果：第一，用法律法规来衡量冲突中的利益分配，通过调解或和解等非诉手段来解决矛盾纠纷，用法律作为衡量利益分配的工具，防止暴力冲突。第二，通过诉讼程序，启动法律保护的最后一道防线，让第三方用法律判定冲突，从而达到法律上的公平正义，维护稳定。

然而，在中国农村，为什么"送法下乡"活动仍旧在继续进行，而法在中国基层社会实践却效果不理想呢？

首先，权势社会、情理社会大于法治社会。在法学界有句老话，叫做"法律被人人信仰"是一种理想的状态。这也就意味着，我们并不是时时刻刻都以法律作为信仰的一个维度去规范我们的日常行为。如此，即便法律存在，人们有时候也不会将其作为维护权利的武器，如在马路上，我们经常可以看到，当两辆车发生碰擦的时候，往往都是先"打电话叫人"。这里所谓的"打电话叫人"，并不是呼叫交通

① 更多内容可以参见苏力：《送法下乡——中国基层司法制度研究》，北京：中国政法大学出版社，2000年版。

管理部门,而是喊人来给自己壮势。问题也就出现在了这里,所谓壮势,意思就是增强势力。的确权势是决定胜负与输赢的标准,即谁的拳头厉害,谁就是获胜者,即便是理亏或他者的确侵犯,伤害到某一方的正当利益,只要自己有权有势,就可以"反败为胜"。"我爸是李刚"的思维及其逻辑就是如此。

这个问题,其实在农村也存在。在阎云翔所说的"原子化"与"分散化"的中国农村,过去,我们往往会顾及情面而请出有权威的人物来调解问题(比如乡贤等),避免发生流血冲突,而现在要么是直接打,要么是请求律师来进行恐吓[1],真正想采取法律去解决问题的,并不多[2]。再比如,我们在调查安徽池州的一件因为户口迁移与集体经济分红所引发的冲突与上访的事件中,当事人曾经说,"实在不行,喊点人把他痛打一顿拉倒。"[3]他的这句话,是在投诉无门的状态下说的。且从这句话里我们可以看到,他想解决问题的办法是采取暴力,而不是法律救济。为什么法律没法救济呢?反过来想,如果上法院能解决问题,那么也就投诉有门了。国家虽然制定了完备的法律制度,但由于执法和司法过程中人为的不守法,不按制度办事,缺乏公正司法、严格执法,甚至监督失效,故而导致利益诉求的非制度化存在。[4] 制度的非制度化操作所引发的后果,不仅是利益冲突未得到公正合理的解决,反

---

[1] 见刘晨:《国家治理现代化视域下农民上访与政府治道的变应——基于皖南 D 村的调查》,原载《安徽行政学院学报》,2016 年第 6 期。

[2] 在弗里德曼所说的"陌生人社会"中,也存在这类的问题。

[3] 见 Chen Liu: On Role Analysis of Rural Intellectuals in Bottom Struggle: Based on Peasant Collective Petition in Chi Zhou, Anhui Province, *Aussie-Sino Studies*, 2016 (3)。

[4] 正如学界所说的那样"制度的非制度化操作",这样就容易导致问题往往被扭曲和变形,解决更是需要法律之外的东西。更多可见倪稼民:《苏联模式:制度化与非制度化胶着的体制》,原载《社会科学》,2009 年第 6 期。也见郝宇青:《政治制度化与非制度化》,原载 http://news.ifeng.com/history/shixueyuan/detail_2012_07/10/15918431_1.shtml,2012 - 7 - 10。

而引发更多更复杂的误会和冲突。正如,当我们去田野调查的时候,当事人聘请的律师虽然出场了,但效果不大。针对这一行为,如我们从表面来看,这是农民相信法律的举动。其实不然,他之所以会聘请律师,主要有两个目的:第一,让律师来出面,代替他进行谈判;第二,用打官司的方法,上法院走诉讼途径,来恐吓对方。为什么会是这样呢?因为在一个乡村社会的内部,虽然原子化了,但彼此的熟悉程度还是要远远地大于城市社区,所以在顾及面子、情面的份上,就必须邀出一个陌生人出场,而这个陌生人(律师)是市区的,故而可以放开手脚去为其谋取利益。另外一个原因就是,在乡村社会,农民见过世面的毕竟不多,但凡出现法庭上见,那种法院的威严正义感,和平常"电视下乡"所构建出的"司法想象"就会引起对方行为的收敛、畏惧和不安。按照这个逻辑发展下去,问题很可能会得到解决。关键是,当村主任和律师见面后,答应将双方约出来见面再谈判时(原先是死活都不答应来蹚浑水),村小组长给村主任面子,才抽出时间去律师见面。结果可想而知,没有达成彼此的妥协和和解,而是把矛盾升级了。因为村小组长作为乡镇企业的负责人,每年给村集体纳税,故而村委也要让其三分,加上其又有黑恶势力撑腰,故而依靠权势,也就把法律、律师等没有太放在眼里。权势社会显然大于了法治社会。

其次,中国农村的法治思维难以形成。先前,国家权力并没有完全渗透到乡村社会。乡村秩序,依然靠乡绅、权威与血缘等关系进行维持,这些甚至可以直接代替律令来进行判决。而在 1947 年以后,国家将权力延伸、渗透到了乡村社会当中,却又没有建立起一套新的乡村秩序,故而乡村社会的乱序,就此产生。虽然国家希望用法律来代替血缘、权威等主导乡村走向和发展,但乡村治理的最大问题在于,法律在其社会结构当中的尴尬。正如我们在上文当中的举例,有时候,用法律去判定问题没有太多的用处,甚至不被利用。当问题出现的时候,大多数都是选择情理、权势来解决。

再比如,我们在湖北某村进行调查的时候,一名村妇遭受到村支书(在背后)所指挥的三四个混混对其胸口进行击打,原因是她将新修好的马路,还没有铺水泥的地面(只是被压路机压平了的土地面),用三轮车压出来了几条痕迹,而村支书认为其应该赔钱 200 元,但是村妇不认同此理,觉得有点贵。最后,在赔钱与不赔的冲突下,村主任在背后指挥黑社会的打手到其家中对其进行恐吓,而在恐吓又没有太多用处的情况下,打手们对其胸口打了两拳。并且,在一天之内,其被黑社会堵在家里打了三次。最后,因这名村妇有一个远方亲戚在县委工作,这个亲戚打电话到该村村委,村支书才善罢甘休。同时,抱着"多一事不如少一事"的想法,村妇没有追究黑社会和村支书的责任。此事,也就算是过去了,跟没发生一样。而村妇不选择这样,又能怎样?

总之,一方面,当遇到问题的时候,村支书利用权势来处理问题,而不是采取温和、理性的办法。如果在旧社会,那么就会请出有权威的长者来评评理,而不是动用黑社会打手去恐吓、毒打一个妇道人家。另外一方面,当村妇受到伤害之后,没有想到利用法律的武器去维护自己的权益,而是打电话给她的亲戚。

那么,从以上这两点出发,我们可以看到,法律在乡村社会中至今依然没有社会基础、思维基础和行动基础,人们依然在法律悬置①的状态下生活,农民成为了权势社会中的"忍者"。

再就是法律治村的成本问题。法律的成本要远远大于调解的成本,对于法院而言,对于农民而言,都是如此。特别是后者,年收入只有几万元,而且还要承担各种生活成本,例如医疗费用、教育开销等,

---

① 更多内容可见刘晨:《基层治理中的"制度悬空":现状、原因与对策》,原载《山西高等学校社会科学学报》,2017 年第 3 期。

如真的打一场官司,时间拖长了,恐怕会导致他们捉襟见肘。

　　法治为何在中国的农村中还一时半会无法完全实现,恐怕不仅仅如我们上面分析的这么简单,但是用什么来替代原先的农村秩序的构建者和维护者,还是一个难题。到底是继续"送法下乡",还是回到乡绅社会当中的"权威治理"? 如今学术界对于这个问题的答案,多半愿意用前者来化解乡村难题。

　　　　　　　　　　　　　　　　　　　2015 年 10 月 19 日

　　　　　　　　　　　　(原载中国乡村发现网,2015 年 11 月 4 日)

"互联网+"视域下的农村生态环境治理

广东省珠海斗门区开始采用"互联网+"的思维对该区农村污水处理场域网运监控系统进行启动。该系统监控范围将覆盖珠海市斗门区 11 座农村污水处理厂,可以实时监控污水处理情况,并进行远程调控。采取这项措施,至少可以节约 70% 的人工成本,且其还被认为是国内的一个标杆。

之所以被认为是"标杆"的主要原因在于,利用了"互联网+"这样一个比较流行和时髦的思维逻辑和实践逻辑。而所谓利用"互联网+"去治理农村环境污染问题,无外乎就是利用互联网的快捷性和高效性,对大数据掌握与分析能力等,对各个区域的农村污水处理系统,都可以随时进行监控和调整,并及时地做出应对策略。

是不是说全国各个农村地区都可以这样做呢?比如,在我们所调查的山西 X 村、偶而发现,从一座曾经被某位古代著名诗人赞颂的桥上望去,桥下面的河沟里,几乎都是成堆的垃圾,且恶臭扑鼻。又因该河道长年缺水,很少有活水能够把这些垃圾冲走(即便冲到其他的地方也是不好的),最终形成了非常碍眼的垃圾山。且这样的垃圾,对于土壤的污染、水的污染和百姓的生命健康,也有巨大的损害。我们在调查湖北 M 市的农村社区时,也是发现有这类的情况。H 处于大别山脉一侧,是一处著名的红色根据地。在当地,农村厕所,一般建立在房屋外面。据闻,其目的之一是为了收集外人的粪便,再将这种做有机肥料,供自家的菜园或农田使用。由此,一个看起来方便他人、普通得不能再普通的厕所背后,却隐藏着如此多的秘密。

问题在于,在下雨的时候,厕所里的杂物和废水就会漫溢到乡村的道路上来,臭气漫天。这对于农村的生活环境而言,着实是一种莫大的危害,却不被当地政府和村民所重视。

在笔者看来,这些都与一个地方的文化和观念有关。比如我们在调查甘肃甘南地区拉卜楞寺附近的村庄时,也有发现"更为恶劣"的情况。有的僧人就直接脱了裤子,在马路边上"方便",而这些排泄物稍微不注意,就很可能被行人踩到,或者很可能就被雨水冲到河沟里面。但当地人并不觉得这是"不好的事情"。所以,我们在考虑利用"互联网+"的思维去治理农村环境污染的时候,是否也该从文化的角度去理解呢?

甘肃拉卜楞寺,作者/摄

再从制度的角度来说。农村环境污染的话题,这些年也一直被注意着,学界对其研究也越来越多。一般而言,他们提出的对策在于,建立农村垃圾处理厂等措施,有效地帮助了农村整治环境污染的问题。还有,限制一些农药和肥料的使用,特别是对农村土地的板结,对生物系统的破坏等起到了一定的防治作用。但农村人的"自觉意识"和"认识高度"往往还是需要加大力度宣传,因为改变他们的观念,往往比从他们那里拿走"一块钱"还要难。这说明了,不是说措施提出了就能很快速地得到落实。在如此种种困境面前,有的农村社区没法用"互联网＋"加以污水治理不是不好,也不是不可能成功,关键还是如何做到"因地制宜"。这似乎又关系到怎么样从"口号治理"到"落实政策"的问题。要知道,很多时候,一个概念的创新和提出,往往"半路消失"。也就是说,一时兴起的方法却不能长久地执行下去。所以,看似时髦的"互联网＋"治理在遇到类如山西 X 村这类的情况下,就没法运用起来;在遇到甘肃拉卜楞寺附近的村庄时,更显得非常无力;在遇到 H 市的农村社区时,更加显得有理说不通。

在笔者看来,提出一个新的口号、观念、方法等本没有什么不对之处,这对于农村治理而言,是一种创新,却不是说,我国的各个农村都可以利用这类的新观念,新做法,因为受到硬性条件的限制及文化因素的制约,故而采用这类新的举措,往往还需要配套其他的方面来共同进行,比如口号宣传、制度奖惩等。同时,提出一个新的举措,往往需要实验之后再推广,这符合新权威主义所提出的"试用主义"的范式和要求。所以,当某个地方做的还不错的时候,可以尝试往具备同等条件的地方推广。而那些没有这类条件的,就需要寻求其他的方式,所以,在治理的方法上,需讲究点面结合、因地制宜,循序渐进地进行根治。

最后,笔者想说的是,除了上文中我们所谈到的文化考虑与制度考虑的整体性治理转型以外,仅就"互联网＋"与农村治理而言,还需要注意以下几个方面的问题:第一,互联网的思维逻辑在于合作治理的创新,所以,需要集合政府、社会和农村社区的"信息贡献"和"信息共享",加强对网络信息的运用和安全防护,以稳妥、渐进的原则对农村的环境污染问题等进行化解和落实,而不仅仅只是"停留在嘴皮子上。"进而,还需要在政府引导的层面上,对数据进行解释,让群众和基层干部享有数据的知情权。不能说,政府对数据牢牢地把握,而让基层干部们和群众不了解实际情况。如此,当某个政策出台以后,地方就没法很好地落实,村民也不会很好地配合。反过来说,利用大数据的背后,却也在做宣传和改变观念,起到告知对方应该注意问题严重性的作用,还可能起到群众监督的功能。这对于农村治理及办法落实而言,都有很大的帮助。笔者认为,"互联网+"与农村治理的有效结合可能是未来农村社区管理的一个新方法和新方向,因为城镇化、城市化在不断地推进,互联网所发挥的作用也越来越大。而在转型期,如何一步步地在新型城镇化背景下去落实才是当务之急。

2015 年 6 月 17 日

(原载《湖北社会科学报》,2015 年第 19 期,总第 171 期)

目标型治理：内涵、特点与困境

当前中国的社会治理形式可谓繁多,例如"选择性治理"、"整体性治理"、"分类治理"等等,虽然这些治理的方式很重要,但是"目标型治理"也值得我们关注。本文从目标治理的内涵、特点、困境来进行剖析。

第一,目标治理的内涵。什么是目标治理? 简而言之,就是采取一个特定的目标来带动社会为达到这个目标而努力。例如,"我坚信,到中国共产党成立 100 年时全面建成小康社会的目标一定能实现,到新中国成立 100 年时建成富强民主文明和谐的社会主义现代化国家的目标一定能实现,中华民族伟大复兴的梦想一定能实现。"(习近平,2012)再例如,"确保农村贫困人口到 2020 年如期脱贫",等等。类似这样的治理,即为目标型治理。

第二,目标治理的特点。(1)它是一种想象,是计划性的,但这样的计划并不是硬性,而是要有政治弹性,从而尽可能地接近我们需要达到的目标。当然,达到这个目标最佳。(2)它有很大的感召力,这样的"感召"一方面体现出执政者对社会的承诺,另外一方面意味着承诺之后的责任感。(3)目标治理带着政治指派的属性。所谓政治指派,就是作为权力代理人的基层政府要理解目标的重要性与意义性,要善于懂得目标实现的可操作性(具体治理的方法),从而从个体再到整体得到该有的共发展。(4)目标的实现可能是比较长远的,也可能是比较短期的,例如 2020 年要确保如期脱贫。(5)目标的制定往往有节奏性,"发展必须是遵循经济规律的科学发展,必须是遵循自然规律的可持续发展,必须是遵循社会规律的包容性发展。"(曾伟,2015)例如我们所熟悉的"十二五"、"十三五"等。五年一个规划,在这样的规划下作出总结与反思,还有总结,再进行下一个五年计划。往往规划性的发展背后又是目标在起着一定的作用。

第三,目标治理的困境。(1)不合理的目标设定往往导致合法性的流失,尤其是"看不到的目标"会引发信任危机。(2)目标治理还可能因为目标设定的"刚性"导致一些"只讲手段,不讲底线"的发展方法出现,例如"河北出现的地下污水达 2 千万立方"就是典型的写照。(3)目标治理的路径,比较单一化。按理说,一个社会的发展应该是复合型发展模式,但目标治理仅仅是在"目标"的感召下进行。

以上是目标治理的内涵、特点和困境所在。现如今,这样的治理形式依然存在,尤其是在我们日常的一些社会治理中经常会看到目标治理和"口号政治"、"标语政治"等联系在一起。大的方面说,可能是一个国家的目标是什么样的,我们什么时候达到? 怎么达到? 小的方面说,一个乡村,什么时候实现"村村通水泥路"、"村村通电话"等。所以,目标治理虽然是一个并不陌生的治理形式,但要实现更好的"目标治理",就需要在具体治理的层面做足文章,否则"千里之堤,溃于蚁穴"。同时,"小治理"(具体治理)与"大治理"(目标治理)要配套起来用,否则"见树不见林"目标就成了"目",而无"标"。

2017－4－21

附：

为什么要纪念杜润生？

被誉为"中国农村改革之父"的杜润生先生，于 2015 年 10 月 9 日逝世，享年 102 岁。他逝世后，很多人开始撰写文章来表达对这位"农村改革之父"的怀念和哀悼。甚至，有民间设灵堂，加以悼念，可见这位先生与农民之间的感情有多深。

出生于山西太古县阳邑村的杜润生先生，1934 年考入北平师范大学，在一则介绍中如此写道："其是农村改革重大决策参与者与亲历者"，"他多次向中央谏言，主张实行家庭承包责任制"。从这则描述中我们可以窥见，其作为有机知识分子，为整个中国农村的发展贡献了他作为研究者的一份智慧，还有定力。如这都还不够说明他的"有机性"的话，那么，我们 1982 年人民公社瓦解之后的家庭联产承包责任制的践行，足以说明杜润生先生作为知识分子在其中的作用有多大。并且，这些智慧的贡献又体现在了 1982 年到 1986 年，这五年的'一号文件'当中。

在我的阅读当中，有人说，很可惜，他与'一号文件'只有五次联系。"一号文件"的出台，特别是它的内容与杜老有很大的关系。陈锡文在接受新华网的专访时说，"1982 年到 1986 年的'一号文件'，主要是调动农民的积极性。"他还说,"1986年的'一号文件'实际上开始寻求改革的新的突破口,农村改革最先开始是改革人民公社的经营体制,最终的结果废止人民公社,确立了家庭承包经济的地位。到了1984年农民积极性充分高涨的情况下,中国粮食产量第一次突破8000亿斤,第一次出现卖粮难,农民的粮食多得卖不出去,价格跌得很低,伤害了农民积极性。怎么样才能解决这个问题,于是感觉到,农村确立家庭承包经营的地位,已经建立比较好的微观经营主体,下一步就是想办法完善市场。于是,1986年'一号文件'开始提出改革统购统销制度,改革流通体制。从这一年农村改革进入第二步培育市场机制。"

从陈锡文对1986年的"一号文件"的评价可以看到,我们农村的粮食产量第一次突破了8000亿斤,而我们还可以通过前辈们的口述中可以得到,"以前我们吃饭穿衣都是问题,吃不饱。"以前是"吃不饱",后来是"吃不好",现在是"天天都是过年"。这三个民间口语的评价,可见从1982年开始的家庭联产承包责任制对于中国农民的生存问题和生活幸福度的贡献又多大。

当然,还有一些文章评价的是他们与杜润生的关系,最让我印象深刻的是,虽然有权力,有资源,但并不"山头主义"。众所周知,流派的建立,往往容易衍生为学术派系的垄断性,主要是话语垄断与资源垄断。但是作为有充分人格力量的杜润生,他却不这么干。他所带出来的弟子,比如研究"农民反行为"的高王凌在《杜润生是怎么指导我们做调研的》一文当中如此评价道:"杜老说:过去对于政府方面的作为,农民群众是有反应的,总要有办法,来对付、应付的。这是农民对这段历史作出的正面贡献。他指示我专门去做此项调查研究。""杜老就曾私下跟我说:中国的(农村)经济改革是不是过于成功,反而阻碍了其他路径的选择?这样思考问题,就很难能可贵了。"或许,没有"指示"这么一说,估计也就没有《中国农民反行为研究(1950——

1980)》一书了。

同样，周其仁在《杜润生给了我们苏格拉底式的教育》①一文当中如此谈道："（当年杜润生）从来没有一句肯定的话，也不轻易表扬，决不会批评。不断在积极研究农村问题上鼓励你，同时提醒你，同时用他的经验知识、判断力，校正你的看法，然后把你一次次引向农村调查，那时候真想去，因为去了可以学到东西。"还有，陈锡文也表示，"时至今日，自己始终记得杜润生的一句话：'要接地气，不进村入户，

《中国农民反行为研究》（1950—1980），
香港：香港中文大学出版社，2013年版

不了解农民的真实想法，就制定不出好的农村政策。'"这些都一再说明，作为师者的杜润生为他的弟子传授的功夫和提点是与众不同的。特别是今日中国农村研究强调的"接地气"的田野调查，也差不多能够回应出杜老所强调的"入户"，"摸清农民的真实想法"，故而很多成果都是基于实证调查而得出，进而再像杜老一样，作为有机知识分子而提出对策性的研究结论。

按理说，我们这一辈研究中国农村的人，很多都是绕不开陈锡文、周其仁等人，包括"九号院"里的很多人，我们往往需要去了解他们的所思所想。因为，在中国，以农村为例，往往需要政策的嵌入和推动以获得基层发展，同时，还有杜老的一些著作我们也绕不开，比如《杜润生文集》《中国农村制度变革》《杜润生自述：中国农村制度

① 见 http://business.sohu.com/20130920/n386914783.shtml，2013 - 9 - 20。

变革重大决策记实》《中国农村经济改革》等。我们还可以发现,在农村研究的一些学术文章当中,很多都会把这些作为参考文献列在尾部,足见其重要性。

　　是如何发挥作用的。

　　总之,学术与国家,是灵魂与骨干之间的关系。而我们现在要做好当代中国农村研究,继续深入实地考察,摸清农民所需、所求、所想,才能够避免"拍脑袋"的研究结果,才能够真正对得起 9 亿农民。这种关怀和需要,岂能轻易地丢失和忘却?

2015 年 10 月 13 日

修订于 2015 年 11 月 3 日

农村社会治理现代化的
困境及其出路

（一）问题的提出

在既有的国家治理现代化论述中，对于农村的治理现代化提及的并不多见。譬如，李昌庚的《主动改革：中国社会转型的理想选择——国家治理现代化的路径辨析》一文谈道：应该理性地看待普通百姓。他认为，在我国改革进程中，无论官方还是民间，无论理论界还是实务界，存在这么一种不良的倾向，即认为普通百姓尤其是农民文化素质低下。这与孙中山所说的"不能借口民众的素质低下，就拒绝给予他主任的地位"有矛盾之处。并且，他还说，文化素质高低只是专业知识及其职业分工的差异，但绝不可认为文化层次高的人就一定比普通百姓聪明多少，家庭联产承包责任制就是农民发明的。除此之外，还有一些文献还停留在如何进行乡村治理或基层治理的层面，用非现代治理的方式或是用了现代化治理的路径却没有将其概括为现代化治理，进而呈现一种全新视角和维度的治理策略去对待农村社区与农本社会。

笔者之所以特别地突出现代化的治理方式及其重要性，并非全是因为"人云亦云"，而是基于一种对"改革"的反向性思考。因为顶层设计必然左右底层社会，比如一些"文件政治"与"会议政治"，很多时候都是出台文件(如农业税取消。2005 年 12 月 29 日,十届全国人大常委会第 19 次会议决定,自 2006 年 1 月 1 日起国家不再针对农业单独征税,一个在中国存在 2600 多年的古老税种宣告终结,原定 5 年内取消农业税的设想提前实现),再将一些顶层设计付诸实践。

所以,关键在于,于顶层而言,国家治理现代化如何操作,这直接决定农村社会的治理现代化。二者的关系是农村社会治理现代化被国家治理现代化包括在其中,而村民自治作为体现村庄政治的一个侧面,正是国家治理现代化所应该强调的。

吴毅在《国家治理现代化的现实目标与可能路径》中说道:"要确立中国国家治理现代化的目标和路径,必须首先要厘清一个前提,即我们现在的治理体制从何而来? 有何特征?"他认为,这个改革,要让有中国特色的民主让中国老百姓所体认,而不只是为民做主的现代版,如此,就要从公平正义作为切入口和突破口进行国家治理现代化。

反观我们对农村社会的考察,就可以很清楚地认知到,农村社会的农民对于公平正义同样渴求。安徽池州东至县 TJ 社区的农民集体上访就是其中的一个典型的个案。据村民反映给政府的材料中,不难发现,很大部分是因为村民认为村集体的资源被村干部侵吞,或者是把村集体的资源分配给村民时,存在不公平。他们前后进行了数次上访,甚至村民集体到镇政府请愿。

笔者认为,以安徽省池州市东至县 TJ 社区为例的农民抗争是与利益表达机制不通畅息息相关,甚至村霸横行乡村,导致村庄治理的失灵,却又没有更好的秩序来制约村霸的行为,而国家治理现代化背景下的农村社会治理现代化,却又是一个重建乡村秩序的契机。进而这就构成了本文的问题,在面对复杂和多重的农民与政府权力代理人的冲突时,在农民上访"以气抗争"或"以理抗争"的背后,农村社会治理现代化该如何进行? 或者说,以农民上访为切入点,农村社会的现代化治理的可能的路径何在?

(二) 农村社会治理现代化的概念界定

十八届三中全会通过了《中共中央关于全面深化改革若干重大问题的决定》(以下简称《决定》),该"决定"指出,未来全面深化改革的总目标是完善和发展中国特色社会主义制度,推进国家治理体系和治理能力现代化。所谓治理能力现代化,与以往所出台的文件政治有所不同,是第一次提及,故引起了海内外的媒体和诸多学者的关注。从"决定"可以看出,主要集中在: 第一,对概念的界定;第二,讨论国家治理体系和治理现代化的五个标准;第三,如何推进国家治理体系和治理能力的现代化。

俞可平认为(2014):"国家治理体系就是规范社会权力运行和维护公共秩序的一系列制度和程序,它包括规范行政行为、市场行为和社会行为的一系列制度和程序。政府治理、市场治理和社会治理是现代国家治理体系中三个最中意的次级体系。"笔者大致同意这个说法,但,本文所要讨论的是农村社会治理现代化,故我们需要界定的不是国家治理现代化,而是农村社会治理现代化。

所谓农村社会治理现代化,在目前的文献当中还很少有这样的提法。笔者认为其主要是指农村制度的建设,运用法治的力量与引入市场的力量、社会的力量和乡村本土的"内生性资源"(孔飞力,2013),把农村社会治理现代化实践到程序化、制度化和民主化的程度,并且比起"压力型"或"维控型"的治理,要更加的科学与文明。从这个定义来看,农村社会治理的现代化主要有以下几个关键词,第一,法治化;第二,民主化;第三,制度化;第四,市场化;第五,程序化。其方向是: 科学化和文明化。我们并非要农村社会的冲突"一夜消

失"或"不再出现"。一方面,这是不可能的;另外一方面,与科塞的
"冲突论"结合在一起来思索,农村社会的冲突并非是坏事,其不但可
以磨合农村社会,还给农村社会提供了一个"安全阀门机制"的可能
性,也就是说,可以让"老百姓出气"。

(三) 农村社会中的集体上访与公平诉求

(1) 农民集体上访与现代化治理

在全国,爆发的农民上访的事件可谓是"数不胜数",不可否认的
是,如今农民在法制所规定的这个范围内,通过正当和合理的渠道表
达自我利益的现象。故此说农村社会治理现代化缺乏法治基础是错
误的,因为其在法律法规的规定中进行。

然而,不是说有上访这样的一个渠道提供给底层社会的民众表
达自我利益诉求就可以了,而是这样的一个渠道的有效性有多大?
同理,对于安徽省池州市东至县的 TJ 社区的村民而言,也存在这样
的法律法规所规定的正当渠道去上访,但是,为何他们还屡次集体上
访,甚至扬言:

> 不把我们的问题解决,就把犯事的村干部打一顿,至于坐牢
> 也好,判刑也罢,都可以。无所谓。①

由此,我们也可以看到,所谓的村民自治和上级部门因为村民上
访而处理犯事的村干部(分配村内公共资源不公平)是存在矛盾的,
甚至是无效的。比如,如果村干部犯错了,如果真正地实行村民自
治,采取直接选举,那么村干部很可能会不再当选,或者不被选上。

---

① 村民 C 说。访谈时间,2015 年 2 月 9 日。同时,这类"以暴制暴"的阐述,还可以参见刘
晨:《麻城 T 村:农民权益抗争中的困惑》,原载《南方都市报》,2015‐1‐25。

问题就出在,政府所规定的法制是处于瘫痪的,是失效的,是悬浮的。故而,也就有了学界所说的,治理失灵,悬浮型政权,以及非制度的治理等描述和策略。进而用非制度治理,而不是制度治理的一个很大的问题在于,村内原先的秩序因土地改革而瓦解,原先的宗族社会或乡绅社会不再存在,人情社会内部固存的基本伦理价值一直在农村的土地上维持着"制度的真空化"所不能处理的乡村事务。

　　然而,农民的抗争并非是按照既有的人情关系所发展的,正如我们在调查中所得知的,W曾经说,在"抬头不见低头见"的农村社会,利益受到损害的时候,农民不会"认"这些,前提是他们实在是"忍无可忍"之后选择抗争。而做出这个抗争的行为——上访,也就意味着和村干部撕破脸,且直接要求在任的村干部下台才可能善罢甘休。此种做法,也不排除怕举报或上访失败后,被村干部利用手中的"权力"打击报复的可能。

　　在安徽省TJ社区村民给我们的举报材料中,可以发现这样的一段话:

　　　　……县纪委领导,以上反映的问题自2014年5月至今多数社员已向TJ社区X镇反映多次,几位主要的负责人都作出了批示,表示要查处。但到现在还没有得到回复,已经有多名在《关于强烈要求罢免TJ社区中心组LMW组长职务的报告》上签名的社员遭到LMW的刁难和责骂。难道一定要发生群体上访才能引起重视吗?[1]

---

[1] 参见《关于团结社区中心居民组老资产收益分配中几个问题的反映》,2015年2月。从该举报信中的内容可以发现,该信已经递交过一次给镇的纪委,也得到了回复,而没有处理村干部LMW,所以村民表示,要继续上访,且还是群体性的上访(又可以叫集体性上访)。

从这段材料可以发现,一个是村干部 LMW 已经做出了对村民的刁难和责骂,一个是被责骂和刁难的村民要表示继续上访,在不遵从村庄伦理和传统文化的内在逻辑"多一事不如少一事"之时,村民 C 等在内的一群人,最后真的到镇政府进行了集体上访。

> 今天我和五位社员一起到东至县信访局再次上访,接待我们的是东至县政法委 Z 书记。我们把材料递给他,Z 书记仔细看后,问了几个问题后,指出这是典型的户口买卖,并说刘木文是党员就是违纪违法。问我们到公安经侦大队去没有。我们回答已经去过了。问立案没有。我们答没有立案。他就站起来说,我知道了,我会给你们答复的,我给尧渡镇王金财书记打电话。因时间快 12 点了,ZKJ 书记就送我们出了信访局大门。[①]

可以看到,最终村民们还是走向了集体上访,他们的目的是想借助群体的力量来"说服"镇政府拿出实质性的行动处罚村干部 L,并且让其承担乱作为的代价。

我们在前文中已经说到,村民之所以要上访的主要原因在于该社区的公共资产分配的不公,且从举报信中可以发现,这样的不公,被有意遮蔽在了村干部手中,而 1988 年就颁布的《村组法》所规制的村民自治之一就是要求村委事务的公开。由此,这种做法是违背村民自治的,所以村民要上访。

只是村民并非是"依法抗争",而是为了利益,从小农的"道义"出发,集体性地做出了上访行为。

如果放在我们在开篇所说的农村社会治理现代化语境下来分

---

① 村民 C 给我们回访时回复的信件。回访时间:2015 年 2 月 10 日。

析,以法治化、民主化、制度化和程序化来看,村干部L和村委至少违背了这四点,也就是说,村委的事务没有公开,这是非民主化;农民利益表达无效,镇政府不作为,这是非制度化和非法治化;还有就是政府处理这件事是"有反应,无处理"是非程序化,是"半拉子工程",所以,就更谈不上所谓的"治理现代化"了。而治理现代化,在农村社会中,需要尊重农民的尊严和利益,需要把利益表达制度化,需要有一个完整和合理的处理程序,需要把法治落实到位,特别是村民自治所规定的,村民有选举权和被选举权,有权利监督村庄事务。

当村庄资源被霸占和侵吞与国家文件政治所发出的声音发生内在的紧张感时,又该如何处理二者的矛盾? 可以肯定的是,村庄政治要服从国家政治。可是我们在村庄中又听到了,村干部叫嚣村民"谁来调查都不怕"的言论,这是否理解为:当村治失灵以后,村干部已经成了当地的"土皇帝"或"第二个中央政府"? 或者说"村霸"统治了农村。有的地区,村委还联合黑恶势力,用暴力治村,欺压百姓,比如我们在2014年底调查的麻城T村。

与中央政策"背道而驰"的地方干部做法导致村民的不满和上访,而背后所诉求的不仅仅是满足底层群体的利益诉求,还应该从治理的层面上,发挥"政治想象",把底层设计归位于国家治理现代化的语境当中顶层设计当中,进而实践出农村社会治理现代化。

(2) 农民的公平诉求与现代化治理

谈到农村社会治理现代化,必然要勾连起国家治理现代化。无论是哪一种治理现代化,都对民主化有一个基本的要求。

秦晖在《农民中国:历史反思与现实选择》中谈道:中国近代以来的"村级民主"在相当程度上具有国家民主理念的外部精英所推动,不同于当年草根起源的农村经济改革,如果国家政治气候改善,其后出现上级民主化乃至国家民主化并非绝无可能。即便如此,关键因素还是在于国家气候,不在于基层民主的"村治"是否成功。

这也就是说,农村社会治理现代化之民主化的诉求,主要取决于国家治理现代化,而看似不公正、不公平的安徽池州的这场利益博弈,背后的主要原因还是非民主,非法治。正如政治家们所言,民主是需要依靠法治来保障的,而法治又需要民主去推进。民主可以是一种权力监督,所以村干部 L,就不会在受到村民举报以后,依然嚣张不堪,依然叫嚣"谁来都不怕"。法治的另外一种含义在于,谁越轨,谁就付出代价。而在安徽省的 TJ 社区,法律规定的村民自治的确是赋予了村民权利,却得不到落实,村庄的利益被盘剥到了村干部的手中,这就是我们常说的"权力寻租"。

同样,公平也需要依靠法治来保障,需要民主化去实践。历史学家们认为,中国千百年来的农民革命,基本上都是对"公平"进行诉求。比如,老百姓口中常说的,"这不公平",再比如"王侯将相宁有种乎?"——其也是一种不公平的体现。它背后所指涉的是,社会流动的机会不平等,而不是本文所说的资源分配不公平。本来村庄的资源是集体性资源,归集体所有,但村干部变卖和强占,把收益自己获取,或者"他吃肉,百姓喝汤",那么肯定最后的结局就是农民的不满,继而抗争,而上级政府又不作为,这就会引发集体上访。

公平诉求也是利益诉求。利益诉求的背后是需要法治,而不是靠"草根动员"等形式达到维护和保护作为弱势群体的农民。如果利益表达不制度化,那么简单又粗暴,无组织性和无规律性的农民集体运动就很可能在某些时候变成危险。而制度化恰好就是对农村社会治理现代化的直接回应。

(四) 农村社会治理现代化的有限性与可能性

(1) 农村社会治理现代化的有限性

所谓农村社会治理现代化的有限性,主要是指它在实践过程中遭遇到的困境和阻碍。从安徽省池州市 TJ 社区的考察中,我们可以发现,农村社会中的乡村治理还有很长的路要走,也不是简单地提出"治理现代化"的口号就能"毕其功于一役"地把既有的问题解决掉。

我们也应该明白,之所以有当今农村中的种种问题,不是一天就形成的,而是有一个历史的脉络。这样的一个历史的脉络,在笔者看来,要追溯到土地改革时期。因为土地改革直接打破了原有的村庄秩序,正如杨善华在《农村社会发展的悲剧和阶级划分》一文当中所说的,1949 年以后中国农村的社会变迁大致可以分成以下几个阶段:(1)1950 年—1952 年的土地改革;(2)1953 年—1957 年的合作化运动;(3)1958 年—1978 年的人民公社。在土地改革中,最为重要的是发动群众。而起初农民认为,斗地主,有点忘恩负义。由此,但是为了完成革命内容,组织不断地向农民灌输阶级斗争的思想和进行诉苦,将农民发动起来去"斗地主"。有的本村村民不好意思斗本村的地主,那么就交换村庄的地主"斗"。这一点,在韩丁的《翻身》当中有一些记录。土地改革的意义在于:(1)摧毁了封建土地所有制,改变了农村中原有的封建生产关系;(2)摧垮了"三座大山",建立了中国共产党在基层政权和党的基层组织,巩固了人民民主专政;(3)在土改之后,农民被纳入到了国家控制的基层组织范畴之中,大大增加了社会的动员能力;(4)中共从此以后可以让政府的政令直接到达村这一级基层,为农村下一步的演变创造了条件。(杨善华,2003)这样的一个运动固然创造了高效率控制模式,但"权力内卷化"所引发的秩序被打破以后却又没有重建,由此也引发了多多少少的乡村秩序的危机。

这样的乡村秩序危机又一直延续至今,如此,农村社会治理现代化又该从何处着手进行? 在面临非民主化、非制度化、非程序化的乡村社会,所存在的阻碍不仅仅是村干部的胡作非为,不受法律的约束和民众的权力监督,还有村霸,甚至是乡村混混的"渗透"。由此,当上级政府以"拖拉"和"不出事"逻辑对付农民上访、利益诉求和尊严诉求的时候,只会让村庄的治理陷入越来越"非现代化"的陷阱当中。所以,它的阻碍(有限性)还是来自于政府的内部,而不是村民的"胡闹"。正如村民 Z 给我们所说,"哪个老百姓不想老老实实地过日子?又不是吃多了没事干才去上访?"(当然不排除有"谋利型上访"或"闹访"的其他事件存在)

(2) 农村社会治理现代化的可能性

既然农村社会治理现代化具有有限性,但我们不能否认其可能性的存在,甚至在国内的很多研究中,都从治理的模式、视角等出发对农民上访做了研究。比如说张康之所说的"合作治理",他认为,依据权力的治理是一种封闭式的治理,与之相比,依据法律的治理已经开放多了,但,法治的开放性是具备有限性的,它是在对社会治理相关过程中得以展开,这种界定决定了开放性的不足。同时,社会治理体系及其过程的开放性持续增长,必然会走向合作治理的方向。所谓合作治理,就是开放性的治理,就是多元主体并存条件下,治理主体平等合作的一个模式。再比如申端锋的《乡村治权与分类治理:农民上访研究的范式转换》一文当中提出的"有分类无治理"的现象。他认为,自分田到户以来分类治理就是乡村治理的一个基本手段,基层政府直接面对群众,但是群众并不是铁板一块,不是一个面孔,乡村治理涉及的面广,牵涉的情况复杂,必须在合理分类的基础上,才能进行有效治理。他说,近代以来的国家政权建设其实质乃是要对国民的分类治理,而不是传统时期的通过中间人进行"双轨政治"和"经纪统治"。同时还有韦加庆(2012)的"整体性治理"和"选择性治理"(刘晨,2013)等治理模式。不论什么样的治理范式,笔者认为,都可以纳入到整体性视角下的"农村社会治理现代化"的框架中。因为,很多治理范式的提出,都是基于现代中国语境下的不同类别的处理农村问题的方法或视角。并且,农村社会治理现代化,本身就包含了不同治理范式背后所指涉的农民利益诉求需要被制度化、民主化和程序化的可能。

进一步来说,究竟有多少进路或路数可以供农村社会治理现代化来选择,其实还是一个不容易回答的问题。但也不是说,没有这个可能性,比如说,谢小芹等人对我国西部农村"混混治村"进行研究以后提出的"去政治化"的路数,只是这样的一种路数在该文作者看来,有更好的乡村治理的可能性,笔者却不怎么认同。一方面,其落入了追赶"时髦口号"的理论陷阱,另外一方面,这个方案不切合中国的基本"事实",你不能说把"理想主义"或"浪漫主义"的"应该"强加或建构到一个根本不可能"去政治化"的社会当中,进而治理。同样,治理主体多元化,也是一个具有浪漫色彩的"策略"。

笔者认为,我们应从实现公平出发来进行国家治理现代化的可能。进而在底层社会或农村社会当中,以制度保障与法制建设,维护公平与正义。在这点上进行改革,是最佳的一个选择。并且,另外一个共识就是法治,而具体的路径,大致可以有以下几种方案:第一,落实村民自治,训练农民的监督权力行使;第二,加强改革;第三,利用法律保障农村社会公平;第四,提高农村社会政策引导下的民生建设;第五,重塑乡村伦理和秩序;第六,杜绝黑恶势力对乡村的渗透;第七,训练村民的素养。

从安徽池州的这个个案来看,和全国其他的农民上访的一些情况一样,都是因为缺乏法治的原因,导致农民利益受损时得不到该有的维护,进而只能走向上访,有的甚至可能走向暴力。

我们也不难发现,从农村社会治理现代化的概念出发,对于公平背后的利益诉求,需要的不是笔者所提出的"底层社会—治理现代化",更需要本质当中的制度化、法治化和民主化。也只有这样,才能让农村的一些问题,看似"无解",变得实际上是"有解"的。

（原载《战略与管理》2015 年第 2 辑）

后　记

　　早晨起来，早餐未用，继续扑在电脑前，继续修改书稿，总算是校订完，心情不免一落，安然些许，却又十分沉重。一方面，它是我过去将近五年时间的写作集合，关于农村的一些学术随笔。另外一方面，我们没有太多的自信来用此书交流于同仁。毕竟，我的思考、调查、经历等是不足的，比较惭愧。

　　在此，感谢我的家人，还有我的女儿——Erae[①]——这是老天赐给我最宝贵的礼物和最有代表性的"学术作品"。感谢他们对我学术的支持。他们是我耕耘于学术之地的顽强后盾和巨大力量。

　　感谢桂林理工大学、公共管理学传媒学院的友人们对我的信任、支持和帮助，同时，感谢金书记、我院的院长们，同事们以及张婧老师，等等。文责自负。

　　感谢这本书的编辑郑秀艳老师。这本书是我们的第一次合作，

[①] 我在《同为人父》一文中如此谈道："前不久，一位好友说，你需要承担博士毕业的压力，又需要承担家里孩子带来的压力。我反驳说，没有外界所看到的那么艰辛。一方面，科研本来就是我喜欢的事情，所以虽投入很多，但是苦的背后是快乐，尤其是文章发表以后的成就感。另外一方面，我似乎看到了希望，尤其是 Erae 给我带来的乐趣。看着隆起肚子的妻子，里面是我的孩子，我倍感幸福。人生除了论文和学术著作，孩子才是我最杰出的学术成果。我希望把所有的作品，都献给孩子，还有 Erae 的妈妈。"原载《兰州日报》，2016 - 7 - 13。

和她认识是因冯静老师,和冯老师认识又是因为一次非常"蹊跷"的事情。人这一生,遇到那些人,怎么遇到,真是有趣。我心里都惦念着。希望自己也能做一个有温度的人。

　　总之,在学术的道路上,遇到一群好的启发者、合作者、陪伴者和支持者是人生幸事。我也非常惦记那些曾经给我帮助的人,无论是学术上的,还是人生道路上的,谨以此书作为的报答、念恩。

刘成晨

2017 年 8 月 23 日

修订于 2018 年 2 月 7 日

图书在版编目(CIP)数据

半解乡村/刘成晨著. —上海:上海三联书店,2019.6
ISBN 978 - 7 - 5426 - 6521 - 8

Ⅰ①半… Ⅱ.①刘… Ⅲ.①农村－群众自治－研究－中国
Ⅳ.①D638

中国版本图书馆 CIP 数据核字(2018)第 237918 号

半解乡村

著　　者 / 刘成晨

责任编辑 / 郑秀艳
装帧设计 / 一本好书
监　　制 / 姚　军
责任校对 / 张大伟

出版发行 / 上海三联书店
　　　　　(200030)中国上海市漕溪北路 331 号 A 座 6 楼
邮购电话 / 021－22895540
印　　刷 / 上海肖华印务有限公司

版　　次 / 2019 年 6 月第 1 版
印　　次 / 2019 年 6 月第 1 次印刷
开　　本 / 890×1240　1/32
字　　数 / 300 千字
印　　张 / 11.625
书　　号 / ISBN 978 - 7 - 5426 - 6521 - 8/D・405
定　　价 / 78.00 元

敬启读者,如发现本书有印装质量问题,请与印刷厂联系 021－66012351